HINKE PIERSMA

Vo
van Hinke

Doodstraf op termijn

Nederlandse
Nacht und Nebel-gevangenen
in kamp Natzweiler

met een inleiding van Jolande Withuis

WALBURG PERS

Deze uitgave kwam tot stand in opdracht van Stichting Vriendenkring van Oud-Natzweilers.
De sponsoren, die deze uitgave financieel ondersteund hebben, staan vermeld op pagina 206

www.walburgpers.nl

Foto omslag voorzijde: NIOD
Ontwerp omslag en binnenwerk: VILLA Y, Den Haag

ISBN 90.5730.442.2
NUR 689

Inhoud

Barakken, prikkeldraad, wachttoren.

Een uitzonderlijk kamp

door Jolande Withuis[1]

Een heel slecht kamp

'Ik geloof dat wij dit niet gaan overleven. Dit lijkt me een heel slecht kamp,' zei een van de Nederlandse gevangenen, toen ze bij hun aankomst hadden aanschouwd hoe een Russische jongen door een ss'er met hamerslagen op zijn hoofd werd doodgeslagen. En een 'heel slecht kamp' was het.

Nacht und Nebel, nuit et brouillard – Natzweiler. De woorden horen bij elkaar en verwijzen naar de verdwijning – in *nacht en nevel* – van mensen die om hun verzet tegen het naziregime waren gearresteerd. Niemand wist waar zij bleven. Dat ze in Natzweiler waren opgesloten, betekende niet alleen figuurlijk dat ze onzichtbaar waren, maar ook haast letterlijk. Het concentratiekamp Natzweiler-Struthof werd in gebruik genomen op 21 mei 1941 en was met sadistisch raffinement gesitueerd op de noordhelling van een achthonderd meter hoge bergtop in de door Hitler geannexeerde Elzas. Het kamp deed zijn faam recht: nevel en duisternis waren er vaste gasten. Een Frans gedenkboek vermeldt onder *climat* dat er in de lange winters een ijskoude snijdende noordoostenwind waaide, die behalve mist ook regen en sneeuwstormen bracht. Zelfs in mei kon het er nog sneeuwen. Die kou werd door gevangenen als een grotere kwelling gezien dan honger; anders dan honger kon je kou niet even vergeten.

Het kamp lag ver van de bewoonde wereld. De bewoners van het stadje Rothau, waar de gevangenen per trein arriveerden en lopend of per vrachtwagen doorheen moesten, moeten hebben geweten dat daarboven aan het eind van de lange slingerende bergweg nabij het vroegere skioord een kamp was ingericht. Maar wie de plek nu bezoekt, realiseert zich dat hij na een bepaald moment op de lange kronkelweg bergopwaarts, nergens meer dorpjes, woningen of boerderijen ziet – nergens nog mensen. Vanuit het kamp is diep in het dal het stadje Schirmeck zichtbaar, onwerkelijk als een miniatuur. Deze verre leegte bezorgde veel gevangenen een gevoel van alles en iedereen verlaten te zijn. En dat was de bedoeling. 'Toen we boven kwamen wisten we dat het mis was,' vertelde Godert van Dedem, 'Dit was *durchs Tor hinein, durchs Kamin heraus*' – entree door de poort, vertrek door de schoorsteen.

Hoe gruwelijk het concentratiekampsysteem ook was dat de nazi's over Europa hadden uitgespreid, binnen dat gruwelgeheel valt nog weer onderscheid te maken. Sterker nog: móét onderscheid worden gemaakt, zoals ook de ex-gevangenen zelf steevast doen. De uitdrukking 'een heel slecht kamp' impliceert een vergelijkend perspectief. Niet alleen was er het wezenlijke verschil tussen de *vernietigings*kampen, die louter waren ingesteld voor het volvoeren van de systematische vernietiging van bevolkingsgroepen zoals joden, en de *concentratie*kampen, waar bijvoorbeeld verzetsmensen werden opgesloten, ook die concentratiekampen verschilden onderling in zwaarte; de ernst van de situatie daar liep bovendien sterk uiteen naargelang de periode.

Natzweiler was geen vernietigingskamp zoals Auschwitz-Birkenau, Majdanek, Sobibor en Treblinka dat waren, waar de gevangenen na selectie systematisch werden vergast. Wel zijn er medische experimenten verricht op gevangenen. In de kleine gaskamer die bij het kamp hoort en die zo'n vijfhonderd meter lager dan het kamp gelegen was tegenover de herberg Struthof, waar de SS zich placht te vermaken en zijn kantoren had, werden geen Natzweilergevangenen vergast, maar joden die werden aangevoerd uit Auschwitz. Hun lijken en lichaamsdelen waren bestemd voor het anatomisch museum dat de nazi's wilden inrichten bij de medische faculteit van Straatsburg. Ook werden er medische experimenten verricht op daartoe eveneens van elders aangevoerde 'zigeuners'.

Natzweiler was een *Konzentrationslager dritter Stufe*. De indeling *Stufe III* slaat zowel op het type gevangenen als op het kampregime. Categorie III waren gevangenen die als zeer gevaarlijk werden beschouwd en de zwaarste *Schutzhaft* vereisten; een *Stufe III* kamp was een 'zwaar' kamp met een hoge sterfte. In Loe de Jongs hiërarchische rangschikking van kampen naar 'zwaarte' staat Natzweiler boven de andere concentratiekampen, direct onder de vernietigingskampen. Maar al was het kamp dan geen moordfabriek, veel ex-gevangenen noemen Natzweiler toch een vernietigingskamp om te accentueren hoeveel groter de sterftekans daar was in vergelijking tot hun eerdere of latere gevangenschappen. 'Vernietiging op termijn,' schreef journalist en ex-Natzweiler W.L. ('Boebie') Brugsma.

Niet alleen werden er gevangenen opgehangen en gedood door injecties, ook zijn veel Natzweilers gestorven als gevolg van de *Vernichtung durch Arbeit*. Berucht was het werken in de op enige afstand van het kamp gelegen steengroeve, waar rood graniet werd gehakt voor bouw- en beeldhouwwerken van het *Reich*. De steengroeve werd geëxploiteerd door de Duitse onderneming DEST (Deutsche Erd- und Steinwerke); het mooie graniet was een van de redenen waarom juist deze plek werd gekozen om een concentratiekamp aan te leggen. De gevangenen moesten er tunnels graven en er waren diepe spelonken waarin de steen werd vergruisd voor de aanleg van wegen. Het was zware, ongezonde arbeid. In de *Steinbruch* lieten velen het leven – van uitputting of omdat zij werden doodgeslagen door de SS. Tegelijkertijd doen juist over die steengroeve reddingsverhalen de ronde van mannen die hun leven dankten aan een ander die stiekem een zware last overnam.

Al was Natzweiler een relatief klein concentratiekamp, en al is het bij het Nederlandse publiek nog steeds niet erg bekend, het is een belangrijk kamp. Naar Natzweiler zonden de nazi's de zogenoemde *Nacht und Nebel*-gevangenen. Dat waren ter dood veroordeelden wier vonnis niet snel kon worden voltrokken, of veroordeelden die vielen onder het zogenoemde *Keitel-Erlass* (van 7 december 1941), dat voorschreef dat deze verzetsmensen moesten verdwijnen zonder dat iemand wist waar zij waren gebleven. Dergelijke verdwijningen zouden de bevolking net zoveel schrik aanjagen als voltrokken doodvonnissen, meenden de Duitsers, terwijl de bezetter tegelijkertijd geen slechte indruk meer maakte door het regelmatig bekendmaken van lijsten van geëxecuteerden. Pim Boellaard, net als Van Dedem veroordeeld in het 'tweede OD-proces', was een van degenen die onder het Keitel-Erlass vielen: 'Tijdens dat proces kwamen er nieuwe richtlijnen uit Berlijn, dat er geen doodstraffen meer voltrokken mochten worden. Eenentwintig doodvonnissen waren al voltrokken op de Leusderhei. De rest werd *abgetrennt auf weiteres Verfahren*.' Er zijn in de jaren daarna overigens in Nederland nog veel verzetsmensen doodgeschoten.

In Natzweiler was elk recht en elke wet opgeheven op een manier waarop dat zelfs in de andere kampen niet het geval was, en NN-gevangenen genoten nog minder rechtsbescherming dan 'gewone' gevangenen: zo mocht volgens de interne kampreglementen elke SS'er, van welke rang dan ook, tegen een NN-gevangene geweld gebruiken. NN'ers hadden officieel ook geen recht op medische zorg;[2] evenmin werden overlijdensberichten naar huis gestuurd wat voor andere gevangenen wel het voorschrift was. NN stond vermeld op de rode driehoek die ze op hun kleding droegen en was vaak ook nog op de rug van de kampkleding geschilderd, en de aldus gebrandmerkte gevangenen leefden onder constante dreiging van de dood. De eerste Nederlandse NN'ers, onder wie Arie van Soest en Carel Witmond van het eerste *Parool*-proces, arriveerden op 10 juli 1943. Een tweede grote groep NN'ers kwam in september. Behalve de veroordeelden uit het tweede (en enkele overlevenden van het eerste) OD-proces en de *Parool*- groep, zaten onder de Nederlandse gevangenen veel Engelandvaarders; ook werden ter dood veroordeelden die al elders zaten naar Natzweiler gestuurd. Zo moesten Frans de Bordes en Otto van Gool als NN-gevangenen uit Buchenwald naar Natzweiler. Vrouwelijke NN-gevangenen gingen niet naar Natzweiler.[3]

Voordat de NN'ers arriveerden, waren Gert Nales en Wim Roessingh al naar Natzweiler overge-

Natzweiler: le Mémorial des Déportés.

bracht. Roessingh arriveerde op 13 maart 1942. Juist doordat zij er zo vroeg waren, hebben ze veel betekend voor de Nederlandse NN'ers die ongeveer een jaar later kwamen. De gevangenen onderling weten aan iemands kampnummer meteen wanneer hij is gearriveerd, omdat in Natzweiler de nummers niet werden opgevuld als er een 'uitviel', zoals in bijvoorbeeld Dachau. Zo vertelde Ad de Jonge: 'Willem Roessingh heeft een nummer ergens in de achthonderd, dat is heel laag. Die heeft het kamp nog opgebouwd, dus hij heeft het, als een der eerste Nederlanders, heel slecht gehad. Gruis, stof en modder.' Nales had nummer 757, Roessingh 835.

Eind 1941 waren er in Natzweiler vier barakken voltooid, in maart 1942 stonden er zeven. Het werden er uiteindelijk zeventien, waarvan veertien voor gevangenen en drie voor de keuken, het crematorium en de gevangenis.[4]

Toen in het najaar van 1944 de geallieerde troepen de Elzas naderden, werd het hoofdkamp Natzweiler ontruimd. Dat is dus nooit bevrijd, wat een van de redenen is waarom het onder het publiek niet zo bekend is. (Een andere is dat het kamp niet in Duitsland lag.) Er is geen datum waarop jaarlijks een bevrijding wordt herdacht, en er zijn nooit geallieerden binnengemarcheerd, met in hun kielzog persfotografen, die werden geconfronteerd met een uitgemergelde kampbevolking en stapels lijken, zoals in Dachau en Bergen-Belsen. Met die ontruiming werd de hoop op een spoedige bevrijding de grond in geboord. De meeste Nederlanders werden via een verschrikkelijke treinreis overgebracht naar Dachau. Anderen beleefden, na niet minder vreselijke transporten, hun bevrijding zo'n negen maanden later in onder meer Mauthausen of in een van de buitencommando's van Natzweiler, zoals Vaihingen.

Ook die kampen waren in die laatste periode een verschrikking. Doordat de Duitsers in verband met de opmars van het Rode Leger zo veel mogelijk gevangenen westwaarts stuurden, raakte bijvoorbeeld Dachau overvol en bezweken er in de laatste weken nog honderden gevangenen aan honger en besmettelijke ziekten. Toen Piet Bouwense in september 1944 vanuit Natzweiler in Dachau kwam, dacht hij: Dit overleef ik wel. Het leek zoveel minder erg. Toch, verzwakt als zij waren, kostte Dachau nog vele Natzweilers het leven.

Le Mémorial de la Déportation

In 1953 besloot de Franse regering dat kamp Natzweiler een nationaal monument moest worden en dat er een gedenkteken moest worden opgericht. Er hebben in het kamp bijna zevenduizend Fransen gezeten. Maar kamp Natzweiler is voor Frankrijk de plek waar álle Franse gedeporteerden worden herdacht – ook de doden uit de nazikampen in Duitsland. Natzweiler was het enige Duitse kamp op Franse bodem. Daarom heeft het kamp voor Frankrijk een speciale lading.

Le Mémorial de la Déportation, zoals het indrukwekkende gedenkteken heet, werd op 23 juli

1960 onder zeer grote belangstelling ingewijd door generaal De Gaulle. Het monument bestaat uit een holle witmarmeren pilaar die met zijn veertig meter ijzingwekkend uit de bergen omhoog torent en uitloopt in een scherpe punt. De vorm, een oprijzende lichtflits, moet de eeuwige 'spiraal van hoop' symboliseren. De open zijde kijkt in de richting van Frankrijk – de richting van de vrijheid. Binnen in de holte is een imposante mensenfiguur uitgehakt – een 'muzelman', een uitgeteerde gevangene die, zoals de Bouwense het formuleert, alle hoop had verloren en vegeterend 'naast de dood stond'. In de halve cirkel die de basis vormt van de pilaar is de tekst 'Aux héros et martyrs de la Déportation la France reconnaissante' aangebracht. Onderin zijn de resten begraven van een 'onbekende gedeporteerde' als symbool van alle in Duitse kampen gestorven Fransen. Naar beneden strekt zich over acht aflopende terrassen het voormalige kamp uit. Daaromheen is nog steeds de dubbele omheining van prikkeldraad te zien; de witte stoppen getuigen ervan dat dit onder stroom stond. Middenin liggen de appèlplaatsen en de gehate granieten trap met zijn te hoge treden; ter linker en rechterzijde daarvan rossig gekleurd gruis. Daar stonden de barakken, waarvan er nog een paar bewaard zijn gebleven. De barakken, met bedden in drie lagen, waren bestemd voor honderdvijftig à tweehonderd personen, maar dat werden er soms wel zevenhonderd. Toen het voller werd sliepen de gevangenen met twee personen per bed, het hoofd van de een naast de voeten van de ander. Alleen in het hokje van de kapo stond een kachel. In een van de barakken is later het Natzweilermuseum ondergebracht. In het kamp groeide geen gras, laat staan dat er veldbloemen bloeiden, zoals nu.

Op het terrein boven het monument bevindt zich *La Cimetière des Déportés*, dat zo is aangelegd dat de kruisen het monument als toeschouwers omringen. Behalve de naam van de plaats waar de gedeporteerde is gestorven – Auschwitz, Buchenwald, Ravensbrück, Sobibor – staan op elk kruis de naam van de dode (indien bekend, want er liggen ook ongeïdentificeerde lichamen), de woorden 'Mort pour la Patrie' en een van de drie toevoegingen: 'Déporté' (of *déportée*, want er zijn ook vrouwen begraven), 'Déporté Politique' en 'Déporté Résistant', een categorisering die wij in Nederland niet kennen.[5]

Anders dan met het museum, het monument en de gedenkplaats in Dachau, die het resultaat zijn van inspanningen van het Internationale Dachau Comité, waarin ook diverse Nederlandse ex-Natzweilers zaten, hebben niet-Franse ex-gevangenen geen officiële bemoeienis gehad met het behoud van het kamp Natzweiler en met het ontwerp en de bouw van het monument. Natzweiler is geen internationaal, maar een nationaal monument, een verschil waaraan het volgens sommige Nederlanders is te wijten dat in de steengroeve, waar nooit Fransen hebben gewerkt, de werkplaatsen niet zijn bewaard en de rails zijn overwoekerd.

Niettemin voelden de Nederlanders zich intens betrokken bij het behoud van het kamp als

De beruchte kamptrappen, waarnaast links en rechts barakken stonden.

Op de voorgrond van links naar rechts Hans Teengs Gerritsen, Carel Steensma en Bekkie de Loos bij de onthulling van het monument in Dachau, september 1968.

gedenkplaats. Ze hielden voortdurend contact met het comité, met de Franse 'Amicale des Déportés de Natzwiller' en met vriendenkringen uit andere landen, en slaagden er bovendien in een flink aantal toegangsbewijzen te verkrijgen voor de plechtigheid van 1960. De zestig personen sterke delegatie was diep onder de indruk. Bijna een halve eeuw later herinnert Pim Reijntjes zich de opening nog als een 'zeer emotionele aangelegenheid': 'Daar reed de generalissimo, staande in zijn open DS, over de Lagerstrasse. Dat dit mogelijk was, konden wij amper bevatten. Maar iedereen was blij; het leek wel of onze vrijheid hierdoor pas definitief was.'[6] Aangrijpend vonden de Nederlandse gasten de ceremonie waarbij onder in het monument de stoffelijke resten werden geplaatst van een 'onbekende gedeporteerde'. Dat gebeurde in de late avond, terwijl van beneden naar boven langs de prikkeldraadversperring van het kamp een fakkelwacht stond van honderden oud-gevangenen en nabestaanden. Toen de kist in een lange tocht vanuit het dal naar boven langskwam, was 'menigeen de tranen niet meester, want het kon hun zoon of vader zijn die daar passeerde', schreef Boellaard in het reisverslag.

Niet alleen waren ze erbij, ook hadden de Nederlanders met enige moeite voor elkaar gekregen dat er in de eremuur bij de voormalige 'askuil' een gedenksteen voor hun Hollandse doden mocht worden aangebracht. In de muur zijn ook de gedenkstenen van andere nationaliteiten geplaatst. Voordat er een steen was, had de in Luxemburg wonende Natzweiler D.A.E. ('Bekkie') de Loos altijd gezorgd dat er op 4 mei in het kamp een rood-wit-blauwe vlag halfstok hing. In later jaren legde hij op 4 mei altijd een krans bij de gedenksteen.

Het monument mag dan nationaal zijn, de kampbevolking van Natzweiler en zijn buitenkampen was bij uitstek internationaal. Er hebben mensen van ruim dertig nationaliteiten gevangengezeten, van Grieken tot en met Finnen. Het ruimst vertegenwoordigd waren de Polen, de Sovjets en de Fransen. Volgens de recentste NIOD-gegevens hebben in Natzweiler 588 Nederlanders gevangengezeten. Van hen zouden er 280 de oorlog niet hebben overleefd; ruim zeventig Nederlandse gevangenen stierven in het kamp zelf.[7] De Franse historicus Steegmann schat het totaal aantal personen dat in Natzweiler gevangen heeft gezeten op 51.684, van wie 60 procent was opgepakt als politiek gevangene. Van die 51.684 gevangenen zijn er naar schatting tijdens of direct na de oorlog 20.000 overleden, wat de sterfte brengt op bijna 40 procent. De Nederlandse sterfte zou op basis van de hier genoemde gegevens ruim 46 procent bedragen. Het blijft echter ook meer dan zestig jaar na dato precair om exacte aantallen gevangenen en doden te geven.

Afgezien van de joodse vrouwen en van de vier Britse geheim agentes die in Natzweiler zijn vermoord, zijn er alleen gegevens beschikbaar omtrent mannelijke gevangenen en hebben de Nederlandse gevangenen ook geen andere vrouwen gezien dan deze. Plaatselijke ooggetuigen hebben echter verklaard dat er veel meer vrouwelijke gevangenen naar het kamp zijn gevoerd; van hen ontbreekt elk spoor.

Doodstraf op termijn

Doodstraf op termijn heet het voorliggende boek. Een 'doodstraf op termijn' werd natuurlijk nooit letterlijk uitgesproken, maar die titel vat wel treffend samen hoe de gevangenen Natzweiler hebben ervaren. Om hun ervaringen gaat het hier. Behalve naar documentatie omtrent het kamp is voor dit boek met succes gespeurd naar getuigenissen van overlevenden, in het bijzonder ook overlevenden die weinig op de voorgrond hebben gestaan en wier verhaal niet al vaak was gepubliceerd. Sommige van de hier gebruikte herinneringen werden verteld in meer of minder recente interviews, andere werden eerder vastgelegd in toespraken of stukjes in het blad van de vereniging van oud-Natzweilers en nog weer andere kampbelevenissen werden direct na terugkeer opgetekend.[8] Ex-Natzweiler Janus Ritter noteerde zijn kampervaringen in het ziekenhuis waar hij moest kuren voor een in het kamp opgelopen tuberculose, in de door zijn verloofde Hennie meegebrachte schriftjes. Er werd in die eerste jaren na de terugkeer door overlevenden van de concentratiekampen veel geschreven: een oproep van het kersverse Rijksinstituut voor Oorlogsdocumentatie leverde een stroom aan egodocumenten op.

Op de verheugende constatering dat er nu een boek over Natzweiler is waarin ervaringen van gevangenen zijn vereeuwigd, zou je kunnen reageren met een bitter *beter laat dan nooit*. Gezien de omvangrijke bibliotheek met onderzoek over de Tweede Wereldoorlog waarover wij inmiddels beschikken, is het verbazend dat er nog nooit een boek was geschreven over de Nederlandse gevangenen van dit kamp. Bij nader inzien ligt dat gecompliceerder. Het tekort geldt niet alleen Natzweiler; er bestaan überhaupt nauwelijks Nederlandse monografieën over het kampbestaan. Enkele uitzonderingen daargelaten zijn we voor wetenschappelijke kennis over de kampen nog steeds in hoge mate aangewezen op het werk van Loe de Jong. Dat heeft zijn beperkingen. Aan Natzweiler besteedde De Jong enkele pagina's, verspreid over verschillende boeken.

De publieke belangstelling voor de kampen en de kampoverlevenden is in de zes naoorlogse decennia wisselend geweest, zowel naar hoeveelheid als naar inhoud. Zo veranderde door de jaren heen de notie welk kamp het 'essentiële' kamp was. Dachau was al voor de oorlog berucht als het eerste Duitse concentratiekamp waarin een nabije overheid op grote schaal andersdenkenden opsloot. Tijdens de bezetting werd Mauthausen het meest gevreesd. Omdat daar vandaan nog overlijdensberichten werden gestuurd, drong het besef door dat wie daarheen werd afgevoerd snel de dood vond. In de eerste naoorlogse jaren werd voor het Westen Dachau opnieuw het symbool van het nazisme, en indirect van het communisme. Dachau met zijn opgestapelde lijken stond voor totalitaire onderdrukking-tot-de-dood-eropvolgt. Voor communisten en het communistische deel van Europa was juist Buchenwald het essentiële kamp, omdat, zo wilde de mythe, daar het communistisch verzet het nazisme had overwonnen en uit die overwinning een socialistisch Duitsland was geboren. Sedert de jaren zeventig kwamen nationaal en internationaal de jodenvervolging en Auschwitz meer in de belangstelling en inmiddels symboliseert dit kamp de Tweede Wereldoorlog – net zoals de genocide nu als het wezenlijke kwaad van die oorlog wordt gezien.

In de eerste jaren na de bevrijding verschenen talloze persoonlijke kampverslagen, die een gretig lezerspubliek vonden. Brochures als Karel van Staals fameuze *Terug uit de hel van Buchenwald* haalden hoge oplagen. Kranten maakten interviews met teruggekeerde gevangenen. Die belangstelling echter was binnen enkele jaren verzadigd. Al in 1948 lagen veel kampherinneringen in de uitverkoop. Dat was niet louter een gevolg van desinteresse of van het onvermogen om zoveel ellende tot zich te nemen. Het kwam ook doordat de kampervaringen niet gemakkelijk in een eenduidig verhaal zijn samen te vatten. De kampen verschilden, kampervaringen verschilden en de gevangenen verschilden. Het concentratiekampbestaan was niet alleen een naargeestig maar ook een conflictueus onderwerp. In de kampen hadden zich tussen de gevangenen onderling ernstige conflicten voorgedaan. Naast roerende verhalen van onderlinge steun bracht de bevrijding ook de onthulling hoe sommige groepen zichzelf hadden bevoordeeld. Met name werd door medegevangenen onthuld dat communisten met hun 'rode terreur' niet-partijgenoten de dood in hadden gejaagd. Gevangenen die tijdens hun gevangenschap droomden van een eensgezinde opbouw van een harmonieus nieuw Nederland, stonden in de naoorlogse werkelijkheid weer langs lijnen van geloof en politiek tegenover elkaar. De teruggekeerden vormden dus geen eenheid. Daar kwam bij dat landgenoten die zelf niet in een kamp hadden gezeten, minder op hun ervaringen zaten te wachten dan de gevangenen in het kamp hadden gedacht. In politieke kringen heerste soms wantrouwen tegenover exgevangenen, omdat die in de kampen intensief waren omgegaan met mensen uit andere zuilen en standen – mensen met wie ze in vooroorlogs Nederland nooit contact hadden gehad.

In de decennia die volgden – ruwweg eind jaren veertig tot midden jaren zestig – genoot de Tweede Wereldoorlog minder publieke belangstelling dan we de laatste jaren gewoon zijn gaan vinden. De herinneringen en emoties van de directe slachtoffers kwamen nauwelijks aan de orde. Herdenkingen waren plechtstatiger van karakter en nationaler van inhoud dan nu. De *natie* werd gezien als de aangevallen partij, en die nationale ervaring werd gevat in een term als 'bezetting'. De afzonderlijke kampen werden al helemaal niet herdacht op de manier waarop we dat nu kennen, met jaarlijkse openbare bijeenkomsten waarbij een brede kring van ex-gevangenen, nabestaanden, belangstellenden en politici aanwezig is. Kampoverlevenden waren in hoge mate op zichzelf teruggeworpen; zij herdachten hun doden in eigen kleine herdenkingen en in bladen als *Aantreden* van de Nederlandse Vereniging van Ex-Politieke Gevangenen (Expogé).

Als onderwerp van wereldpolitiek daarentegen was het 'concentratiekampsysteem' in die Koude Oorlogstijd juist een brandende kwestie. De sovjetkampen symboliseerden het kwaad van de politieke onderdrukking waartegen het Westen ten strijde trok. Juist vroegere gevangenen ging het aan het hart dat er nog steeds totalitaire staten waren waar mensen naar willekeur werden opgesloten of vermoord. Tegelijk verdeelde dit onderwerp meer dan wat ook de voormalige kampgenoten. Terwijl Expogé de bestrijding van het kampsysteem bovenaan het prioriteitenlijstje plaatste, ontkenden de communisten het bestaan überhaupt van sovjetkampen. De verdeeldheid van mensen die elkaar tijdens hun gevangenschap goed hadden gekend, is in alle pijnlijkheid in deze organisatie goed zichtbaar. Nog geen vier jaar nadat Expogé was opgericht als organisatie voor alle ex-politieke gevangenen, werden de communistische leden uit de vereniging gezet. Dat gebeurde in reactie op de communistische coup in Praag, 1948. In 1956 zette Expogé zich in voor Hongaarse vluchtelingen.

De nu gerespecteerde kampcomités waren eveneens tot op het bot verdeeld. Er bestonden van Dachau en Buchenwald een communistisch en een niet-communistisch comité. In de ogen van Expogé waren alle kampcomités 'communistische mantelorganisaties'. Omdat de communisten de herdenkingen van de oorlogsdoden steevast misbruikten voor politieke doeleinden, hoorde het 'bonafide verzet' niets met hen te maken te hebben.[9] Kampgenoten maakten elkaar in die jaren soms persoonlijk kapot. Een van de gevolgen van deze harde strijd om de kampherinnering was dat veel gevangenen zich terugtrokken in werk en gezin en hun vroegere lotgenoten zelden of nooit meer zagen.

Ik schets deze wrange geschiedenis hier vooral omdat zij één opvallende uitzondering kent: de voormalige Natzweilers. Zij waren de enigen die wel een werkelijk lotgenotencontact tot stand wisten te brengen. De Natzweilervriendenkring raakte in de Koude Oorlog niet verdeeld. Er hebben nooit twee Natzweilerurnen bestaan (zoals van Buchenwald) en evenmin twee elkaar bestrijdende comités (zoals van Ravensbrück). Ex-Natzweilers vielen elkaar in het openbaar niet aan of af. Of ze nu in Expogé zaten of daaruit waren verwijderd, in het buitenland woonden of om de hoek, de voormalige gevangenen van dit speciale kamp slaagden er wonderwel in het contact te bewaren en elkaar los van alle politieke rumoer met enige regelmaat te blijven zien.

Een koninklijke verloving

Terug naar het algemene beeld. De tijden veranderden en ook het denken over en herdenken van de Tweede Wereldoorlog. Nieuwe protestbewegingen interpreteerden actuele conflicten meer

De eerste reünie van oud-Natzweilers in 1947.

en meer in aan de oorlog ontleende termen en pasten voor eigen doeleinden aan de bezettingstijd ontleende scheldwoorden toe, zoals 'fascisme'. De hernieuwde belangstelling voor de oorlog werd al zichtbaar in de jaren zestig toen zich enkele hoogoplopende politieke affaires voordeden waarin 'de oorlog' cruciaal was. Iedereen kent de beelden van de rookbom bij het huwelijk van prinses Beatrix met Claus van Amsberg, die later bij uitstek een 'goede Duitser' bleek te zijn. Daar was al een soortgelijke affaire aan voorafgegaan: de verloving in 1964 van prinses Irene met de Spaanse troonpretendent prins Karel Hugo van Bourbon-Parma. Met deze verloofde kwam ook de carlistische beweging in zicht, een van oorsprong uiterst rechtse, rooms-katholieke politieke beweging, waarvan hij de voorman was. Aangezien de carlisten zich tijdens de burgeroorlog gewapenderhand tegen de Spaanse republiek hadden gekeerd, zouden ze dus wel pronazi zijn geweest.

De geschiedenis blijkt complexer dan een indeling in twee stapeltjes 'fascist' en 'antifascist' suggereert.[10] Enkele kranten citeerden tijdens de roerige dagen rond de verloving het in 1948 gepubliceerde Dachause dagboek van Nico Rost, *Goethe in Dachau*. Tot verbazing van de journalisten bleek deze communistische auteur zich vriendelijk te hebben uitgelaten over een adellijke medegevangene, prins Xavier van Bourbon-Parma. Rost prees hem omdat hij, anders dan veel priesters bijvoorbeeld, een elitebehandeling had geweigerd. Die Xavier was de vader van Karel Hugo.

Wat uit die toenmalige krantenstukken niet bleek, was dat prins Xavier behalve in Dachau ook korte tijd in Natzweiler had gezeten en contact had gehad met Nederlandse gevangenen. Met Hans Teengs Gerritsen bijvoorbeeld, die zijn zoon zo'n twintig jaar later zou ontmoeten als vriend van zijn schoonvader. Xavier van Bourbon-Parma was als Frans verzetsstrijder in Natzweiler terechtgekomen. Omdat de carlistische beweging zich keerde tegen Franco als nieuwe leider van het antirepublikeinse leger, vestigde de familie Van Bourbon-Parma zich in haar kasteel in midden Frankrijk. Daar kwam Xavier in contact met de Franse maquis, waarbij zich overigens veel republikeinse Spanjaarden hadden aangesloten, die hun antifascistische strijd als ballingen voortzetten. Zomer 1944 werd Xavier thuis gearresteerd en via via overgebracht naar Natzweiler, waar hij met de bisschop van Clermont-Ferrand een speciale status had met het oog op mogelijke uitwisseling. Net als de meeste Nederlanders ging Van Bourbon bij het naderen van de geallieerde troepen op transport naar Dachau, waar Rost hem dus leerde kennen als een fatsoenlijke medegevangene en waar hij een tijdje een bed deelde met Loek Reijntjes. Op 27 april, twee dagen voor de bevrijding, werden prins Xavier, de bisschop en nog 137 andere 'speciale' gevangenen met bussen en trucks vanuit Dachau naar het krijgsgevangenenkamp Niederdorf gebracht, in de Tiroler Alpen, vanwaar zij ten slotte als vrije mensen in Napels terechtkwamen.[11]

Tot deze prominenten behoorden ook de Nederlandse minister van Oorlog J.J.C. Van Dijk, een

Haarense gijzelaar die in Dachau in 'Ehrenhaft' zat, en Leon Blum, die als leider van het volksfront in 1936 Frankrijks eerste socialistische premier was geworden. Een Bourbonfamilieanekdote wil, dat toen de Amerikanen aanboden de drie bekende Fransen uit Napels terug te vliegen naar Parijs, Blum zich ziek meldde, wat de prins de vriendschappelijke grap ontlokte, dat hij zich wel kon voorstellen dat een socialististenleider zich bij zijn triomfantelijke terugkeer in het vrije Frankrijk niet aan den volke wilde vertonen tussen een bisschop en een prins.

Toen zijn vader uiteindelijk weer thuis arriveerde, herkende zijn zoon de 45 kilo wegende man niet. Anno 2006 herinnert prins Karel Hugo zich, dat er bij alle protesten in 1964 één ingezonden brief in de krant had gestaan van een ex-gevangene, met als strekking: als de vader van deze verloofde de Bourbon is die ik in het kamp heb gekend, dan deugt de man. Een manier van redeneren die illustreert hoezeer kampervaringen in het verdere leven de verhouding tot andere mensen kleurden.

Nieuwe interesse

Vanaf de jaren zeventig maakte de verdeeldheid onder de diverse groepen en categorieën oorlogsslachtoffers en verzetsmensen plaats voor een toenemende gezamenlijkheid. En die gezamenlijke slachtoffers mochten zich verheugen in een groeiende aandacht. De binnenlandse Koude Oorlog liep ten einde en het communistisch verzet herwon aanzien. De democratiserings- en emancipatiebewegingen wekten bij publiek, politiek en wetenschap bij uitstek belangstelling voor de lotgevallen van gewone mensen. De joodse overlevenden en het voormalig verzet kwamen in zicht.

De belangstelling voor de gevoelens en ervaringen van de betrokkenen groeide ook doordat in diezelfde tijd de psychische problemen aan het licht kwamen die van ingrijpende oorlogservaringen het gevolg kunnen zijn. Met het 'KZ-syndroom' (zoals het oorlogstrauma toen heette) kwam ook het KZ terug in beeld. Helaas werden naarmate het oorlogsverleden meer en meer werd benaderd als een psychiatrisch onderwerp, slachtoffers en verzetsmensen getransformeerd tot een nogal amorfe brij van 'oorlogsgetroffenen'. Het oorlogstrauma werd voorgesteld als een soort gemeenschappelijk kenmerk van mensen met oorlogservaringen. Dat die 'oorlogsgetroffenen' sterk verschillen in oorlogservaring, achtergrond en psychisch welbevinden, leek een bijzaak. Het is in dit licht bezien een verademing dat in *Doodstraf op termijn* de ex-gevangenen consequent worden beschreven als handelende individuen en niet categoraal worden gereduceerd tot hulpbehoevende patiënten of onfeilbare helden.

Doodstraf op termijn staat niet op zich, maar past in de toegenomen interesse van de laatste kwarteeuw. Er kwamen monumenten voor Ravensbrück en Dachau; de vroegere kampen Vught en Westerbork werden gedenkplaatsen; de

Auschwitzherdenking werd een gerespecteerde aangelegenheid. Het hernomen contact met oude kampvrienden en -vriendinnen genereerde een nieuwe stroom van herinneringsactiviteiten en egodocumenten. Terwijl de door de overheid in het leven geroepen instellingen zich concentreerde op de psychosociale aspecten van het oorlogsverleden, namen ex-gevangenen zelf het historisch heft in handen. Zo publiceerde Jules Schelvis in 1993 zijn monumentale *Sobibor*; reconstrueerden Hetty Voûte en Tineke Wibaut in de jaren negentig in boeken, brochures en exposities de geschiedenis van ex-Vughtgevangenen; presenteerden de Dachauers zowel bij de onthulling van het monument (1996) als bij de zestigjarige bevrijding mooie, zorgvuldige boekjes met kampbelevenissen, en zorgden ex-gevangenen van Neuengamme ervoor dat er een boek uitkwam over 'hun' kamp (2005). Van de overlevende Buchenwalders werden videoportretten vervaardigd.

Ook anderen dan ex-gevangenen keken met hernieuwde interesse naar de kampen. Dunya Breur pionierde in 1983 met haar boek rond de tekeningen die haar moeder Aat Breur maakte in Ravensbrück, de gemeente Amersfoort nam het initiatief tot een onderzoek naar het Polizeiliches Durchgangslager Amersfoort (2003), ikzelf besteedde aandacht aan het kampleven en de onderlinge verhoudingen in en na Natzweiler, Buchenwald, Dachau en Ravensbrück. En deze opsomming heeft niet de pretentie volledig te zijn.[12]

Het initiatief tot het voorliggende Natzweilerboek ontsproot aan de Vriendenkring. Aanleiding was het voornemen van het Franse Ministère de la Défense om te Natzweiler een *Centre Européen du résistant déporté dans le système concentrationnaire nazi* op te richten. Dat nieuwe Centrum, net buiten het voormalige kamp gelegen, is in 2005 geopend en geeft een overzicht van het over Europa uitgespreide concentratiekampsysteem. Tegelijk met het bekendmaken van dat plan werd aan de 'amicales' van alle landen waaruit mensen in Natzweiler gevangen hadden gezeten, nieuw materiaal gevraagd voor het al bestaande Natzweilermuseum. De Vriendenkring van Oud-Natzweilers deed daartoe een beroep op het NIOD, dat de voor de expositie verzamelde gegevens en objecten dan ook zou kunnen benutten voor een mooi geïllustreerd boek. Zowel het onderzoek voor de expositie als dat voor het boek zijn verricht door Hinke Piersma. Zij spoorde met medewerking van gevangenen en nabestaanden objecten op die de herinnering aan het kamp belichamen, speurde in de archieven, interviewde ex-gevangenen en vervaardigde op basis daarvan bovendien zes prachtige videoportretten van ex-Natzweilers, die ons unieke kennis bieden over het leven voor, in en na het kamp.[13]

Door die portretten wordt eens te meer zichtbaar hoe jammer het is, zowel op menselijk als op wetenschappelijk vlak, dat de historische interesse voor de kampen en de kampoverlevenden zo lang op een laag pitje heeft gestaan. Niettemin: beter ten halve gekeerd dan ten hele gedwaald. Aan proefschriften over de kampen Vught en

Westerbork, over de herdenkingsgeschiedenis van de Nederlandse kampen en over Expogé wordt inmiddels gewerkt, evenals aan onderzoek naar Nederlanders in de eveneens minder bekende kampen Flossenbürg, Majdanek en Stutthof. Internationaal is – met andere achtergronden – een gelijksoortige tendens waarneembaar. Overlevenden worden opgespoord om nu het nog kan hun levensverhalen vast te leggen. Die inhaalmanoeuvre werd gestimuleerd door de val van de Muur, waardoor eindelijk onderzoek mogelijk werd in archieven van de in Oost-Duitsland gelegen kampen. In veel van dat recente onderzoek worden, net als in *Doodstraf op termijn*, de levens van de gevangenen voor, in en na de gevangenschap zoveel mogelijk geïntegreerd onderzocht.

Een van de redenen waarom voormalige kampgevangenen nooit zijn opgehouden hun ervaringen vast te leggen en waarom zij wilden dat dit boek er kwam, is dat zij pas kunnen vergeten als de wereld niet meer kán vergeten. De eerdergenoemde Janus Ritter legde dit ooit letterlijk zo uit aan zijn vrouw. Pas toen hij het had opgeschreven, kon hij de zelfopgelegde verplichting laten varen om zich het kampbestaan in al zijn gruwelijke details telkens weer voor de geest te halen. En al geldt dat niet voor elk individu op dezelfde manier, voor de gevangenen collectief wogen de angst om te vergeten en het gebod om alles precies voor ogen te houden, zwaar.

Natzweilers na de oorlog

Als gezegd is Natzweiler het enige kamp waarvan de overlevenden nooit verdeeld zijn geweest in elkaar bestrijdende groepen en altijd hebben geprobeerd contact te houden. Dat begon al meteen. Toen Pim Boellaard en Oscar Mohr in 1946 als eersten terug waren geweest, stuurden ze al hun lotgenoten een vijf foliopagina's lang reisverslag. Op de derde dag van hun reis 'kwam het grote moment. De tocht naar het kamp langs de bergweg, die zoo velen slechts éénmaal hebben afgelegd, langs de weg waarvan de aanleg zovelen noodlottig geworden is. [...] Op de hoogste bocht houden wij stil. Het is de bocht die wij zelf gemaakt hebben in het Kommando Straszenbau I. Stenen hakken, stenen gooien, stenen zetten, grint erover.'

De *Steinbruch* en het eigenlijke kamp bleken onveranderd. De meeste indruk maakte de omgekiepte lorrie die er was opgesteld als symbool van de dwangarbeid. 'We zien naar boven, aan weerszijden de steile trappen. Het is alsof wij het geklepper weer horen van de sloffen waarop de muzelman zich langzaam voortbeweegt.' In de *chambre à gaz* werden de twee 'overvallen door een huivering'. 'Hoevelen hebben hier onder het spiedend oog van Prof. Hirt een doodsstrijd geleden?'

Mohr en Boellaard gingen om twee redenen terug. Ze waren ongerust over de geringe voortgang van het proces tegen de kampleiding, en ze wilden een mooie onderscheiding en wat geschenken brengen aan enkele *Zivilisten* (burgerarbeiders uit de *Steinbruch*) die hun af en toe eten

Tunnelingang in de steengroeve.

hadden toegestopt. Die bleken met zulke dankbare bezoekers bijzonder blij. De reizigers brachten bovendien lijsten mee terug, waarna ze zich met Ivo van Voorst van Beest zetten aan de taak een complete namenlijst te reconstrueren van de Nederlandse Natzweilers.[14]

Maar ook zonder zo'n aanleiding werd er teruggegaan. Pim en Loek Reijntjes, die samen gevangenzaten, gingen al snel. Met hun moeder en Loeks verloofde. De hotelbaas vertelde Pim toen dat de gevangenen in de eerste tijd op hun tocht naar boven door het dorp liepen. De lus in de weg werd pas later afgesneden. Op zijn vraag wat dat allemaal voor mensen waren, was het vaste antwoord: 'Das sind ja alle Verbrecher.'

Al vanaf eind jaren veertig gingen er groepjes Natzweilers samen naar het kamp, zonder subsidies, geïmproviseerd, op eigen gelegenheid, zonder vrouw en kinderen, met een busje en soms auto's die ter beschikking waren gesteld door autohandelaar en ex-gevangene Jan Broedelet. Auto's waren een luxe waarover toen nog maar weinigen beschikten, net als tijd. Zoals Skippie de Vaal uitlegde: 'Na de oorlog moesten we aan het werk.' Pas later werd reizen naar het buitenland gewoner. In de jaren vijftig werd een onderling spaarfonds opgezet voor gevangenen voor wie de reiskosten een bezwaar vormden, en vooral om met een zo groot mogelijk gezelschap op 23 juli 1960 bij de onthulling te kunnen zijn. Dat lukte. Onderweg bezocht de karavaan een Luxemburgs verzetsmuseum, waar enkele in Natzweiler door Sam Hingst van vliegtuigaluminium gemaakte sigarettendoosjes en door de Russen gemaakte sigarettepijpjes ten toon werden gesteld – voorwerpen die hen eraan hadden herinnerd hoe zij ooit hadden 'gepoogd een extra boterham te verdienen'.

Het sigarettendoosje van J. Docters van Leeuwen.

25

Er waren in 1960 ook vrouwen en kinderen bij van Nederlanders die in Natzweiler waren omgekomen. Tot opluchting van de organisatoren hadden zij geen spijt van deze moeilijke reis. Ze waren zelfs 'dankbaar' dat ze nu wisten 'waar hun man of vader verbleven had' en voelden zich gesterkt 'door de kameraadschappelijke geest die in onze vriendenkring heerst' en door de verzekering dat de sfeer ook in de kampjaren goed was geweest'. Boellaard vertelde in zijn rede dat 'menige list te baat was genomen' om ervoor te zorgen dat stervenden in hun laatste ogenblikken niet alleen waren en geen Duits maar Nederlands hoorden.

Het rondleiden van de nabestaanden riep bij de ex-gevangenen heel wat op:

> Vele gedachten bestormen ons, hoe wij hier zelf gezwoegd, gesjouwd en om brood gebedeld hebben, hoe wij op de terrassen stonden in het vroege ochtenduur, dun gekleed in de snijdende wind, en hoe 's avonds weer de vermoeiende appèls werden afgenomen. Het gehate "Die Augen rechts, die Augen links" en het "Mützen ab" klinkt ons uit een ver verleden weer snerpend in de oren. Alles wordt weer levend voor ons. Doch wij zijn hier niet om het eigen leed te herdenken, wij zijn hier om samen met vertegenwoordigers der nabestaanden, de nagedachtenis te eren van onze gevallenen. En ook zij komen ons heel duidelijk voor ogen, gebukt onder de last van zware stenen, dan weer grappen makend met de humor die de Hollanders nooit verliet, stil zittend aan de tafels in het Block bij het avondeten, vlug rennend door het kamp om aan vrienden een gunstig oorlogsbericht te kunnen vertellen, wegebbend zittend in hun bed, stervend.(..) Ieder van ons wist dat de kans om terug te keren klein was.[15]

Reizen naar Natzweiler vinden nog steeds plaats, al loopt het aantal kampoverlevenden onder de reizigers snel terug en bestaat het gezelschap nu merendeels uit kinderen van de kampoverlevenden en hun gezinnen. Maar zoals Piet Bouwense zegt: 'Wie kan, gaat. Dat doen we voor degenen die in hun laatste uur vroegen: "Als jij eruit komt, vertel dan aan mijn vrouw of vader of moeder hoe het was."' Bij de Natzweilerreizen is de dodenherdenking hoofdzaak. Een plechtigheid bij de steen is vast onderdeel van het programma.

'Elke keer als ik die poort door ga, moet ik weer huilen,' vertelde Frans de Bordes aan Piersma, zestig jaar nadat hij Natzweiler als gevangene verliet. Alleen al het vertellen over die entree bracht hem opnieuw in tranen. Ook Boebie Brugsma werd bij het terugzien van Natzweiler-Struthof overvallen door een huilbui, naar eigen zeggen omdat hij er *kinderen* zag, op schoolexcursie. Arie van Soest ziet bij binnenkomst altijd weer iedereen die 'je daar hebt achtergelaten'.

Toen ik in 2001 mee was met een Natweilerreis, demonstreerde Bouwense hoe men met zo weinig mogelijk verspilling van energie de granieten trap besteeg. Ook kregen we een ruimte te zien met planken vol urnen en hij legde ons de 'bok' uit: een martelinstrument waarop een ge-

De poort naar het kamp.

De Bok

vangene voorovergebogen moest plaatsnemen, om stokslagen te krijgen die vaak, eveneens bij wijze van straf, werden toegediend door een medegevangene. Het dwingen van gevangenen om medegevangenen te mishandelen, werd als een exceptioneel wrede straf ervaren. Eenmaal werd een Nederlander gedwongen om op de pedaal te trappen, waardoor de houten bodem onder de galg wegviel en de gevangene, die met zijn hoofd in een strop stond te wachten, kwam te hangen. We hebben het hem niet kwalijk genomen, zeggen zijn kampgenoten. Maar de man werd ziek van wroeging en was binnen een paar weken dood.

Van Soest toonde ons de zogenoemde 'hondenhokken', een soort kasten die zich bevinden in de 'bunker', zoals de strafgevangenissen binnen de kampen heetten. Omdat ze te klein zijn om te liggen of te staan, moesten de gevangenen er gekronkeld in, en dat gedurende drie dagen en nachten. Als ze dat al overleefden, verlieten ze deze cellen meestal om te worden geëxecuteerd.

Het viel me bij die reis op dat al die ellende het genieten van het landschap niet in de weg staat. Het lijkt zelfs wel of de gevangenen het landschap een beetje als het hunne zijn gaan beschouwen. Op weg naar het kamp werden mij vanuit de bus allerlei mooie plekjes aangewezen. Zelfs in 1946 al schreven Mohr en Boellaard: 'Het landschap is onvergetelijk schoon.' Ad de Jonge en zijn vrouw gingen er jarenlang wandelen. Carel Steensma ervoer bij zijn eerste terugkeer – in een lente vijftig jaar later – de Elzas als 'goddelijk'.

Behalve de reizen waren er de reünies en werd het onderling contact onderhouden via de zomer- en kerstbrieven. Zo kreeg de groep ten minste tweemaal per jaar bericht van geboortes van kinderen en kleinkinderen, van de stand van processen en berechtingen, van ziekte in de familie, van verhuizingen, pensionering en dergelijke van de kampvrienden. Er werd melding van gemaakt als iemand een baan zocht of juist een nieuwe betrekking had gekregen. Toen Hingst werd benoemd tot hoofdingenieur bij Rijkswaterstaat, grapte de auteur van de vriendenbrief: 'Wij hadden, toen wij Sam met de houweel aan de Wasserleitung zagen werken, altijd wel gedacht dat het zijn levensbesteming zou zijn.' Bij huwelijken, jubilea of onderscheidingen ging iemand van 'de Natzweilerfamilie' feliciteren. Bij de dood van een kampgenoot werden de vrienden verwittigd en bezocht een medegevangene de begrafenis of werd de familie per brief gecondoleerd; in verzetskrantjes en later in de *Natzweiler Berichten* werden herinneringen aan kampgenoten opgetekend.

Ook met hun reünies zijn de Natzweilers uniek. Sedert de eerste in 1950 is er geen jaar overgeslagen, en vanaf 1954 nam de reünie, waarbij ook vrouwen en verloofdes welkom waren, een hele dag in beslag met een excursie, lunch en diner en een toespraak. De excursies bestonden vaak uit een ontvangst en rondleiding op het werk van een van de ex-gevangenen. Aan het programma door de jaren heen is goed te zien dat onder dit zeer gemengde gezelschap relatief velen een hoge maatschappelijke positie bekleedden. Zo ontving directeur Boellaard zijn kampvrienden in het hoofdkantoor van verzekeringsmaatschappij Olveh in Den Haag, er was een uitstapje naar het Congrescentrum toen Steensma daar directeur was en eerder naar Schiphol toen hij de KLM nog leidde; men werd door Jaap van Mesdag ontvangen bij de Van Houten fabrieken, door Bib van Lanschot bij Philips, en de ingenieurs Sam Hingst en Frits Santman leidden de groep rond bij respectievelijk de Deltawerken en Hoogovens. Dankzij hun nauwe relatie tot de koninklijke familie mochten de Natzweilers tijdens een verbouwing rondkijken in Huis Ten Bosch en waren leden van de koninklijke familie ook wel aanwezig bij het jaarlijks diner.

Moeilijke mannen

Om hun gezamenlijkheid als Natzweileroverlevenden vorm te geven creëerden de Natzweilers verscheidene eigen rituelen. Zo wordt er, geïnspireerd door de plechtigheid van 1960, bij elke reis 's avonds een fakkelwacht gehouden bij het monument. In 1946 brachten Mohr en Boellaard de Franse helpers een speciaal ontworpen penning. Voor de gevangenen zelf stelde de Vriendenkring een Natzweilerherdenkingskruis in, dat ieder afzonderlijk werd opgespeld door de voorzitter. En bij reünies en oorlogsbijeenkomsten dragen veel ex-gevangenen nog steeds hun Natzweilerdas (met daarop een rode driehoek en de letters NN en H), die begin jaren zeventig te koop was en waarvan de opbrengst bestemd was voor de bouw van Centrum '45.

Deze in 1973 geopende kliniek kwam mede tot stand door de inspanningen van Natzweilers als Hans Teengs Gerritsen. De Natzweilers behoorden tot de pioniers van het besef dat hun kampervaring soms ernstige psychische schade had aangericht. Sedert het bestaan van de late kampgevolgen bekend is, worden van overheidswege 'lotgenoot'-activiteiten gestimuleerd, maar voordien hadden de Natzweilers al een jaarlijkse 'praatdag' ingesteld. Zij erkenden ook eerder dan anderen dat de zorg voor die moeilijke mannen vaak een grote last was voor hun vrouwen en kinderen. Vanaf 1984 werd op dezelfde dag – maar apart – een 'praatdag' georganiseerd voor de vrouwen. De eerste Nederlandse artikelen over door kampervaringen getekende verzetsgezinnen betroffen de Natzweilers. Het zijn inkijkjes, midden jaren tachtig geschreven door Hennie Ritter-Reilingh en Hanny Meyler, in huwelijken die soms een ramp en soms heel innig, maar altijd zwaarbelast waren geweest.

Dit onderwerp, hartverscheurend als het is, wordt in *Doodstraf op termijn* niet gemeden. De verhalen van hun vrouwen en kinderen laten zien dat zelfs mannen die zich in het kamp voorbeeldig wisten te gedragen en na de oorlog op het eerste gezicht redelijk functioneerden, niet altijd onaangetast het kamp uit kwamen. En dat geldt natuurlijk niet alleen voor Natzweiler, maar voor alle kampen.

Na de opening van Centrum '45, 16 mei 1973, bood het koninklijk paar vertegenwoordigers van het Nederlands verzet een buffet aan op Huis ten Bosch. Aanwezig onder meer: J. Bastiaans, P. Muntendam, Hans en Hilda Teengs Gerritsen, C. van den Heuvel, G. van Dedem, P. Bouwense, E. Furth, P. Maliepaard, P. Reijntjes, R. Ville, J. Snijders, P. Boellaard, L. de Jong en W.L. Brugsma.

Het was midden jaren tachtig voor de betrokken vrouwen een opluchting te ontdekken dat ze niet de enige waren met 'zo'n man'. Dat steuntje in de rug konden ze wel gebruiken, want de mannen hadden veel aan elkaar, maar de vrouwen hadden elk afzonderlijk te maken met dit probleem. Vrouwen die al voor de oorlog getrouwd waren, kregen een vreemde terug in wie ze nauwelijks hun vroegere geliefde herkenden. Vrouwen die niet van zijn verzetsactiviteiten op de hoogte waren en achterbleven met de zorg voor kinderen en de angst om zijn lot, bleven hun man dat verwijten. Vrouwen die na de oorlog onder druk van familie snel trouwden omdat de mannen zorg nodig hadden, hadden soms geen idee van wat hun man had meegemaakt, en werden geconfronteerd met zijn slechte gezondheid, nachtmerries, slapeloosheid, woede- en angstaanvallen. Mannen praatten 's nachts Russisch of Duits of waren plots 'terug in het kamp'.

Vaak voelden vrouwen zich buitenstaanders inzake het allerbelangrijkste wat hun man had meegemaakt. Dat 'jij begrijpt niet wat het is' werd hun nu eens verwijtend, dan weer somber-berustend voor de voeten gegooid, maar veroorzaakte hoe dan ook verdriet, een gevoel van tekortschieten en verwijdering. Het leidde ook tot loyaliteitsconflicten: om wél als partner te voldoen en te worden toegelaten in de binnenwereld van hun man, beschermden moeders hun mannen soms ten koste van hun kinderen, die zich daarmee dubbele buitenstaanders gingen voelen. Ook het omgekeerd gebeurde: dat moeders juist voor hun kinderen kozen en een buffer vormden tussen de kinderen en hun prikkelbare, teruggetrokken of zelfs gewelddadige vader. Er waren moeders die hun man beschermden door hem aan te zetten tot zwijgen, maar er waren er ook die zich 'het kamp' toe-eigenden en aan familie en vrienden kampverhalen vertelden ook als hun man aan zijn belevenissen liever niet aan werd herinnerd.

Soms ook waren kinderen het wijze begripvolle gezinslid. Zo'n rolomdraaiing – in de literatuur 'parentificatie' genoemd – kon bijvoorbeeld inhouden dat een kind zijn vader opving wanneer die worstelde met kampherinneringen, of juist zijn moeder beschermde tegen een al te dominante of gewelddadige vader.

Sommige gezinnen stonden geheel in het teken van vaders oorlog. Er was een vader die voor zijn kinderen poppetjes tekende met uitgemergelde lijven en doodskopjes; een ander trainde zijn vrouw en kinderen alvast in een kampdieet; er waren gezinnen die alle vakanties in Natzweiler terechtkwamen – als 'een magneet'. Het was voor kinderen soms moeilijk zich tegen hun vaders leed teweer te stellen en hun eigen gevoelens en interesses serieus te nemen. Zulke kinderen reageerden overigens heel verschillend op die druk. Eén Natzweilergezin is verdeeld in (inmiddels volwassen) kinderen die bij allerlei Natzweileractiviteiten betrokken zijn en kinderen die met hun ouders hebben gebroken en met oorlogsherdenkingen niets te maken willen hebben. Het gelukt niet alle kinderen om te accepteren dat hun vader zowel 'goed' als 'slecht' was, een ambivalentie die door een in dit boek geïnterviewde zoon onder woorden wordt gebracht.

Over dit alles is onder het hoofdje 'tweede generatie' de afgelopen decennia veel gepubliceerd, zij het dat dit zelden werd geïllustreerd met de ervaringen en gevoelens van *beide* generaties, zoals Piersma wist te verzamelen. Heden ten dage wordt dit soort verschijnselen geïnterpreteerd als voortkomend uit oorlogstrauma of zelfs als 'transgenerationele traumatisering'. Tóén werden ze zelden begrepen, laat staan behandeld. Het verband tussen zulke symptomen en de kampervaringen werd door artsen en samenleving pas sedert de jaren zeventig gelegd. In de eerste naoorlogse decennia, toen deze gezinnen werden gevormd en de kinderen opgroeiden, stonden ze er alleen voor. Vaders eigenaardigheden deden zich voor binnen het isolement van de gezinnen en waren omringd met schaamte, verwarring, angst, bezorgdheid en onzekerheid.

Overleven

'Het was voor velen onzer een raadsel hoe men dit kampjaar had kunnen overleven en het gaf stof tot menige stille meditatie,' schreef Boellaard in 1960 over de gevoelens die hun confrontatie met het verleden bij de Natzweilergangers had opgeroepen. Die vraag is altijd blijven spelen. Of het nu was als kwelling of als levensles, iedere Natzweileroverlevende, en iedere kampoverlevende überhaupt, heeft zich meer dan eens afgevraagd hoe het kon dat hij nog bestond. Voor sommigen werd de vraag 'waarom ik wel en die anderen niet?' een levenslange obsessie. Anderen overdachten hun ervaringen met een nuchtere nieuwsgierigheid. Nooit was de gedachte aan de doden ver weg.

Vast staat dat je allereerst af en toe 'geluk' moest hebben gehad, hoe raar die uitdrukking in dit verband ook is. Je moest niet te erg worden mishandeld, geen besmetting oplopen, een sterk gestel hebben en niet te oud zijn – dat vooral. Het was een soort vuistregel dat mensen vanaf een jaar of vijfendertig aanmerkelijk minder kans hadden de beruchte vlektyfus te overleven. En bij het stenen hakken en sjouwen was een jong en geoefend iemand enorm in het voordeel. Je moest ook zorgen niet op te vallen, legde Boellaard uit: niet brutaal zijn, geen ruzie maken en goed uitkijken als je om je krachten te sparen even niet werkte. En je moest inventief zijn. Bouwense bezorgde zichzelf extra kalk door schoongeveegde eierschalen van vogels te eten die hij zocht hij in de steengroeve (in het kamp zelf waren haast geen vogels); een tandarts had hem verteld dat je maag eierschalen kan verteren.

Maar dan, hoe hielden ze vol? Wat maakte dat ze zich bij de steengroeve niet allemaal in het ravijn stortten, ophielden met eten of 'de grens des doods' passeerden – dat wil zeggen: tegen het geëlektrificeerde prikkeldraad liepen? Want dat gebeurde wel.

De antwoorden die gevangenen op die vraag plegen te geven, lopen uiteen en zijn zowel praktisch als psychologisch van aard. Eén omvattend antwoord bestaat niet. De grootste gemene deler van veel van die leerzame ervaringen is dat het belangrijk was je zelfrespect te bewaren en het gevoel dat je enigszins greep had op wat je overkwam. In het kamp wisten de gevangenen zelfrespect en greep op hun lot te ontlenen, zowel aan hun gedrag als aan hun geloof of levensovertuiging. Communisten als Wim Harthoorn bleven mede op de been door hun heilig geloof in het Rode Leger en hun politieke gelijk. Anderen voelden zich gesterkt door hun godsvertrouwen. Ad de Jonge was en bleef ongelovig, maar was zo verstandig al snel een beetje Russisch te leren, wat hem in zijn ruime kamploopbaan veel voordeel bezorgde. Boebie Brugsma schrijft: 'Je mocht niet nadenken over opgeven. Dat had niets met heldenmoed te maken. Het ging erom dat je je vastklampte.'

Van enorm belang, zowel materieel als mentaal, was de onderlinge hulp. De Jonge kreeg in een van zijn latere kampen een aardappel van een Rus die hij in Natzweiler had geholpen. 'Zo'n aardappel. Dat is meer dan goedheid. Dat is niet te beschrijven, wat dat betekende.' Doordat Natzweiler een betrekkelijk klein kamp was en er bovendien een Nederlandse barak was (waarin overigens niet alle Nederlanders waren ondergebracht), kenden de meeste Nederlanders elkaar. Men was voor zijn overleving sterk op elkaar aangewezen. Omdat de NN-gevangenen geen enkel contact mochten hebben met de buitenwereld, kregen ze ook geen pakketten, dus ook geen extra voeding. Gelukkig was een enkele altruïstische Nederlander géén NN'er. Wim Roessingh kreeg met een half pakje shag uit een van zijn pakketten een bewaker zover dat zijn vriend Ad een baantje kreeg en niet naar de *Steinbruch* hoefde. Een baan kon je leven redden, zeker als je werkte op een plek waar het minder koud was, of minder vuil, of waar het werk minder zwaar was. De bij diverse kampen behorende steengroeven waren het ergst.

Hulp kwam een enkele keer ook van buitenaf. Zo waren de Elzassers die als *Zivilarbeiter* in de *Steinbruch* werkten, 'de slechtsten niet'. De bevolking, in de loop der geschiedenis heen en weer geslingerd tussen Frankrijk en Duitsland, voelde zich niet echt Duits. Ze gaven wel eens wat brood en lieten ook wel eens een krant slingeren, wat voor de geïsoleerde gevangenen manna was.

Uit alle kampen is bekend dat er werd geprobeerd mooie of nuttige dingen te maken van snippers rommel en restjes die in de werkplaatsen en fabrieken werden achterovergedrukt. Dat kon als cadeautje zijn, zoals een tekeningetje of versje voor iemands verjaardag; of als ruilobject, zoals de doosjes van Hingst. Maar zo'n werkje was ook belangrijk omdat het je gedachten even op iets creatiefs richtte in plaats van op de omringende destructie.

Het moreel hoog houden was een kunst die men van elkaar kon leren, waarbij men elkaar inspireerde en die men ook gezamenlijk wist te beoefenen. Zo vijzelde het initiatief van Wiardi Beckman en Oscar Mohr om uit het gezamenlijke geheugen van de Nederlanders een dichtbundel samen te stellen, waaruit dan 's zondags kon worden voorgelezen, de stemming 'in de modderpoel van Natzweiler' op als 'een oase in de woestenij'. Ook goede gesprekken over allerlei culturele, levensbeschouwelijke of wetenschappelijke onderwerpen hielden vitaal. Het deed de Natzweilers goed toen hun geleerde landgenoot Wiardi Beckman, gepromoveerd op het Franse syndicalisme, door de Franse gevangenen werd gevraagd om ter gelegenheid van *Quatorze Juillet* 1944 een lezing te houden. Al waren ze na afloop bezorgd, want Stuuf benutte zijn toespraak heel riskant voor een lofzang op de vrijheid.

Iemand die denkt dat er niemand om hem geeft en dat het niemand uitmaakt wat hem overkomt, verliest zijn weerbaarheid en verzwakt. In de situatie van de van alles en iedereen verlaten nacht-en-nevelgevangenen, hielp het dat er landgenoten waren die lieten blijken om je te geven. Het hielp dat mensen als Boellaard en Gerritsen 's avonds met bemoedigende frontberichten langs de bedden kwamen. Jaap van Mesdag voelde zich als een der jongste gevangenen gesteund door landgenoten met meer levenservaring; omgekeerd had 'Japies' aanwezigheid een van die ouderen enige troost geboden voor het gemis van zijn zoon. In Piersma's videoportret vertelt Van Mesdag dat hij aan Natzweiler 'een aantal uitermate mooie vrienden overhield. Heel waardevolle mensen. Waar je van houdt. Niet alleen goede vrienden. Je *houdt* van ze.'

Kampvriendschappen

Frans de Bordes liet bij zijn dood in 2004 een brief achter met het verzoek die in de *Natzweiler Berichten* af te drukken in plaats van een van de vrienden op te zadelen met de taak zijn in memoriam te schrijven. In zijn brief dankte hij al zijn 'kampmakkers' voor de 'vriendschap en verbondenheid' waarmee zij hem vanaf 1942 'overeind hadden gehouden'. Ook in zijn gesprek met Piersma vertelde hij over de verbondenheid van de Natzweilers: 'Je valt elkaar in de armen, zo blij ben je elkaar te zien. Al heb je elkaar niets te vertellen, je hebt samen in het kamp gezeten en dat is *alles*. Je probeerde er samen doorheen te komen. Er zijn er te veel gebleven.'

Maar vriendschap spreekt in levensbedreigende omstandigheden niet vanzelf. Integendeel, angst laat zich nu eenmaal slecht combineren met altruïsme, en saamhorigheid is in de barre wereld van het kamp een bovenmenselijke prestatie. Het spreekt niet vanzelf dat gedeelde lotgevallen de slachtoffers en betrokkenen verenigen. Hun uiteenlopende reacties op angst, woede, verdriet en verlies kunnen mensen ten diepste verdelen en eenzaam maken. De kampen waren er bovendien op gericht gevangenen tegen elkaar op te zetten. Het was een continue strijd om te overleven. Zo at Pim Reijntjes het brood dat was bedoeld als ontbijt voor de volgende dag 's avonds maar meteen op, omdat het anders wellicht 's nachts zou worden gestolen. Een Belgische pastoor dreigde medegevangenen de absolutie te

Op weg naar de steengroeve met broodkist.

onthouden als ze niet voor hem de broodkist droegen – het naar de steengroeve sjouwen van de broodkist was een zwaar corvee, waarvoor minstens vier mannen nodig waren.

In de kampen kwamen mensen intiem en hevig in aanraking met mensen met wie ze in het verzuilde en standsbewuste Nederland van voor de oorlog nooit persoonlijk te maken zouden hebben gehad. Oranjegezinde militairen deelden het bed met communistische arbeiders. Mannen die nooit anders hadden gekend dan een bovenhuisje in de Jordaan, poogden zich in het lazaret schoon te houden naast villabewoners. Een robuuste militair stond zijns ondanks te trillen van angst voor ogen van een felle antimilitarist. Een deftige gestudeerde mocht hopen dat arbeiders met alleen lagere school naast hem even zou helpen een zware last te tillen. Omgekeerd mochten die hopen dat een van degenen die vreemde talen spraken, zou uitleggen wat er werd gezegd. Men was dus als gevangenen op elkaar aangewezen maar voelde zich niet vanzelf verbonden.

Velen onzer hebben een naïeve, idyllische voorstelling van hoe mensen beproevingen doorstaan: men slaat de handen ineen; vooroordelen verdwijnen als sneeuw voor de zon; nieuwe banden ontstaan en die worden na de ramp in een steunend lotgenotencontact voortgezet. Dat is een mythe. Is vriendschap onder extreem bedreigende omstandigheden al een prestatie, in een systeem dat de onderlinge vijandigheid moest bevorderen, was het dat des te meer. Dat onder de Natzweilers die mythe in hoge mate tot realiteit werd, vraagt dan ook om een verklaring.

Pim Boellaard bood zo'n verklaring toen Nico Rost, met wie hij in Dachau bevriend was geraakt, hem vele jaren na de oorlog eens verwijtend vroeg waarom hij wel hielp met reünies voor de Natzweilers maar niet voor de Dachauers. Zijn antwoord luidde: 'Het was zoveel erger daar; we hebben daar zoveel vrienden zien doodgaan.'

Voor Boellaard persoonlijk zal dat zo zijn geweest, een historische verklaring echter vergt meer. Als alleen 'erg' de verbondenheid van de ex-gevangenen zou verklaren, zou die ook elders moeten bestaan. Mij lijkt van belang dat Natzweiler kleiner was en dat er een Nederlandse barak was. De Nederlanders kenden elkaar en waren op elkaar aangewezen. In de grote kampen met hun continu nieuwe gevangenenaanvoer vormden de nationaliteiten geen samenhangende groepen.

Van invloed was ook dat er al vroeg Nederlanders arriveerden, die dus niet als onervaren buitenstaanders in een kamp kwamen waar groepen inwoners al gevestigde posities hadden veroverd. In Natzweiler heeft geen enkele gevangenengroep ooit exclusief het beheer over het kamp uitgeoefend. Dat was zeker voor de communisten een relevant verschil, die zich in de oudere Duitse kampen tot hun voordeel konden aansluiten bij hun internationaal georganiseerde partijgenoten. Harthoorn bijvoorbeeld had het in Dachau dankzij de protectie van partijgenoten eerst tot een aardappelcommando gebracht en vervolgens zelfs tot een baan in het *Revier*. Toen hij in november 1943 als NN-gevangene naar Natzweiler werd getransporteerd, moest hij opnieuw beginnen en kwam hij te werken in de levensgevaarlijke *Steinbruch*. In Natzweiler waren de communisten zowel absoluut als relatief ten opzichte van de gehele Nederlandse groep gering in aantal; zij hadden dus ook minder dan in de grotere kampen de neiging en al helemaal de kans niet om zich op ideologische grondslag te organiseren en een eigen strijd te voeren. Dat zou hun overlevingskansen praktisch nihil hebben gemaakt.

Dan was er het type gevangenen. Natzweiler is zo'n uitzonderlijk kamp, omdat de meeste Nederlanders daar *Nacht und Nebel*-gevangenen waren. Als veelal ter dood veroordeelde verzetsgevangenen kon men er een zeker vertrouwen in hebben dat de ander geen dief, zwarthandelaar of gewone misdadiger was. Die gedeelde achtergrond won het van de grote sociale verschillen. Hier past enige uitleg. De Natzweilers worden soms 'elitair' genoemd. Dat wekt misverstanden omdat die term wordt geassocieerd met het relatief hoge aantal in sociaal aanzien staande ex-gevangenen dat onder het publiek uit deze naar sociale laag zeer gemengde groep bekend is geworden. Maar de term verwijst ook naar het zelfbeeld en het groepsgevoel van de Natzweilers. Wij voelden ons een tikje een elite, legde Pim Reijntjes uit: 'Wat bindt is de *Steinbruch*. En de meesten waren ter dood veroordeeld. Uit Natzweiler gingen we *als groep* naar Dachau, daar bleef je als groep. Als er een verpleger op het *Revier* moest komen, haalde je een Natzweiler.' De karakterisering 'elitair' heeft in die zin dus niet te maken met sociale klasse, maar met een impliciete verzets- en overlevingshiërarchie. De Natzweilers hadden naar hun ervaring het ergste concentratiekamp doorstaan.

En last but not least hadden de Natzweilers het geluk dat er onder hen gevangenen waren van grote moed, fysieke kracht en competentie, vaak wat ouder, die in staat waren contact te leggen met anderstalige medegevangenen en met de Franse arbeiders, en die het vermogen en de ambitie bezaten om samenhang te creëren, anderen te ondersteunen en het moreel hoog te houden. Ik noemde al de gedichten. Veelzeggend is dat er, ondanks hun stevige botsingen over politieke kwesties als de 'muiterij' op de *Zeven Provinciën*, een band ontstond tussen de sociaal-democratische voorman Wiardi Beckman en conservatieve gevangenen als Steensma en Boellaard. Deze mannen – en voor anderen in de groep gold hetzelfde – hadden het besef dat zij elkaar in de barre Natzweilersituatie hard nodig hadden, en ze hadden de grootheid om door hun meningsverschillen heen elkaars kwaliteiten te zien. Zij wisten hun gezag te benutten ten voordele van de groep. Piersma geeft mooie voorbeelden van hoe men elkaar opvoedde in gedrag dat bijdroeg aan de gezamenlijkheid in plaats van blijvende wrijving te veroorzaken, door bijvoorbeeld te adviseren een conflict bij te leggen, en laat ook zien hoe gevangenen door een gedeelde liefde, bijvoorbeeld voor muziek, contact wisten te leggen over de politieke en sociale scheidslijnen heen. Men slaagde erin respect op te brengen voor andermans levensbeschouwing vanuit het inzicht dat men elkaar nodig had.

Diezelfde individuele persoonlijke kwaliteiten droegen eraan bij dat de Natzweilers erin slaagden na de oorlog een stabiel en steunend gezelschap te blijven. Zo wist men het feit dat een relatief groot deel van de ex-gevangenen in maatschappelijk invloedrijke posities verkeerde, om te smeden tot een voordeel voor de hele groep. Soms zorgde een werkgever onder de ex-gevangenen voor werk voor een werkloze, mogelijk problematische 'makker' of werd er een pensioen of wat financiële steun geregeld voor de nabestaanden van een vroeg gestorven kampgenoot. Doordat mensen met een veeleisende maatschappelijke carrière of een boeiend vak zich vaak minder exclusief op hun oorlogsverleden concentreerden, verruimde de sociale diversiteit de blik tot buiten de grenzen van het kampverleden. Het is een van de opvallendste verschillen met andere kampcomités dat er onder de Natzweilers een taboe heerst op te erge verhalen. Zwelgen in de ellende is not done, overdrijven helemaal niet. Sterkeverhalenvertellers worden weinig gewaardeerd. 'Het is allemaal waar maar het was niet altijd continu zo vreselijk,' zei De Jonge toen hij me door het kamp leidde.

Mensen gingen uit verschillende motieven in het verzet. Die verschillen wogen ook nadien zwaar, zeker gedurende de Koude Oorlog. Het getuigt van wijsheid dat werd beseft dat de gezamenlijkheid alleen kon worden gecontinueerd als de 'amicale' niet werd misbruikt voor politieke doeleinden. Dat de vriendenkring Natzweiler bij het grote publiek het minst bekend is, komt doordat hij niet publiek op de voorgrond treedt. Het is een tamelijk gesloten gezelschap, dat overigens achter de schermen een flinke vinger in de pap had in de totstandkoming van de oorlogswelzijns- en herdenkingspolitiek van na 1972.

Kampervaringen waren zo ingrijpend en fundamenteel dat ex-gevangenen met elkaar verbonden bleven, maar om diezelfde reden kwamen er juist ook onheelbare breuken en heftige botsingen uit voort. De gevangenschap van verzetsgevangenen was de consequentie van hun politieke, wereld- of levensbeschouwing, die daardoor vaak des te zwaarder ging wegen. Dat Natzweiler de uitzondering vormt op de regel dat de kampcomités geen oases waren van lotsverbondenheid, was behalve van de situatie in het kamp, ook het resultaat van een weloverwogen inspanning.

Noten

1 Deze inleiding is voor een groot deel gebaseerd op mijn *Na het kamp. Vriendschap en politieke strijd.* Amsterdam: De Bezige Bij 2005; voor verwijzingen, tenzij anders vermeld, zie daar. Ik dank de meelezers van deze inleiding voor hun consciëntieuze correcties en aanvullingen.

2 Kennelijk werd dat verbod soms ontdoken, want Bakels is meermalen in het *Revier* opgenomen.

3 Verzetsstrijdster Aat Breur bijvoorbeeld, zat als NN-gevangene in Ravensbrück. Overigens maakten de NN'ers op de totale Natzweilerkampbevolking maar 4,9% uit. De NN-maatregel gold voor bezette gebieden, m.u.v. Denemarken en, blijkens naoorlogse verhoren, louter voor zover het om 'Germaanse' gevangenen ging, dus niet om bijvoorbeeld Russen en Polen.

4 *Le camp de concentration du Struthof. Konzentrationslager Natzweiler.* Schirmeck: Essor, 1998, 9-22.

5 Al hechten sommige Natzweilers daar wel aan, in Nederland wordt geen verschil gemaakt tussen 'verzetsgevangenen' en 'politieke gevangenen'.

6 E-mail Pim Reijntjes aan JW, 28 juli 2006.

7 Volgens Robert Steegmann, *Struthof. Le KL Natzeiler et ses kommandos: une nébuleuse concentrationnaire des deux côtés du Rhin 1941-1945.* Strasbourg: La Nuée Bleue 2005, hebben er 676 Nederlanders in Natzweiler gevangengezeten. De Jong schatte het aantal Nederlanders flink lager. Omdat het onmogelijk is gebleken een volledige lijst samen te stellen van Nederlandse Natzweilers is van een namenlijst afgezien. Wel zijn alle tot nu toe bekende gegevens door het NIOD opgenomen in een, na toestemming van de directeur van het NIOD te raadplegen database, waarin ook nog nieuwe gegevens zullen worden verwerkt.

8 Zie de lijst van geïnterviewden achterin. Het gebruik van interviews en levensverhalen voor wetenschappelijke doeleinden is niet zonder problemen. Vgl. Douwe Draaisma, 'Trauma en herinnering. Terug naar de tienerjaren'; Jolande Withuis, 'Een kleine sociologie van het herinneren. Over de sociale context van het autobiografisch geheugen.' Beide in *Cogiscope* 1/2006, resp. 2-6 en 7-12. Waar mogelijk zijn voor dit boek de gegevens gecontroleerd.

9 Zie Annet Mooij, *De strijd om de Februaristaking.* Amsterdam: Balans 2006; Withuis, *Na het kamp.*

10 Deze paragraaf is gebaseerd op de gesprekken die Hinke Piersma en Jolande Withuis hadden met Jaime (1 mei 2006) en Karel Hugo van Bourbon Parma (7 juni 2006), respectievelijk kleinzoon en zoon van prins Xavier. E-mail Barbara Distel (directeur Mahn- und Gedenkstätte Dachau), 9 juni, 7 juli, 9 augustus 2006. C.M.

Schulten over J.J.C. van Dijk in *Biografisch Woordenboek van Nederland* 2, 140. Zie verder: Nico Rost, *Goethe in Dachau*, 191-2; Gabriel Piguet, *Prison et déportation: témoignage d'un evêque français*, Paris: Spes 1947; *Le camp de concentration*, 93; *Algemeen Handelsblad, de Volkskrant, Het Parool*, resp. 10, 10 en 11 februari 1964.

11 Volgens gegevens uit de *Gedenkstätte Dachau* wisten de gevangenen met behulp van leden van de Wehrmacht de SS'ers die het konvooi begeleidden, ervan te overtuigen dat zij deze bekende gevangenen maar het beste levend aan de geallieerden over konden dragen. Volgens Schulten werden de gevangenen door Italiaanse partizanen uit hun Tiroler verblijf bevrijd.

12 Ook uit onderzoek door de NIOD-afdeling OGC (Onderzoek gevangenissen en concentratiekampen) kwamen publicaties voort over Gross-Rosen, Mauthausen, Theresienstadt en Vught.

13 De videoportretten van Frans de Bordes, Jaap van Mesdag, Pim Reijntjes, Willem Roessingh, Carel Steensma en Arie van Soest zijn binnenkort te zien op www.niod.nl.

14 Zowel Mohr als Van Voorst van Beest stierf in 1952.

15 Reisverslag Boellaard, 1960.

Engelandvaarders.

HOOFDSTUK 1

Verzet

Engelandvaarders

Veel Nederlandse jongens droomden na de Duitse inval in mei 1940 van een oversteek naar Engeland om in het Britse leger mee te vechten en Nederland te bevrijden. Over het totale aantal Engelandvaarders is niets met zekerheid te zeggen, maar via de Noordzeeroute – andere routes waren via Lissabon (over de Pyreneeën), via Zweden en zelfs via Rusland, Siberië of de Verenigde Staten – zouden volgens schatting ongeveer honderdzestig personen Engeland hebben bereikt.

Medisch student Jaap van Mesdag waagde samen met zijn vriend Ernst Sillem, student aan de landbouwschool in Deventer, in de zomer van 1942 een poging. Van Mesdag en Sillem waren allebei bekend met het water – ze hadden veel gezeild – en besloten met een vouwkano te gaan. Vouwkano's waren gewild voor zo'n overtocht; ze waren onopvallend en konden als pakket gemakkelijk vervoerd worden naar de kust. Sillem had een baantje op het eiland Goeree, dat een goed vertrekpunt was omdat er nog een stukje strand vrij toegankelijk was voor publiek. Ook had hij een vouwkano. Deze werd samen met andere benodigdheden – Van Mesdag had een buitenboordmotortje geregeld – onder het mom van dorsmachineonderdelen het eiland op gesmokkeld.

Rond half augustus huurden Van Mesdag en Sillem een kamer van de eigenaar van een strandtent ter plaatse, zodat ze iedere avond en nacht met een kijker in het duin konden liggen om de activiteiten op het strand en de weersomstandigheden waar te nemen. Ze besloten om in de avond van 31 augustus, destijds Koninginnedag, te vertrekken. Het was middernacht toen Van Mesdag en Sillem de kano vanaf het hoge duin over het brede strand door de branding brachten. Na een uur peddelen werd de buitenboordmotor aangezet. Hoewel dit motortje het met enige regelmaat liet afweten, waren ze na zo'n vierenhalf uur varen en ondanks de tegenwind toch meer dan twintig kilometer gevorderd. Tegen de ochtend werd het echter flink buiig en werd de deining te veel voor een kano. Het grote probleem, zo vertelt Van Mesdag achteraf, was het ontbreken van weerberichten.

Van Mesdag had bij zijn vertrek één ding van huis meegenomen. Hij was dol op muziek en dacht: mijn trompet neem ik mee. Deze zou hun redding worden, want toen de situatie steeds penibeler werd, besloten de beide vrienden om de schepen, die ze als schimmen in het donker aan stuurboord hadden waargenomen, aan te roepen met een sos-signaal. Hieraan was enige discussie voorafgegaan, omdat ze er beiden vrijwel zeker van waren dat het Duitse schepen waren. Redding zou tevens arrestatie betekenen. Omdat er weinig keus was, blies Van Mesdag het sos-signaal. Na langdurig blazen draaide een van de schepen bij. Het was inderdaad een Duits patrouilleschip waarvan de bemanning Van Mesdag en Sillem uit het water viste. De trompet kwam niet mee aan boord. Deze zonk naar de bodem van de zee, samen met de kano, die bij het afdraaien van het schip was omgeslagen. Van Mesdag en Sillem werden in Rotterdam aan wal gebracht en daar afgehaald door de Sicherheitsdienst. Na drie weken gevangenschap in het Haagse Veer werden ze naar kamp Amersfoort gebracht, waar hun concentratiekampleven begon.

Ook Carel Steensma wilde de oversteek naar Engeland maken. Voor de oorlog had hij zijn vliegbrevet gehaald en was militair vlieger geworden. In de eerste oorlogsdagen werd hij ingezet in de luchtoorlog tegen de Duitsers en slaagde erin twee Duitse Messerschmitts 109 naar beneden te halen. Daarbij werd zijn vliegtuig echter ook geraakt. Niettemin kreeg hij zijn kapotte toestel, waarvan de remolie intussen op de vloer lag, aan de grond. Gewond door het vuurgevecht werd hij verbonden bij een Rode Kruispost in Badhoevedorp, waarna hij naar huis kon. Nietsdoen lag niet in Steensma's aard en na een lang gesprek met de dominee over de vraag of het gerechtvaardigd is om in de gegeven situatie te doden – het antwoord luidde ja – besloot Steensma te proberen naar Engeland te komen.

In de nacht van 1 op 2 september 1941, dus vierentwintig uur nadat Van Mesdag en Sillem waren uitgevaren, vertrok Steensma met twee vrienden,

De trompetkoffer van Jaap van Mesdag die hij de hele kamptijd bij zich heeft gehad.

Lodie Voûte en Boy Ruys de Perez, om klokslag twaalf uur uit de haven van Vlaardingen in een speciaal daarvoor aangeschaft bootje dat werd aangedreven door een Fordmotor van 60 pk. Er woei een matige wind en het zicht was slecht, wat in hun voordeel was. Maar de nadelen in die nacht bleken groter. Er was namelijk een Blenheimbommenwerper van het Britse Coastal Command door het Duitse afweergeschut neergehaald boven de Zuid-Hollandse eilanden. Als gevolg hiervan was de bewaking van alle bruggen in de hoogste staat van paraatheid gebracht omdat de Duitsers vastbesloten waren de voortvluchtige bemanningsleden te pakken te krijgen. De verscherpte controle leidde ertoe dat de drie Engelandvaarders door de zoeklichten werden ontdekt. 'Het ging prima tot circa honderd meter voor de brug,' aldus Steensma, 'maar toen gingen pats, alle schijnwerpers aan. Ze schreeuwden ons toe dat we moesten stoppen en wie we waren. Vrijwel gelijk begonnen ze te schieten. Wij zigzaggend weg. We waren binnen tien tellen in de druiligheid verdwenen.'

Op volle toeren slaagden Steensma, Voûte en Ruys de Perez erin de open zee te bereiken. Maar ze waren geraakt. Steensma's rechter bovenbeen bleek gedeeltelijk verbrijzeld en Ruys de Perez had vleeswonden in zijn linkerbil. Niettemin besloten ze door te varen. Al snel bleek echter dat er ook een cilinderklep van de motor was beschadigd en het duurde dan ook niet lang of de motor viel hikkend uit. Ze werden door de Duitse marine opgepikt en Steensma kwam in het Luftwaffelazaret terecht, in het Wilhelminagasthuis te Amsterdam; hij zou in februari 1944 naar Natzweiler worden gedeporteerd. Voûte werd naar een Duitse strafgevangenis gebracht, waar hij de bevrijding meemaakte. Ruys de Perez werd op 15 augustus 1942 in de duinen bij Bloemendaal gefusilleerd.

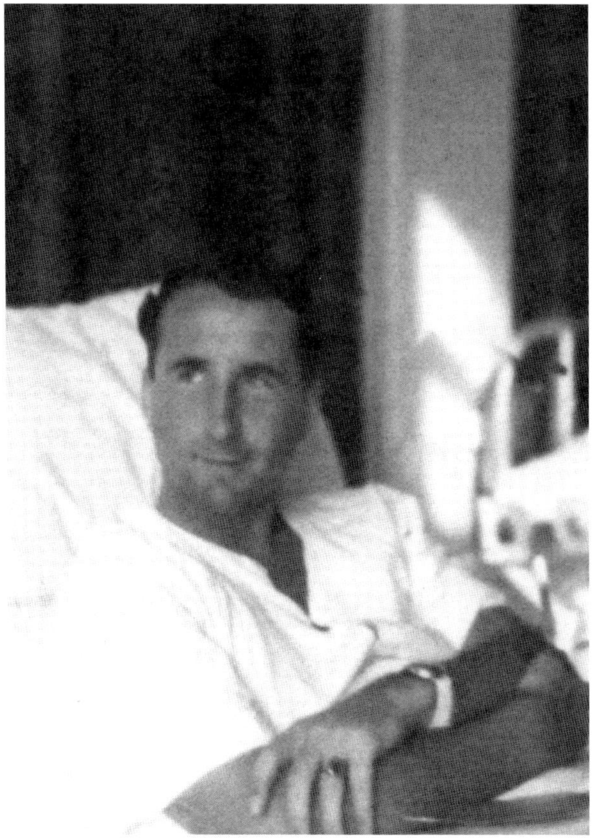

Carel Steensma in het Luftwaffelazaret in het Wilhelminagasthuis in Amsterdam.

Pim Reijntjes en zijn broer Loek probeerden in mei 1943 vanuit de haven in IJmuiden naar Engeland te komen. De broers waren afkomstig uit een zeer anti-Duits Amsterdams gezin, dat vanaf de eerste antijoodse maatregelen onderdak bood aan deze vervolgde bevolkingsgroep. Maar de broers wilden meer. Ze wilden naar Engeland om samen met de geallieerden een bijdrage te leveren aan de overwinning. Ze zouden er echter nooit aankomen. De geplande overtocht was verraden als gevolg van de samenwerking tussen de Nederlander C.J.A.M. Vermeeren, die voor de Abwehr werkte, en Benjamin Joppe, die in IJmuiden een functie aan de wal had onder *Kapitän-Leutnant zur See* F.C.H. Strauch.

Op donderdagochtend 20 mei 1943 had een groepje Engelandvaarders zich om half acht op het Centraal Station in Amsterdam verzameld. Het waren behalve Vermeeren de broers Pim en Loek Reijntjes, Nicolaas Willem (Nico) Beck en zijn tweelingbroer Hendrik Cornelis (Henny), David Hendrik van Eeghen, Johan Roos en Maximiliaan Johan Gerard Leijten. Gezamenlijk reisden ze met de trein naar IJmuiden, waar ze omstreeks tien uur aankwamen. Intussen waren in de haven maatregelen getroffen voor de arrestatie. Een NSB-reder had een botter met schipper ter beschikking gesteld, die ongeveer honderd meter van het station aan de Tegeltjeskade lag. Aan boord en in de omgeving van de kade en het station bevond zich een aantal politiemensen in visserskleding, onder wie twee medewerkers van de Duitse Sipo en vier Nederlanders (onder wie het beruchte duo Poos en Slagter). De algehele leiding was in handen van de Duitse SD-*Kriminalrat* H. Harders.

Joppe bracht de groep aan boord. Als eerste was Vermeeren aan de beurt die, om geen argwaan te wekken, werd gearresteerd en gekneveld. Daarna werden achtereenvolgens Van Eeghen, de gebroeders Reijntjes, de tweeling Beck en Roos ingerekend. Leijten werd op de wal gearresteerd. Voor het bijzonder gerechtshof van Amsterdam verklaarde Pim Reijntjes op 23 april 1949: 'Toen ik aan boord kwam, werd ik door een grote man, gekleed in schipperstrui ontvangen. Onmiddellijk nadat die man mij had begroet, werd ik van achteren beet gegrepen.' Reijntjes werd geboeid en daarna in het ruim van het schip gebracht en daar in een kooi geworpen. 'In dat ruim zag ik "Vermeeren" op een stoel zitten; hem waren de handen voor het lichaam samengebonden. Vermeeren zei tegen mij: "Het is verraden."'

En zo was het. Door Vermeeren zelf. De hele groep werd naar de gevangenis in Scheveningen gebracht. Na een verblijf in het zogeheten Oranjehotel volgde Vught waarna de groep op verschillende tijdstippen vanuit Amersfoort naar Natzweiler werden gedeporteerd. Van Eeghen en Leijten kwamen op 27 oktober 1943 in Natzweiler aan, de gebroeders Reijntjes, Beck en Johan Roos op 26 februari 1944. Van deze groep overleefden alleen Pim en Loek Reijntjes en Johan Roos de oorlog.

Op de Dachauherdenking van 22 april 2006 herdacht Pim Reijntjes zijn broer die net vijf weken daarvoor was overleden. 'Loek en ik hebben steeds ons best gedaan in de jaren van onze gevangenschap samen te blijven. Dat was belangrijk, vonden we. Het was dikwijls niet eenvoudig, maar steeds weer is het gelukt. Ieder contact met thuis was ons verboden, maar als broers onder elkaar hadden we toch nog een stukje familie bij de hand. We hadden lange gesprekken samen; hoe het verder zou gaan met de oorlog en wat we daarna zouden gaan doen. Toekomstplannen, want aan de goede afloop hebben we nooit getwijfeld. [...] Het waren zware tijden in het concentratiekamp. Van onze groep Engelandvaarders hebben alleen wij tweeën de eindstreep gehaald. Misschien kwam dat wel omdat we samen zijn gebleven, mijn broer en ik.'

Reijntjes vergist zich als hij zegt dat alleen hij en zijn broer de kampen overleefden. Ook Johan Roos kwam terug, maar overleed als gevolg van de mishandelingen die hij in het kamp had ondergaan op 4 september 1949. De tweeling Beck overleefde de oorlog niet. Over hen zei Reijntjes in zijn toespraak: 'Als er ooit twee mensen waren die ongeschikt waren voor het kampleven, dan waren zij het wel. Kwetsbaar en een beetje wereldvreemd. Hand in hand of pink aan pink stonden zij op het appèl. Ze waren onafscheidelijk, maar kansloos in de barre wereld van het concentratiekamp.' De fotograaf Henny Beck overleed op 16 april 1944 in Natzweiler, de advocaat Nico Beck op 20 maart 1945 in het buitenkamp Vaihingen.

Ook Jan de Pagter werd het slachtoffer van Joppe. Deze in 1898 geboren Zeeuw werkte in de oorlog in de haven van IJmuiden en raakte betrokken bij het verzet. Hij liet een kelder onder zijn huis graven, waar hij joden verstopte, en als het maar enigszins mogelijk was – hij verstrekte toegangspasjes in het havengebied – hielp hij hen met de hulp van betrouwbare vissers naar Engeland te ontsnappen. Omdat het werk op een gegeven moment te gevaarlijk werd, besloot De Pagter zelf met zijn familie naar Engeland te vluchten. Dat besluit viel begin 1943, maar het gezin zou uiteindelijk niet op de afgesproken datum uitvaren omdat de oudste dochter niet kwam opdagen. Zij was verliefd geworden en wilde niet mee naar Engeland. De Pagter op zijn beurt kon het niet over zijn hart verkrijgen zonder haar de oversteek te maken. Het was in de periode daarna dat Joppe het vertrouwen van De Pagter won, met als gevolg dat hij op 2 augustus 1943 tijdens het middageten door de SD werd gearresteerd. De Pagter zou de oorlog niet overleven. Begin 1944 werd hij op transport gesteld om enkele maanden daarna – op 5 juni 1944 – in Natzweiler aan de gevolgen van ondervoeding, uitputting en longoedeem te sterven. Hij liet een vrouw en vijf dochters achter.

Er zouden nog verschillende andere Engelandvaarders naar Natzweiler worden gedeporteerd. Onder hen waren Otto van Camerijk, die op 16 januari 1942 in Rotterdam werd gearresteerd, Barend de Groot, die na twee dagen in België werd opgepakt, Cornelis Kamstra die met vijf vrienden uit Hoek van Holland was vertrokken, en P.J. Kien. Johannes Jacobus van Alphen, Minne de Swart en

Carel Steensma, prins Bernhard, prinses Juliana, en de commissaris der Koningin in Noord-Holland, W. van Kemenade, tijdens de inwijding van het Nationaal Dachaumonument, december 1996.

E.Th. van der Laan werden in 1944 in Frankrijk gearresteerd. Ook de journalist W.L. Brugsma werd in 1944 vanuit Frankrijk naar Natzweiler gedeporteerd. Hij was opgepakt bij een inval in het hoofdkwartier van de Agence Centrale Militaire in Parijs op 10 februari 1944 en zat achtereenvolgens in de gevangenis van Fresnes, in Compiègnes, Neuengamme, Natzweiler, Erzingen en Dachau. In Natzweiler verbleef hij vijf dagen.

Over zijn ervaringen in die eerste oorlogsjaren deed Brugsma in 1995 opvallend luchtig. Aan een verslaggever van het *Noord-Hollands Dagblad* vertelde hij: 'Ach ja, je bent jong en je wilt wat. Ik zat in 1940 voor mijn eindexamen. Staat mijn moeder om vijf uur 's morgens voor mijn slaapkamer met de mededeling: "Opstaan jongen, het is oorlog." Vond ik fantastisch natuurlijk. Ik dacht: hoera, geen eindexamen en we zullen die moffen eens. Nou, we zouden ze niks, want ze wonnen op hun sloffen in vijf dagen.' Vervolgens ging Brugsma naar eigen zeggen een 'beetje onderduiken', een 'beetje studeren' en 'wat feestjes aflopen', wat hem op den duur begon te vervelen. Hij wilde via België en Frankrijk naar Engeland, maar in Parijs raakte de vluchtroute verstopt. Na een paar maanden, die door Brugsma werden omschreven als een 'dolle tijd', werd hij gearresteerd.

In de jaren negentig maakte Brugsma in diverse interviews tevens kenbaar dat hij niet over de oorlog wilde 'doorzeuren'. Uit eerdere interviews blijkt echter hoezeer zijn kampervaringen hem hebben aangegrepen. Aan Susanne Piët vertelde hij in 1983:

W.L. Brugsma bij de poort.

> Jarenlang kon ik niet over de kampen praten. Dat gordijn, dat je neerhaalt, dat is van ijzer, hoor. Soms werd je toch beslopen. Met kerstmis. Dat is overgegaan. Vooral toen ik getrouwd ben. Maar toch: ik spring soms nog het bed uit. Een trein, een tractor of een vliegtuig komt eraan, belandt op bed. Schreeuwen. De afgelopen nacht nog: we zitten in het kamp, we zijn bijna bevrijd, maar de geallieerden komen niet. Goed oppassen, geen stomme dingen doen. [...] Nog een: we zijn bezet. Ik zit niet in het kamp. De geallieerden komen niet. Zo'n beetje het gevoel wat de Russen gehad moeten hebben. Wat hebben ze geroepen om een tweede front. Maar voor mijn huwelijk was het pas echt menens. Ik had een grote kamer, in de ene hoek het bed, in het midden een tafel en in de andere hoek een vleugel. Werd ik onder de vleugel wakker. Ik heb wel eens zo geschreeuwd, dat voorbijgangers op straat aanbelden. Nu grijpt mijn vrouw meteen mijn pyjamajasje vast.

De meeste Engelandvaarders gingen op eigen gelegenheid en regelden de overtocht dus zelf. Dat gold niet voor de sociaaldemocratische voorman Stuuf (H.B.) Wiardi Beckman. Hij werd uitgenodigd door de regering in Londen naar Engeland te komen. Het was de bedoeling dat hij met een boot zou worden gehaald. Na een aantal mislukte pogingen bevond hij zich in de nacht van 17 op 18 januari 1942 met een klein gezelschap – onder wie de journalist Frans Goedhart – op het Scheveningse strand. Goedhart heeft achteraf een uitvoerige beschrijving gegeven van de gebeurtenissen van die zeer koude nacht waarin het stevig vroor en het strand bedekt was met ijs. 'We begaven ons (even na vieren) op een klein piertje, waar het vletje zou komen. Daar gingen wij plat op het ijs liggen. Maar dat ijs was witachtig van kleur en iemand in de buurt, wiens ogen aan de duisternis gewend waren, moest ons goed kunnen zien [...]. Zo lagen wij daar een poosje; drie minuten duren zeer lang onder zulke omstandigheden, ze lijken een halfuur!' Op een gegeven moment hoorde het gezelschap een ontzettend geschreeuw, 'Heraus! Heraus! Sofort! Es wird geschossen!' en het werd besprongen door, in de woorden van Goedhart, 'een halve divisie moffen'. Zou de overtocht zijn gelukt, dan zou een dag later voor Radio Oranje 'Helpt nu Uzelve, zo helpt U God' worden uitgesproken. Dat gebeurde nu dus niet.

Wiardi Beckman werd niet veroordeeld – de Duitsers hadden te weinig bewijzen – maar zou uiteindelijk wegens *Feindbegünstiging* naar Natzweiler worden *abgetrennt*. Daarvóór was hij eerst tien maanden in *Einzelhaft* in de Scheveningse gevangenis opgesloten waarna hij op 6 november 1942 werd overgeplaatst naar kamp Amersfoort. In dit kamp verslechterde zijn lichamelijke toestand zienderogen, maar pogingen om hem te bevrijden liepen op niets uit. Op 25 oktober 1943 ging Wiardi Beckman, verzwakt als hij was, op transport naar Natzweiler. Het deed aan zijn strijdbaarheid – de communist B. Schmidt herinnert zich de politieke discussies met Wiardi Beckman in Amersfoort – niets af. Dat blijkt ook uit het laatste beeld dat zijn zuster op het station van

Venlo (waar de trein met gevangenen passeerde) van hem opving: hij had de vuist gebald.

Evenals in Amersfoort werden de discussies over de toekomst van Nederland in Natzweiler voortgezet. Steensma stond tijdens de eindeloze appèls in de bittere kou vaak naast Wiardi Beckman en zachtjes mompelend bedachten ze dan samen plannen om het Nederlandse onderwijssysteem te reorganiseren.

Wiardi Beckman zou Natzweiler overleven, maar stierf op 15 maart 1945 in kamp Dachau aan vlektyfus. Het maakte diepe indruk op de Nederlandse medegevangenen, aldus de dichter Ed Hoornik. 'Zij stonden in groepen bij elkaar, verbeten, ontroerd, zwijgend. Noch wij, noch Nederland kon hem missen. Niet om de ideologie, die hij aanhing, noch om de overtuiging, die hij beleed, was hij ons aller vriend, maar om zijn zielskracht, die ons sterkte, zijn karaktervastheid en oprechte handelwijze, die eerbied afdwongen, en op zijn talent en kennis die ons verrijkten.' Na zijn overlijden is er in het diepste geheim een dodenmasker van Wiardi Beckman gemaakt. Het afgietsel is na de bevrijding mee naar Nederland genomen, waar Steensma het aan Wiardi Beckmans zuster gaf die het vervolgens aan de PVDA heeft geschonken.

Ook in Nederland was men geschokt over Wiardi Beckmans dood. In *Het Parool* van 2 juni 1945 stond: 'Het einde van de oorlog brengt ons vele doodsberichten. Zo talrijk zijn deze, dat wij veelal geen gelegenheid hebben zelfs hen te herdenken die in Nederland en in de wereld een bijzondere

H.B. (Stuuf) Wiardi Beckman.

plaats hebben ingenomen, of die daarop eenmaal krachtens hun aanleg hadden kunnen staan. Wij maken echter een uitzondering bij de bevestiging van het bericht, dat dr. H.B. Wiardi Beckman op 15 maart j.l. te Dachau gestorven is. Want dit heengaan, zo kort voor het einde, is een slag voor het socialisme in Nederland en heeft grote consequenties voor de toekomst van het gehele Nederlandse volk. Het stelt ons, die achter bleven, voor grote verantwoordelijkheid.'

Volgens Piet Bakker in een artikel in *Elsevier* van 9 november 1946 was Wiardi Beckman een politicus van de edelste soort, en zijn dood was dan ook een slag voor alle lagen van de bevolking, van eenvoudige Drentse boer en fabrieksarbeider tot Leidse hoogleraar en huisvrouw.

Op 8 september 1960 werd Wiardi Beckman met nog zestien andere Nederlanders herbegraven op de erebegraafplaats Loenen. Het was onder andere Boellaard die er een toespraak hield en met groot respect over de rode senator sprak. Had hij bij niet-partijgenoten in eerste instantie argwaan gewekt, algauw werd hij alom gerespecteerd. Daar kwam bij dat Wiardi Beckman zich nooit had willen neerleggen bij het kampleven, een houding die hij tot uitdrukking bracht toen hij in Dachau, na drie jaar gevangenschap, zei dat hij er trots op was niet geschikt te zijn voor een concentratiekamp. Over het einde van Wiardi Beckman zei Boellaard dat het zich snel voltrok. 'Jij zuchtend onder het martelend nietsdoen in een quarantaineblock. Ik als *Stubenälteste* regerend in een verluisd Block over 250 Roemenen, Nederlanders, Hongaren, Fransen en Russen, voelde ik dat ik vlektyphus had. Je wilde dit commando bij mijn vertrek naar het *Revier* [ziekenboeg] van mij overnemen, omdat je het nodig vond voor de Nederlandse naam en ons gezag in het kamp. Mijn laatste woorden waren: "Doe het niet Stuuf, ik ben een sportsman en met Gods hulp kom ik er misschien doorheen, jij bent een dichter, je haalt het niet, het block is reddeloos verluisd." Mijn greep op je was zwak, je deed wat je je plicht vond. Na 3 weken kwam dr. Drost op mijn bed zitten. Ik kon mij nog niet bewegen. "Je moet je even goed houden." Stuuf? Ja. Een vreselijke slag. Voor ons allen, voor Vrij Nederland.'

Arrestatie en verhoor

'Nu begon de inwendige strijd. De gedachten aan de vrijheid en het komende verhoor, maakten mij wanhopig. Zou ik bij verhoor bekennen en alles vertellen wat ik wist? De SD wist toch al alles. Zwijgen derhalve zou mij niet baten en met spreken kon ik alles winnen. Misschien lieten zij mij dan weer vrij en kon ik naar mijn moeder en mijn meisje. Deze gedachte liet mij niet meer met rust. Reeds zag ik mij in gedachten weer thuis zitten te midden van mijn ouders, meisje en andere familieleden. Het was verleidend. Ik zou weer rust hebben.' Dit schreef H.L. Bastiaans, ambtenaar bij de PTT in zijn herinneringen aan zijn eerste dagen in gevangenschap. Hij werd op zeventwintigjarige leeftijd gearresteerd als lid van de Ordedienst

(OD) en veroordeeld in het zogenaamde tweede OD-proces. Bastiaans zou de verleiding alles te bekennen weerstaan, want tenslotte had hij trouw aan het vorstenhuis en vaderland gezworen:

> Het was zaterdagmiddag halfdrie, dat mijn cel werd geopend en twee bewakers mij kwamen halen. De boeien, waarmede mijn hand aan mijn been verbonden was, werden losgemaakt en alleen mijn polsen werden op mijn rug aan elkaar verbonden. Met moeite stond ik op, daar mijn benen geweldig stijf waren van het lange liggen. Veel tijd kreeg ik echter niet, want een trap in mijn rug deed mij de cel uitvliegen en op de gang weer languit op de vloer terechtkomen. Een tweede trap in mijn lendenen hielp mij overeind [...] De gevangenis gingen wij niet uit, maar ik werd in een kamer gebracht waar een officier van de SD achter een bureau zat. Luitenant Bartels, een Duitscher, belast met het commando der Gestapo-honden in Nederland. Een Duitscher, die door zijn wreedheid bij alle illegale werkers bekend stond als de beul der Gestapo. [...] Hij keek mij aan en scheen zeker van mij te zijn. Spreken deed hij echter niet en ik hield dus ook mijn mond. Na enige tijd zeide hij echter, dat hij al een kwartier gewacht had en dat ik nog niets gezegd had. Ik antwoordde dat ik ook gewacht had en niets te zeggen had. Klets – klets en nog eens klets. Driemaal haalde hij met volle kracht dat rietje dwars over mijn gezicht. Razend van woede vergat ik mijn voorzichtigheid en ik beet hem toe dat het een heldendaad van een gewapende Duitscher was om een ongewapende Hollander, die bovendien geboeid was, met een rietje in zijn gezicht te slaan. Het antwoord was vlug maar zeker. Opnieuw en weer opnieuw kwamen de slagen in mijn gezicht terecht.

W.Ch.J.M. (Bib) van Lanschot werd op 9 april 1942 gearresteerd en honderd uur achter elkaar verhoord. Aan zijn moeder, met wie hij een zeer hechte band had – zijn vader was in 1923 overleden – schreef hij op 3 december 1942 een zeer openhartige brief, die stiekem de gevangenis uit werd gesmokkeld, over zijn ervaringen tot dan toe:

> Na verraden te zijn, ben ik als levend begraven. Ik zat alleen in een cel, kreeg geen spel, boek, mocht niet schrijven, minder eten, zelfs mijn stoeltje is er een tijd uit geweest dus ik moest op de grond eten en dat allemaal omdat ik niet de z.g. 'waarheid zou zeggen'. Toen werd mij gezegd dat U (en Annemie) gearresteerd zouden worden en Maurick [het kasteel waarop de familie woonde] in beslag en andere maatregelen o.a. tegen Frans. Daarna ben ik 36 uur achter elkaar in de houding tegen een muur gezet met mijn gezicht er tegen aan; zonder een seconde rust 4 dagen en 3 nachten achter elkaar verhoord, in het begin zat ik zelfs geboeid op een stoel. Wat er toen verder gebeurd is allemaal zal ik U maar besparen. Toen ben ik bestraald, dat is de laagste en lafste kwelling die is in te denken, de ergste dingen zijn toen gebeurd, misschien heb ik in die toestand vrienden in gevaar gebracht, ik weet het niet, in ieder geval heb ik vanaf half juli

> tot eind october z.g. 'ziek' gelegen gewoon op de cementen vloer eerst. Na october mocht ik gelukkig lezen, kreeg bezoek van een priester en heb 26 november zelfs hier de Mis bijgewoond en de H. Communie ontvangen. Ik hoop dat vandaag weer te doen. Hoe de wereld er buiten uitziet, weet ik haast niet meer, ik ben in al die tijd maar 4 of 5 keer een half uurtje buiten geweest; ik ben geheel afzonderlijk opgesloten in de cel waarin een voorganger geschreven heeft 'hij die hier binnen komt laat alle hoop varen'. Dat doe ik echter niet want mijn hoop en vertrouwen zijn op God gericht. Ik heb steeds tot Hem en O.L. Vrouwe gebeden en door te denken aan Zijn Kruis en Lijden heb ik wonderbare kracht gekregen. Ik ben volmaakt in orde, behalve een tand die in de strijd is gebleven; maakt U dus vooral niet bezorgd, wat er ook moge gebeuren, al zou God mijn leven vragen ik zal onbevreesd zijn omdat ik als goed katholiek zal sterven en... als Huzaar getrouw tot in de dood! Maar zover is het nog lang niet!

Van Lanschot zocht zijn steun bij God. Zo had hij ook tien druivenpitten gespaard om de rozenkrans te kunnen bidden en hij riep via zijn moeder vrienden op om voor hem te bidden en indien mogelijk enige heilige missen te laten lezen. Zijn moeder, zo vertelde dochter Monique Houben-van Lanschot in 2006, zou zolang haar zoon gevangen zat iedere dag van Vught naar 's-Hertogenbosch fietsen om bij de Zoete Lieve Moeder – ook wel Zoete Lieve Vrouw genoemd – in de Sint-Jan een kaarsje voor hem te branden. En dat was niet alles. Tevens had zij met de koster kunnen regelen dat Maria, die tot vandaag de dag getooid wordt met een mantel, aan de binnenkant een foto van Van Lanschot droeg, wat eveneens zou moeten bijdragen aan een behouden thuiskomst. Alleen met Gods hulp, daarvan waren Van Lanschot en zijn familie overtuigd, was er een kans te overleven.

Dat Van Lanschot zwaar werd mishandeld, blijkt niet alleen uit zijn eigen getuigenissen, maar ook uit een rapport dat op 3 juli 1945 werd opgesteld door de artsen M.J.E.M. Steijns en A.O.H. Tellegen. Zij hadden in de oorlog in Haaren gevangen gezeten en waren betrokken geweest bij de medische zorg van de gevangenen. 'Van Lanschot verkeerde in slechte lichamelijke toestand. Hij was zeer vermagerd door de ondervoeding. Zijn lichaam vertoonde op verschillende plaatsen onderhuidsche bloedingen. Zijn gehoorscherpte op het linkeroor was vrijwel tot nul teruggeloopen terwijl bij oorspiegelen een recente bloeding in het middenoor kon worden vastgesteld. Hij vertoonde rechtszijdig transpireeren en had duidelijke evenwichtsstoornissen. Hij leed aan ernstige hoofdpijn en slapeloosheid. Alles wees er op dat Van Lanschot kort tevoren minstens een hersenschudding had doorgemaakt.'

Van Lanschot werd onderworpen aan een *Dauervernehmung*, een verhoor dat dus onder andere werd gekenmerkt door de lange duur en de hardhandige methodes. In de televisieserie *De Bezetting* deed hij minutieus verslag: 'De methoden die

Bib van Lanschot, in kamp Amersfoort getekend door Con Broers.

de verschillende SD'ers gebruikten, waren variërend: de een was hardhandig – je werd geboeid, je werd aan een stoel vastgeboeid, je kreeg klappen – en een volgende was vriendelijk en trachtte je vriendelijk te overreden. Maar het werd steeds onvriendelijker en ten slotte verklaarde een van de SD'ers – toen was het al ruim negentig uur aan de gang – dat zijn geduld op was en ik werd gesleept naar de badcel en daar werd ik ondergedompeld in een bad met koud water. [...] Ik werd ondergedompeld en weer naar boven gehaald, dezelfde vragen werden gesteld, ik reageerde weer niet, werd weer ondergedompeld en toen ik weer tot mezelf kwam, zat ik – of beter gezegd: hing ik – op een krukje en ik kwam tot mezelf omdat ik pijn had aan mijn been. Met een plank hadden ze mij op mijn dij geslagen, in dat natte pak trok dat erg door.'

Op het moment dat Van Lanschot al behoorlijk murw was, haalden de Duitsers een laatste truc uit. Ze zeiden hem dat een vriend alles had bekend en suggereerden een gesprek tussen die vriend en een SD'er binnen gehoorsafstand maar buiten het zicht van Van Lanschot. Dit gesprek, dat in werkelijkheid nooit plaatsvond, leidde ertoe dat Van Lanschot zei dat hij bereid was om met Haubrock te praten, die zijn zaak behandelde. Toen Haubrock triomfantelijk begon te lachen nadat Van Lanschot een naam had genoemd, realiseerde de laatste zich dat hij een fout had gemaakt. Want de Duitsers wisten helemaal niets. Ten einde raad deed Van Lanschot of hij gek was en schreeuwde. 'Maar ik ken Hitler, Himmler en

Mata Hari ook', en hij begon te vechten. Daarop hebben de Duitsers hem in een donkere cel gesmeten, waar hij ongeveer veertien dagen geboeid en naakt op een cementen vloer heeft gelegen. Later werd hij nog onderworpen aan een verhoor dat gepaard ging met afwisselend kokend hete en koude douches om hem een zogenaamde *Nervenbruch* te bezorgen, dat wil zeggen dat het de bedoeling was dat zijn zenuwen als het ware in elkaar klapten zodat hij ging praten. Van Lanschot zweeg en werd overgedragen aan de Wehrmacht. Als gevolg van een mislukte vluchtpoging in een wasmand kwam hij echter opnieuw in handen van de SD. In februari 1943 werd hij naar Haaren overgebracht, en in mei van hetzelfde jaar naar Utrecht voor zijn proces. Hij werd *abgetrennt* naar Duitsland. Even daarvoor schreef hij in een brief uit de gevangenis van Utrecht van 23 augustus 1943 aan zijn zusje dat het hem naar omstandigheden zeer goed ging.

Wim Roessingh maakte deel uit van het Geuzenverzet, maar was nog maar nauwelijks met zijn werk begonnen – het was de bedoeling dat hij de Geuzenbeweging onder de studenten in Den Haag en Leiden te verspreiden – of hij werd gearresteerd. Roessingh werd naar het Oranjehotel gebracht, waar hij werd verhoord door twee Duitsers. De ene was een zeer akelige verhoorder, aldus Roessingh in 2003. 'Hij had van die verhoormethoden die hij van films had afgekeken. Dan bood hij me een sigaar aan en dan zei hij: "Du bist frech" [je bent brutaal] en dan duwde hij me met die sigaar in m'n mond met mijn gezicht tegen de muur. Dat waren van die trucjes.' Ook Yme Feitsma werd hardhandig verhoord. Bij hem werden tijdens het verhoor een aantal tanden en kiezen uit zijn mond geslagen.

Anderen kwamen er genadiger af, hoewel veel arrestanten gedurende een bepaalde periode *Einzelhaft* kregen opgelegd, waardoor men volledig afgesloten was van de buitenwereld. In veel getuigenissen wordt gesproken over de zwaarte van een dergelijk regime omdat men geheel was overgeleverd aan de eigen gedachten en de bijbehorende zorgen over de toekomst. Sowieso waren de contacten met de buitenwereld moeilijk, maar de inventiviteit was groot. De Loos schreef in een terugblik uit 1946 dat er clandestien veel briefjes naar huis werden gesmokkeld, en de manieren waarop dit gebeurde waren legio. Het was dan alleen nog zaak om de mensen thuis erop attent te maken, omdat de briefjes natuurlijk zodanig moesten worden verstopt dat ze niet werden gevonden door de controlerende bewakers. De Loos deed dat op de volgende manier:

> Ik voor mij had hierbij groote steun aan mijn kennis van het Maleisch. Toen wij regelmatig pakketten ontvingen, verzonnen wij het smoesje, de leege doozen en het pakpapier met de wasch [naar huis] terug te sturen. Ik ontving altijd pakketten, verpakt in cartonnen doozen, die op een bepaalde manier gevouwen waren. De opstaande randen waren nl. bij de hoeken in elkaar gestoken. Aan de binnenkant van de stukjes carton, die daardoor over elkaar vielen, plakte ik een briefje in heele, kleine letters

Het 'Oranjehotel'.

De bruidstaart van tandpasta gemaakt door Sam Hingst in de gevangenis.

> geschreven op een sigarettenvloeitje. Dit vloeitje vouwde ik heel klein op en met een beetje jam of [onleesbaar] kleefde ik het aan het puntje vast. Dat bleef prachtig zitten. Nu de manier om mijn broer er attent op te maken. Op de doos schreef ik mijn naam. Maar van mijn voornaam maakte ik 'Tjari' – De Loos. Tjari betekent in het maleisch 'zoek'. Mijn broer was zeer uitgeslapen. Hij zocht dan zoo'n doos af en vond het briefje.

Inventiviteit kon ook Sam Hingst niet worden ontzegd. Hij zou tijdens zijn gevangenschap met zijn geliefde, Loute Reynvaan, in het huwelijk treden. De directe aanleiding was het feit dat de pakketten van echtgenotes de gevangenen beter bereikten dan die van vriendinnen. Omdat Hingst niet bij de huwelijksvoltrekking aanwezig kon zijn, trouwden ze met de handschoen. Op 3 mei 1943 toog Loute met haar zwager naar het stadhuis. In de gevangenis maakt Hingst een bruidstaart van tandpasta, die hij aan zijn vrouw stuurde. Van haar kreeg Hingst een telegram met de volgende tekst: 'Heel veel liefs, we zijn vanmorgen getrouwd om 10.30.' Na de oorlog zou het huwelijk op 19 oktober 1946 kerkelijk worden ingezegend.

De gevangenen hielden zich ook in gevangenschap bezig met de wereld 'buiten' en de dagelijkse beslommeringen die daarbij hoorden. Zo schreef Roessingh aan zijn moeder over een nog openstaande belastingschuld: 'In januari is de eerste termijn vervallen. Ik weet niet of U mijn belasting voor mij kunt betalen. Indien dat niet mogelijk is, kunt U misschien uitstel van betaling vragen, met vermelding van het feit dat ik wegens mijn verblijf in de gevangenis, niet op de gestelde data kan voldoen.' Ook schreef hij over zorgen die het privéleven raakten. De ouders van Roessingh waren gescheiden toen hij acht jaar was. Vanaf die tijd werd Roessingh opgevoed door zijn moeder, met wie hij een zeer hechte band had, wat niet wegnam dat hij ook met zijn vader contact onderhield. Toen hij in de gevangenis zat, wilden beide ouders hem dan ook graag bezoeken. Roessingh zocht naar een goede regeling zo blijkt uit de volgende brief. 'Over bezoek van Vader heb ik zelf al nagedacht en ik kan me goed indenken dat hij me graag eens opzoekt; trouwens ik zou hem ook graag weer eens zien en spreken. Maar de behoefte om U te zien, na al die tijd, is nog zóó groot en zóó onvervuld – het eerste bezoek was uiteraard meer een nerveuze pantomime, dan een geregeld gesprek – dat ik graag wilde dat hij nog even geduld oefende. Ik heb een verhouding van 2 bezoeken van U tegen één van hem in mijn hoofd, maar vooralsnog wilde ik eerst U een paar maal achter elkaar zien. Mettertijd zullen we het dan wel [onleesbaar] regelen. Vader zal mijn egoïsme in deze kunnen begrijpen en het me willen vergeven. Ik zal er hem trouwens in mijn volgende brief, die ik in 2 helften zal verdeelen, één aan U en één aan hem, zelf over schrijven.'

Roessingh werkte ten tijde van zijn arrestatie in de kleurstoffenfabriek Vondelingenplaat in Vlaardingen. De toenmalige directeur, J.G. Jurling, heeft nog geprobeerd ten gunste van Roessingh te interveniëren. In een brief van 12 november 1941 aan de consul-generaal van Zweden schreef hij: 'Als laatste mogelijkheid zie ik nog slechts een voorspraak door de Regeering van een neutraal land en ik wend mij tot U met de vraag of het U wellicht mogelijk zoude zijn, het Zweedsche Gezantschap te Berlijn deze zaak onder het oog te brengen.' De directe aanleiding van dit schrijven was een 'nervous breakdown' van Roessinghs moeder, met wie Jurling zeer goed bekend was. Ook overigens met Roessingh zelf, die hij omschreef als een 'impulsief mensch, met een uitnemend karakter'. Het mocht niet baten. Roessingh wachtte een vier jaar lange gevangenschap in de Duitse concentratiekampen.

Wim Hartman, die deel uitmaakte van een groep van 42 mannen die zichzelf het Nederlandse Oranje Leger (NOL) noemde, werd in juni 1941 gearresteerd. Hij zat in het laatste jaar van de mulo en kwam net uit school toen de bel ging. Zijn moeder vroeg of ze boterhammen mee moest geven, maar dat was niet nodig, zeiden de agenten die Hartman kwamen halen, want hij was zo weer terug. Dat was dus niet het geval. Wel werd Hartman begin augustus uit zijn cel gehaald om examen te doen. Voor meetkunde haalde hij een vijf – 'ze hadden me al gewaarschuwd dat de meetkundeleraar fout was' – maar verder bestond zijn rapport voornamelijk uit achten en negens.

Goede rapportcijfers stonden niet garant voor een spoedige vrijlating. Hartman ging terug in zijn cel en zag zijn hoop op een kerst te midden van zijn familie vervliegen. Op een kladje schreef hij op 24 december: 'Het was vandaag duidelijk te merken, dat het de dag voor Kerstmis was. [Er werd] de hele dag gedweild, gepoetst, geboend, gewreven en geschrobd, dat het een lust was. Wat benijdde ik de 7 man, die vanmorgen naar huis werden gestuurd.' En op 25 december: 'Met weemoed heb ik gedacht aan het ontbijt na de nachtmis te midden van de familie en bij 't licht van de kaarsjes.' In maart 1942 ging Hartman, samen met zijn vrienden, onder wie Herman Fontijn en Wijnand Peeters, op transport naar Buchenwald. Zijn zusje, die hij voor het laatst op de dag van zijn arrestatie had gezien, zag hij nooit meer terug. Zij overleed in het laatste jaar van de oorlog. Op haar sterfbed had ze gezegd: 'Ik ga dood, maar Wim komt terug.' Ze kreeg gelijk.

Hartman zou zijn zus nooit meer zien. Voor de broers Hendrik en Jans Geraets gold dat hun moeder. Afkomstig uit een veenarbeidersgezin uit Erica in Drenthe hielpen zij Franse krijgsgevangenen terug naar Frankrijk. Toen de Duitse politie hun activiteiten op het spoor kwam, wilden ze Geraets senior meenemen, maar de broers zeiden 'neem ons maar mee'. En zo gebeurde het. Hendrik en Jans werden naar het politiebureau in Assen gebracht, van waar uit Hendrik nog een brief naar huis kon schrijven. Daarna hoorde de familie niets meer. Via Vught werden ze naar Natzweiler afgevoerd; ze werden op 29 april 1945 in Dachau bevrijd. Bij thuiskomst bleek hun moeder net een paar maanden daarvoor, op 10 februari, te zijn overleden. Vervuld van verdriet togen de broers

De cellen van de gevangenis aan de Weteringschans.

met twee scheppen naar de begraafplaats, ze wilden hun moeder nog een keer zien. Dit plan werd net op tijd door familieleden verijdeld.

Omdat hun gezondheid erg slecht was – ze hadden hongeroedeem en grote, slecht genezende wonden – werden de broers naar een herstellingsoord in Hilversum gestuurd. Nadat ze voldoende waren opgeknapt, werd Hendrik gevangenisbewaarder in respectievelijk Veenhuizen, Maastricht en Amsterdam, Jans vond werk bij een Hilversumse vestiging van Philips. Over hun kampervaringen hebben ze nooit veel losgelaten. Jans liet zich een keer ontvallen: 'Als ik niet in het kamp had gezeten en iemand zou verteld hebben wat ik heb meegemaakt, zou ik het niet hebben geloofd.'

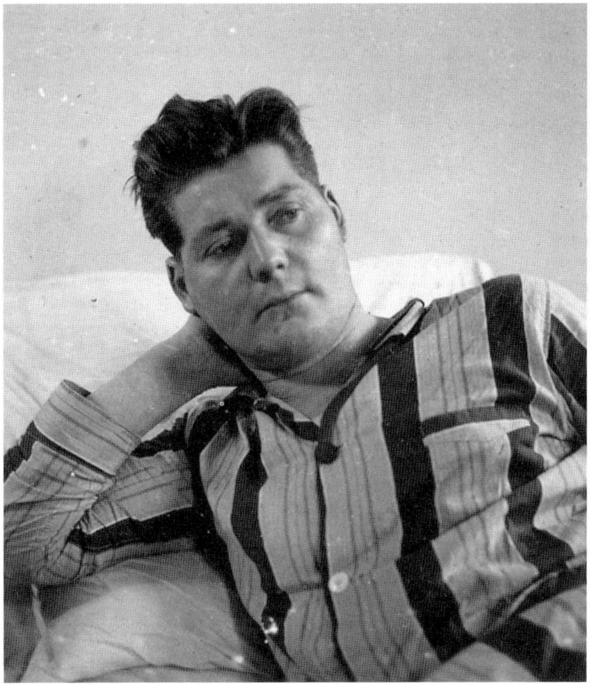

Hendrik Geraets tijdens zijn herstel in Hilversum, 1945.

Processen

In de jaren 1940-1945 zijn er in Nederland op basis van de beschikbare gegevens ongeveer 39.400 strafzaken aan het Duitse Openbaar Ministerie voorgelegd, waarbij de jaren 1941 en 1943 eruit springen qua aantal: 10.146 in 1941 en 10.702 in 1943 (het gaat hier om absolute getallen). Deze zaken betroffen bij lange na niet alleen 'verzetsdelicten', maar ook veel zaken van 'gewone' criminaliteit. Verzetsdelicten konden onder de rechter komen, maar ook rechtstreeks door de Duitse politie worden afgehandeld. Daartoe kon de laatste iemand *Schutzhaft* opleggen. De *Schutzhaft*-regeling betekende voor bezet Nederland dat de

Schutzhäftlinge tot aan de oprichting van kamp Vught in 1943 – een kamp dat rechtstreeks onder het SS-Wirtschaft und Verwaltungshauptamt ressorteerde – naar concentratiekampen in Duitsland werden gedeporteerd. Deze beslissingen moesten wel eerst goedgekeurd worden door het Reichssicherheitshauptamt in Berlijn. In de praktijk zou er – zeker naarmate de oorlog vorderde – op grote schaal buiten de voorschriften om worden gehandeld en bleef de officiële goedkeuring van Berlijn vaak achterwege.

Schutzhaft en berechting door een Duits gerechtshof in Nederland of in Duitsland waren de twee wegen waarlangs een Nederlandse verzetsstrijder veroordeeld (of vrijgesproken) kon worden. Van de ex-Natzweilers die in dit boek voorkomen, zijn relatief veel door het Luftgaugericht veroordeeld. Het was een van de drie militaire rechtbanken, die in bezet Nederland het meest op de voorgrond trad. Een aantal bekende groepsprocessen zoals die tegen de Geuzen in het voorjaar van 1941, tegen het Oranjecomité, de Oranjegarde en Oranjewacht in de tweede helft van 1941, tegen de OD in maart 1942 en in februari 1943 en tegen medewerkers van *Het Parool* en *Vrij Nederland* zijn door deze gerechtelijke instantie behandeld. Dat deze daarbij streng optrad blijkt uit de beschikbare cijfers. Van de 213 personen, die na een vonnis van een Duitse militaire rechter zijn gefusilleerd, waren 179 door het Luftgaugericht ter dood veroordeeld.

Geraldien von Frijtag signaleert in haar boek over de Duitse strafrechtspleging in Nederland een aantal opmerkelijke aspecten betreffende het militaire strafproces. Zo was de rechter niet gehouden aan een einduitspraak, maar kon een verdachte als gevolg van het *Nacht und Nebel-Erlass*, aan de Duitse politie worden overgedragen die er vervolgens voor zorgde dat de persoon in kwestie werd *abgetrennt* naar een Duits concentratiekamp. Ook werd de rechtspositie van de verdachte met voeten getreden omdat hij vaak niet in staat werd gesteld de processtukken in te zien en het ook voorkwam dat hem rechtsbijstand werd geweigerd (dit laatste gold niet voor verdachten die een feit hadden gepleegd waarop de doodstraf stond). Ten slotte had de *Gerichtsherr* (dit is de bevelhebber van het troepenonderdeel), en in zeer zwaarwegende zaken de *Wehrmachtsbefehlhaber* F.C. Christiansen, buitengewoon veel invloed, want hij kon een vonnis naar eigen goeddunken bekrachtigen of opheffen.

De metaalbewerker Carel Witmond werd in 1923 in de Staatsliedenbuurt in Amsterdam geboren in een rood en – zeker na de crisis van 1929 – arm nest. In zijn jeugd was hij lid van de Arbeiders Jeugd Centrale (AJC) en toen deze zichzelf ophief vanwege de Duitse bezetting, werd de Amsterdamse Atletiekclub opgericht om de Amsterdamse AJC'ers bij elkaar te houden. De club werd al snel benaderd door mensen van het illegale *Parool* met de vraag of zij de krant wilden verspreiden. Witmond en zijn vriend Arie van Soest zegden toe.

Van Soest, die voordat hij verspreider bij het il-

Het proces tegen de Oranjegarde.

Gevangenen worden na het proces teruggevoerd naar de gevangenis.

legale *Parool* werd had geprobeerd naar Engeland te komen, kwam uit een katholiek gezin met acht kinderen. Hij was tien jaar toen zijn vader de benen nam en het gezin achterliet. Zijn vader, zo vertelt Van Soest in 2003, was pro-Duits en ging bij het Nationalsozialistisches Kraftfahrkorps (NSKK). Tijdens de oorlog overleed hij als gevolg van een ongeluk in Frankrijk. Van Soest hoorde het van zijn oudste zus toen hijzelf in de gevangenis in Scheveningen zat. Daar was hij terechtgekomen toen hij, evenals Witmond, in de nacht van 12 op 13 november was gearresteerd. Ruim een jaar later, op 14 december 1942, begon hun proces.

Over wat de Nederlanders na hun arrestatie allemaal te wachten stond, hadden ze natuurlijk geen idee. Witmond was nog maar zeventien toen hij werd opgepakt. In 1963 vertelde hij aan een verslaggever: 'Op mijn werk [hij was bankwerker] had ik – wist ik veel – al rond verteld dat ik gezocht werd en dat men mij moest waarschuwen als ze kwamen. Ze kwamen natuurlijk 's nachts. In het huis van Bewaring werd ik bij een heel stel in de cel geflikkerd. Ik kreeg van iemand een deken. In het begin heb ik wel gehuild.'

Samen met een aantal andere medewerkers van het illegale *Parool* – onder wie de eerder genoemde Goedhart – werden Witmond en Van Soest berecht door het Luftgaugericht. Voor hun proces werden ze van kamp Amersfoort overgebracht naar de Kriegswehrmachtgefängnis in de Gansstraat in Utrecht. Men ging er welgemoed naartoe, want 'Utrecht' betekende, aldus Goedhart, 'dat je een keer bezoek zou mogen ontvangen en dat je dan een pakketje zou krijgen, waarin waarschijnlijk brood met vleesch zou zitten en kaas, boter en suiker en wat voor andere heerlijkheden meer, waarmee je die vervloekte, die bijtende honger zou kunnen stillen, waarvan je 's nachts niet slapen kon, zoodat je 's avonds een handdoek strak om je buik bond, in de hoop minder gekweld te worden.' Floris Bakels zat bijna acht maanden in de gevangenis in Utrecht en hij bevestigt het door Goedhart geschilderde relatief milde klimaat. De gedetineerden mochten hun haren laten groeien en konden zich enige keren per week scheren. Volgens Bakels was het eten karig, maar van redelijke kwaliteit.

Het proces van onder anderen Witmond en Van Soest zou de geschiedenis ingaan als het eerste *Parool*-proces. Op 18 december werd tegen 22 van de 23 verdachten de doodstraf geëist wegens 'Fortgesetzter Feindbegünstigung und zugleich Herstellung deutschfeindlichen Schriften'. Een dag later volgde de uitspraak: zeventien maal de doodstraf en zes maal *Abtrennung*. Uiteindelijk zouden op 5 februari 1943 dertien mensen van de *Parool*-groep worden gefusilleerd op de hei bij Soesterberg. Tien werden *abgetrennt*, drie kregen gratie van de doodstraf en over de vierde – Goedhart – was nog geen beslissing genomen. Hij zou uiteindelijk uit kamp Vught ontsnappen.

Witmond werd samen met Van Soest, Jacob Barzilay en Cornelis Teeuwsen naar Natzweiler gedeporteerd. Barzilay stierf in Mauthausen, Teeuwsen zou in Natzweiler overlijden als gevolg van een vallend rotsblok. Het ongeluk, dat op 27

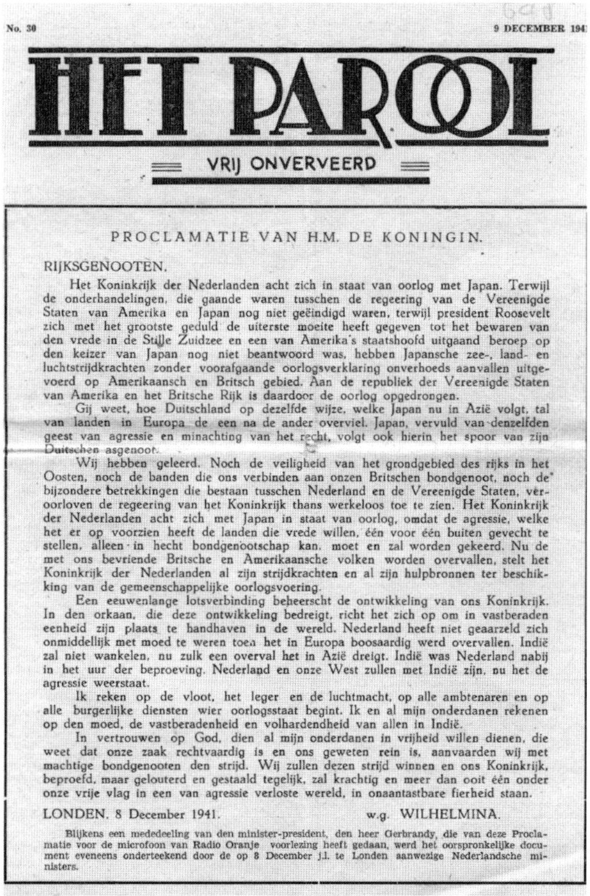

No. 30 9 DECEMBER 194

HET PAROOL

VRIJ ONVERVEERD

PROCLAMATIE VAN H.M. DE KONINGIN.

RIJKSGENOOTEN.

Het Koninkrijk der Nederlanden acht zich in staat van oorlog met Japan. Terwijl de onderhandelingen, die gaande waren tusschen de regeering van de Vereenigde Staten van Amerika en Japan nog niet geëindigd waren, terwijl president Roosevelt zich met het grootste geduld de uiterste moeite heeft gegeven tot het bewaren van den vrede in de Stille Zuidzee en een van Amerika's staatshoofd uitgaand beroep op den keizer van Japan nog niet beantwoord was, hebben Japansche zee-, land- en luchtstrijdkrachten zonder voorafgaande oorlogsverklaring onverhoeds aanvallen uitgevoerd op Amerikaansch en Britsch gebied. Aan de republiek der Vereenigde Staten van Amerika en het Britsche Rijk is daardoor de oorlog opgedrongen.

Gij weet, hoe Duitschland op dezelfde wijze, welke Japan nu in Azië volgt, tal van landen in Europa de een na de ander overviel. Japan, vervuld van denzelfden geest van agressie en minachting van het recht, volgt ook hierin het spoor van zijn Duitschen asgenoot.

Wij hebben geleerd. Noch de veiligheid van het grondgebied des rijks in het Oosten, noch de banden die ons verbinden aan onzen Britschen bondgenoot, noch de bijzondere betrekkingen die bestaan tusschen Nederland en de Vereenigde Staten, veroorloven de regeering van het Koninkrijk thans werkeloos toe te zien. Het Koninkrijk der Nederlanden acht zich met Japan in staat van oorlog, omdat de agressie, welke het er op voorzien heeft de landen die vrede willen, één voor één buiten gevecht te stellen, alleen in hecht bondgenootschap kan, moet en zal worden gekeerd. Nu de met ons bevriende Britsche en Amerikaansche volken worden overvallen, stelt het Koninkrijk der Nederlanden al zijn strijdkrachten en al zijn hulpbronnen ter beschikking van de gemeenschappelijke oorlogsvoering.

Een eeuwenlange lotsverbinding beheerscht de ontwikkeling van ons Koninkrijk. In den orkaan, die deze ontwikkeling bedreigt, richt het zich op om in vastberaden eenheid zijn plaats te handhaven in de wereld. Nederland heeft niet geaarzeld zich onmiddellijk met moed te weren toen het in Europa boosaardig werd overvallen. Indië zal niet wankelen, nu zulk een overval het in Azië dreigt. Indië was Nederland nabij in het uur der beproeving. Nederland en onze West zullen met Indië zijn, nu het de agressie weerstaat.

Ik reken op de vloot, het leger en de luchtmacht, op alle ambtenaren en op alle burgerlijke diensten wier oorlogsstaat begint. Ik en al mijn onderdanen rekenen op den moed, de vastberadenheid en volhardendheid van allen in Indië.

In vertrouwen op God, dien al mijn onderdanen in vrijheid willen dienen, die weet dat onze zaak rechtvaardig is en ons geweten rein is, aanvaarden wij met machtige bondgenooten den strijd. Wij zullen dezen strijd winnen en ons Koninkrijk, beproefd, maar gelouterd en gestaald tegelijk, zal krachtig en meer dan ooit één onder onze vrije vlag in een van agressie verloste wereld, in onaantastbare fierheid staan.

LONDEN, 8 December 1941. w.g. WILHELMINA.

Blijkens een mededeeling van den minister-president, den heer Gerbrandy, die van deze Proclamatie voor de microfoon van Radio Oranje voorlezing heeft gedaan, werd het oorspronkelijke document eveneens onderteekend door de op 8 December j.l. te Londen aanwezige Nederlandsche ministers.

Het illegale Parool.

september 1943 plaatsvond, werd door de Duitsers nauwgezet gerapporteerd. Volgens de *Häftlingsvorabeiter*, Hans Ritzau, waren daar vijf gevangenen bij betrokken. Behalve de Belg Johannes Stabel waren dat de Nederlanders Hendrik Hout, Otto Grasmeijer, Hendrik Hemmes en Cornelis Teeuwsen. Ritzau verklaarde dat de gevangenen zijn waarschuwingen in de wind hadden geslagen en als gevolg daarvan werden getroffen door de vallende stenen. 'Het ongeluk gebeurde op 27 september 1943 tegen negen uur 's ochtends in het achterste deel van de steengroeve. Twee mannen stonden daar een muur af te breken. De slachtoffers waren onder deze muur bezig geweest het puin af te voeren. Toen er instortingsgevaar dreigde, heb ik verschillende arbeidskrachten gewaarschuwd om zich in veiligheid te brengen. De slachtoffers zijn echter, ondanks die waarschuwing, met een lorrie naar de plek van het onheil gereden en ze werden onder de instortende massa bedolven. Er was geen sprake van schuld van derden.'

Hemmes, die zwaargewond raakte, verklaarde begin 1944: 'Ik was op 27 september 1943 met mijn kameraden Hout, Teeuwsen en Docters van Leeuwen in het achterste deel van de steengroeve met een lorrie bezig. We stonden bij de muur die later in zou storten stenen in te laden. Een paar gevangenen waren de stenen uit de muur aan het hakken zodat hij in zou storten. Dat werk ging de hele dag door en niemand had er op gerekend dat het zo snel zou instorten. Niemand heeft ons kort voor het ongeluk gewaarschuwd. De verklaringen van de getuigen Ritzau en Köhle zijn onjuist. Ik heb geen waarschuwing gehoord. Ik werd bedolven onder de instortende steenmassa en brak mijn bekken, ik had ook een paar uitwendige verwondingen.'

Hemmes, voor zijn arrestatie lid van de Nederlandse Volksmilitie (NVM), een communistisch georiënteerde organisatie die zich bezighield met sabotage, stierf in Dachau. Ook Hout stierf in Dachau. Docters van Leeuwen – niet genoemd door Ritzau, maar wel door Hemmes – overleefde het ongeluk en de oorlog. Na de evacuatie van Natzweiler kwam hij uiteindelijk in Schönberg bij Stuttgart terecht. Vanuit dat kamp werden de gevangenen lopend in de richting van Innsbrück gestuurd. Bij het plaatsje Mittenwald ontsnapte Docters van Leeuwen en hij slaagde erin zich aan te sluiten bij een Duitse verzetsgroep waarmee hij de bevrijding beleefde. Na enkele maanden te hebben getolkt voor de Amerikanen, keerde hij in oktober 1945 terug naar huis.

Op initiatief van Johan Hendrik Westerveld, in de meidagen reserveluitenant-kolonel van de artillerie en in het dagelijks leven bedrijfsleider bij de firma Van den Bergh en Jurgens in Rotterdam, werd de Ordedienst opgericht. Na de Nederlandse capitulatie van 15 mei was hij onmiddellijk begonnen met de opbouw van een organisatie die ervoor moest zorgen dat er na een plotseling vertrek van de Duitsers geen chaos zou ontstaan. De werving van medewerkers gebeurde via persoonlijke contacten. Zo vroeg Westerveld reservekapi-

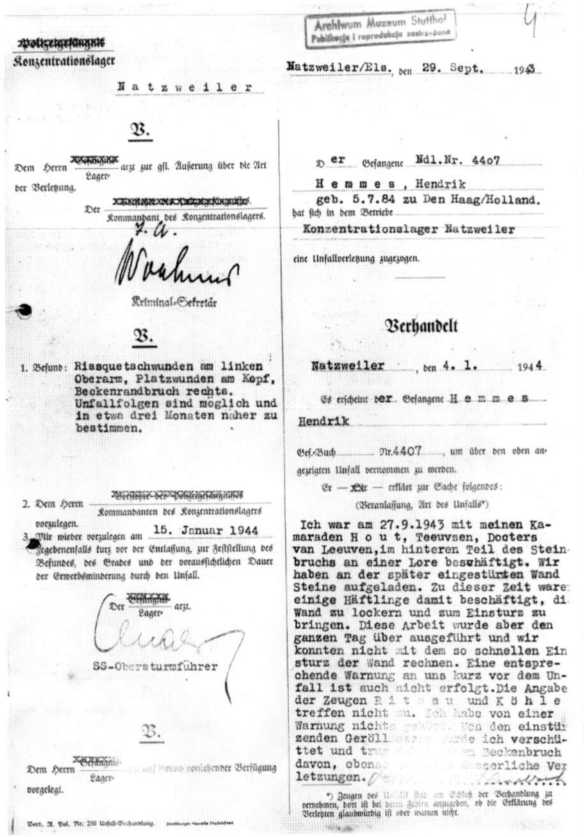

~~Polizeigefängnis~~
Konzentrationslager
Natzweiler

Natzweiler/Els., den 29. Sept. 1943

B.

Dem Herrn ~~Gefängnis~~ Lager- arzt zur gfl. Äußerung über die Art der Verletzung.

Der ~~Vorsteher des Polizeigefängnisses~~ Kommandant des Konzentrationslagers.
I.A.
Kriminal-Sekretär

Der Gefangene Ndl.Nr. 4407
Hemmes, Hendrik
geb. 5.7.84 zu Den Haag/Holland.
hat sich in dem Betriebe
Konzentrationslager Natzweiler
eine Unfallverletzung zugezogen.

B.

1. Befund: Rissquetschwunden am linken Oberarm, Platzwunden am Kopf, Beckenrandbruch rechts. Unfallfolgen sind möglich und in etwa drei Monaten näher zu bestimmen.

2. Dem Herrn ~~Vorsteher des Polizeigefängnisses~~ Kommandanten des Konzentrationslagers vorzulegen.

3. Mir wieder vorzulegen am 15. Januar 1944 gegebenenfalls kurz vor der Entlassung, zur Feststellung des Befundes, des Grades und der voraussichtlichen Dauer der Erwerbsminderung durch den Unfall.

Der ~~Gefängnis~~ Lager- arzt.
SS-Obersturmführer

B.

Dem Herrn ~~Gefängnis~~ Lager- arzt auf Grund vorstehender Verfügung vorgelegt.

Verhandelt

Natzweiler, den 4. 1. 1944

Es erscheint der Gefangene Hemmes Hendrik
Gef.-Buch Nr.4407, um über den oben angezeigten Unfall vernommen zu werden.
Er — ~~Sie~~ — erklärt zur Sache folgendes:
(Veranlassung, Art des Unfalls*)

Ich war am 27.9.1943 mit meinen Kameraden H o u t, Teeuvsen, Docters van Leeuven, im hinteren Teil des Steinbruchs an einer Lore beschäftigt. Wir haben an der später eingestürzten Wand Steine aufgeladen. Zu dieser Zeit waren einige Häftlinge damit beschäftigt, die Wand zu lockern und zum Einsturz zu bringen. Diese Arbeit wurde aber den ganzen Tag über ausgeführt und wir konnten nicht mit dem so schnellen Einsturz der Wand rechnen. Eine entsprechende Warnung an uns kurz vor dem Unfall ist auch nicht erfolgt. Die Angabe der Zeugen R i t z a u und K ö h l e treffen nicht zu. Ich habe von einer Warnung nichts [illegible]. Von den einstürzenden Geröll[illegible] wurde ich verschüttet und trug [illegible] Beckenbruch davon, ebens[illegible] äusserliche Verletzungen.

*) Zeugen des Unfalls sind am Schluß der Verhandlung zu vernehmen, dort ist bei deren Fehlen anzugeben, ob die Erklärung des Verletzten glaubwürdig ist oder warum nicht.

Vord. R. Pol. Nr. 258 Unfall-Verhandlung.

Verklaring van Hendrik Hemmes over het ongeluk in de steengroeve.

tein der intendance H. Krekel, die ook bij Van den Bergh en Jurgens werkte en later naar Natzweiler zou worden gedeporteerd, hem namen van geschikte officieren met stafervaring te geven. Via via werd in de loop der tijd een landelijk netwerk van OD-medewerkers opgebouwd, dat uiteindelijk bestond uit negentien gewesten.

In maart 1941 kwam de Duitse politie de organisatie op het spoor en al snel volgde een groot aantal arrestaties. De eerste groep, onder wie Westerveld, werd op 3 mei 1942 in Sachsenhausen gefusilleerd. Ze waren – behalve H. Kop, die te ziek was om vervoerd te worden en op 26 oktober werd gefusilleerd – op 1 mei 1942 afgevoerd naar Duitsland. In totaal ging het om 72 mannen. Vervolgens werden er nog 24 personen op een niet nader bekende plaats gefusilleerd. De rest van de arrestanten werd voor zover ze niet ook werden doodgeschoten, voor het merendeel naar Duitsland afgevoerd. Onder hen bevond zich de hierboven genoemde Krekel, maar ook de werktuigbouwkundige student P. Hijmans van Anrooij en de jurist Samuel de Lange, die op het departement van Handel, Nijverheid en Scheepvaart werkte. Krekel en Van Anrooij keerden terug, De Lange zou op 7 februari 1945 in Dachau overlijden.

Na de eerste arrestatieronde volgde een tweede en op 15 maart 1943 begon in de voormalige recreatiezaal van het seminarie in Haaren het zogenaamde tweede OD-proces. Boellaard, een van de verdachten, schrijft in zijn herinneringen:

15 maart 1943	100 aangeklaagde 'Todeskandidaten' bijeen in de 'Arena' in het groot-seminarie te Haaren. 91 maal Feindbegünstigung, 27 maal Spionage, 32 maal verbotene Waffenbesitz, 8 maal Wortbruch, 1 maal Mord
Maart/april	Constante verhoren. Boellaard op 26, 29 en 30 maart. Overigens gedurende 3 weken angstige stilte
15 april 1943	Eis: tegen 28 aangeklaagden wordt 26 maal de doodstraf geëist Boellaard (nr. 41) en Van Dedem (nr. 78) waren er niet bij
16 april 1943	Het proces wordt onderbroken wegens 'nieuwe richtlijnen uit Berlijn'
27 april 1943	Uitspraak: 21 doodvonnissen. Later vijf gratiegevallen (o.a. Lt.-Gen. Jhr. W. Roëll). De overige 84 worden *abgetrennt* 'bis auf weiteres verfahren'. Vrij vertaald, het Nederlandse recht kent dit niet, *'zaak tot later uitgesteld voor nadere berechting'*.

Boellaard werd op 5 mei 1942 gearresteerd. Hij was gewestelijk commandant van de Ordedienst Utrecht en zat na zijn arrestatie achtereenvolgens in Scheveningen, Haaren, Amersfoort, Natzweiler, Dachau-Allach en Dachau. Door zijn medegevangenen werd hij alom geprezen vanwege zijn voorbeeldige gedrag en de steun die hij ook in de ellendigste omstandigheden gaf. Zo schreef Hans Teengs Gerritsen (destijds nog Hans Gerritsen) in 1949 in een terugblik: 'Indien er ooit omstandigheden waren, waar het menschelijke karakter op z'n zwaarst kon worden getest, dan was het zeker in dit vernietigingskamp. Ondanks het feit dat ook hij dagelijks de dood kon verwachten, heeft B. hier [dit is Natzweiler] op voorbeeldige wijze zijn rol als hulp en steun van zijn medelotgenoten vervuld. [Hij wist] menigeen tot nieuw volhouden aan te moedigen. [...] Op zekere dag is B. door een der ongure Duitsche kapo's tot een zeer zware straf veroordeeld, n.l. in die toen warme zomerdagen, de gehele dag de vrijwel ontilbare rotsblokken te verplaatsen onder toezicht van deze sadist. De week, dat deze uitputtende arbeid duurde, heb ik steeds de fiere, onverzettelijke houding van B. bewonderd als hij 's avonds terug in het kamp kwam, vies, vuil, met kapotte handen, hongerig en dorstig, doch rechtop lopend, een les voor iedereen.'

Boellaard had nooit gedacht dat hij in een kamp terecht zou komen, maar was er na zijn arrestatie van overtuigd dat hij zou worden gefusilleerd. Tussen kerst en oudjaar 1942 schreef hij in de gevangenis een afscheidsbrief. Eerst noemde hij zijn vrienden, daarna richtte hij zich tot zijn vrouw:

> Kleeren, Veel kan later vermaakt worden en gemoderniseerd voor W. [dit is zijn zoon Willem] Rok, smoking enz. Hij mag er nooit tegen zijn zin 'gek' uitzien. Militaire broeken event. verven voor rijbroeken. Van zwarte mil. overjas (bij Blomjous) wellicht zw. mantelpak voor jou. Doe in het begin niet te veel weg, veel komt later te pas. Alles wat vader nu gebruiken kan aan hem. Geen gevoeligheden; ik zou het een prettig idee vinden. Als het kan, laat W. dan na de 3de klas naar het NCSV-kamp [is een kamp van de Nederlands Christelijke Studentenvereniging] gaan. Het zal hem zooveel geluk geven en hem op natuurlijke wijze een heerlijk eenvoudig Godsbegrip geven temidden van de Natuur en met andere jongens. Schat, je weet precies hoe ik over hertrouwen denk. Als jullie er maar gelukkig door zijn. Kijk goed uit en denk er vooral aan hoe W. er mee af is. Ik gun je het aller-allerbeste wat er is. Bewaar W. voor conflicten; een kind op zijn leeftijd merkt veel op. Schat, mijn arme ouders zullen je troost zoo erg noodig hebben. Houdt altijd een lief contact, verlicht hun dagen, zorg dat W. ze trouw schrijft. [...] Als ik daarop mag blijven rekenen ga ik zooveel rustiger den dood in. Mijn asch laten bijzetten in familiegraf Utrecht. [...] Op steen zerk mag: Gevallen voor zijn Vaderland, datum. Kantoorhal, steen als v.d. Windt.

Om zich voor te bereiden op zijn executie oefende Boellaard in zijn cel. 'Ik ga in de houding staan 2 meter vanaf het kijkgaatje in de deur en kijk er strak naar. Denk je in dat dat een geweer is; kun je je behoorlijk beheerschen? Ik zeg hardop tegen mezelf: "Ja ik kan het." Dat geeft weer wat rust.'

Op 14 mei 1942 werd Boellaard plotseling uit zijn cel gehaald. Even dacht hij dat zijn tijd was gekomen, maar toen hij werd geknipt en geschoren, realiseerde hij zich dat er iets anders op het programma stond, want een dergelijk voorrecht kregen de gevangenen niet als ze werden gefusilleerd. Boellaard werd geboeid in een luxeauto geduwd en na een korte rit reed de auto een brede oprijlaan van een buitenplaats op. Het bleek Clingendael, de residentie van rijkscommissaris Seyss-Inquart, te zijn. Daar kreeg Boellaard de mededeling dat hij door Himmler zou worden verhoord. Over deze ontmoeting schreef Boellaard: 'Nu ik voor hem sta, is hij kleiner dan ik had gedacht had; kort, gezet, borst vol ridderorden, de hoog opgebouwde ploertenpet maakt het geheel topzwaar en weinig indrukwekkend. Geen soldaat, eerder een kantoorman. Maar de sluwe intelligentie van de strakke mond, waaruit de vragen roffelen, en van de doordringende ogen, ietwat verborgen door de glans van zijn lorgnet, die mond en die ogen herstellen het evenwicht weer; zij zorgen dat de dodelijke angst van zijn omgeving zal blijven, ook nadat hij weer vertrokken is. Als hij begint te spreken, word ik verrast door een hoogklinkend, niet onaangenaam Beiers accent.'

Het verhoor met Himmler speelde zich al lopend op het uitgestrekte terrein rond Clingendael af, en behalve de vragen die Himmler stelde over de OD en de situatie in Nederland, hield hij een lofrede op de Führer. Daarna werd Boellaard wederom weggevoerd naar de eenzaamheid van zijn cel. Het vuurpeloton werd hem bespaard; in plaats daarvan wachtte hem het concentratiekamp. Boellaard heeft achteraf geschreven dat hij zijn leven waarschijnlijk te danken heeft gehad aan het feit dat de Duitsers meenden hem bij de wederopbouw van Nederland goed te kunnen gebruiken wanneer ze de oorlog eenmaal gewonnen hadden.

Heinrich Himmler.

Net als Boellaard stond De Loos terecht in het tweede OD-proces. In zijn memoires die hij vlak na de oorlog optekende doet hij minutieus verslag van zijn indrukken van de rechtszaal:

> Als men deze geïmproviseerde rechtszaal binnentrad, viel direct de bekende smakelooze Duitsche versieringswijze op. De achterwand van de zaal was gedrapeerd met de Duitsche oorlogsvlag en de hakenkreuz-vlag. Daarvoor stond een groote bronzen buste van Hitler. In de hoeken groote standaards met palmen. Daarvoor de groote, groene tafel, waarachter het Oberfeldkriegsgericht Luftgau Holland zat. Aan de linkerkant weer een lange, groene tafel, waaraan het Openbaar Ministerie plaats had. Deze tafel stond loodrecht op de eerstgenoemde tafel. Aan de rechterkant eveneens zoo'n tafel. Hieraan zaten de Duitsche advocaten, die wij toegewezen zouden krijgen. De ruimte, die door dit tafelcomplex over was, was opgevuld met stoelen, geplaatst als in een theater, en in het midden gescheiden door een looppad. [...] Toen wij allen onze plaats hadden ingenomen, was het wachten op de rechters. Het OM en de advocaten zaten al achter hun tafels. Na een kort oogenblik kwam de rechtbank binnen. Wij moesten allen opstaan tot zij achter hun tafel stonden. Daar bracht de voorzitter de Hitlergroet uit. Vervolgens namen zij plaats, en konden wij ook gaan zitten. Tijdens het oogenblik, dat wij nog rustig naast elkaar zaten, praatten wij opgewekt met elkaar. Nog even vroegen wij elkaar inlichtingen over punten uit de verhooren, die nog niet duidelijk waren, en welke verklaringen wij zouden afleggen. Ook over andere dingen hadden wij veel te vertellen. Een gedeprimeerde stemming was ook hier geheel niet aanwezig. Ik denk dat het toch wel een vreemde indruk gemaakt moet hebben op de SS-bewakers.

Nadat iedereen zijn plaats had ingenomen, opende de voorzitter de zitting met de mededeling dat men als illegale organisatie gezamenlijk berecht zou worden. 'Volgens de volgorde van onze zitplaatsen zou ons een advocaat toegewezen worden, nl. 1-7 kreeg de eerste advocaat, no. 8-14 de tweede, enz. Volgens deze zelfde rangorde zouden wij stuk voor stuk gehoord worden. Aan het einde van zoo'n verhoor zouden wij allen de gelegenheid krijgen, zelf nog iets te zeggen voor onze verdediging. De eisch zou gedaan worden nadat de verhoren afgeloopen waren. In 3 groepen van plusminus 30 man zouden wij dan tijdens 3 achtereenvolgende dagen naar beneden komen, om de eisch te hooren. De uitspraak zou gebeuren weer een paar dagen later, en daar zouden wij allen weer bij aanwezig zijn. Na het vonnis zouden wij weer in de gelegenheid gesteld worden om het een en ander aan te brengen tot onze verdediging. Verzoeken om gratie konden wij dan bij onze advocaten indienen. Toen dit alles verteld was, konden wij weggaan.'

De toewijzing van een advocaat was niet vanzelfsprekend, maar De Loos en de zijnen waren potentiële kandidaten voor de doodstraf en kregen er dus wel een. Hierover schreef De Loos:

De advocaten verschilden in hun optreden onderling veel van elkaar. De advocaat, die ik toegewezen had gekregen, viel erg mee. Hij haalde mij direct in de tweede week na het begin van het proces uit mijn cel om met mij de zaak te bespreken. Van hem vernam ik, dat mij twee feiten ten lasten gelegd zouden worden, nl. verboden wapenbezit en het verbergen van personen, die door de Gestapo gezocht werden. Op elk dezer feiten stond één straf, nl. de kogel. Beiden konden gerangschikt worden onder de zg. sabotageverordening, waarvan de redactie zeer ruim was. De straf in deze verordening omschreven was ook maar één, nl. de kogel. Verder waren er nog tal van aanwijzingen, die mijn positie niet prettiger maakten. Het geheel zag er niet rooskleurig uit. Aangezien ik dit wist, vroeg ik de advocaat maar direct of hij geen sigaretten bij zich had, aangezien mijn celgenooten en ik al in lange tijd niets gerookt hadden. Gelukkig had hij deze bij zich, dus waren wij weer een tijdje uit de brand. Wat de zaak zelf betrof, zou de man zijn best doen. Maar veel hoop had hij niet. Hij zou alles over één boeg gooien, nl. vriendendienst. Misschien kon hij daar iets mee bereiken. Alles kon je deze man natuurlijk niet vertellen, aangezien het toch altijd een Duitscher was. Maar ik moet zeggen, dat hij heel erg zijn best gedaan heeft. Hij heeft ook voor contact met mijn familie gezorgd, hoewel dit voor hem zeer gevaarlijk was. Ook vertrouwde hij mij toe, dat hij in het geheel geen partijman was. Maar ja, je was zoo wantrouwend geworden, dat je aan zoo iets weinig of geen waarde schonk. In elk geval had hij mij die dag een half uurtje afleiding bezorgd, door mij uit de cel te halen. En hij had voor sigaretten gezorgd.

Voor de gevangenen waren de extra's van groot belang, want het was een van de manieren om de moed erin te houden. Een bijzonder verhaal in dit verband is dat van de echtgenote van B.M.C. Braat. De laatste werd op 15 november 1942 gearresteerd, stond samen met Van Lanschot terecht en zou op 20 juli 1943 op de Leusderheide worden gefusilleerd. Mevrouw Braat had voor haar man en zijn celgenoten, onder wie Van Lanschot, iedere zaterdag een rijsttafel gemaakt. De zaterdag nadat haar man was doodgeschoten, kwam de wachtmeester opnieuw met de traditionele rijsttafel. Tot aan hun vertrek zouden Braats vroegere celgenoten van deze ongekende weelde kunnen blijven genieten.

Braat stond terecht in het zogenaamde ID-proces, een aan de OD verwante inlichtingenorganisatie, en ook Piet Bouwense werd in dit proces veroordeeld. Deze Zeeuwse onderwijzer was medeoprichter van de verzetsgroep 'De groep Van Beest', genoemd naar de marinier Fons van Beest. De groep werd in 1942 opgerold, wat een direct gevolg was van de liquidatie van een verrader. 'Deze man werkte voor de Duitsers,' aldus Bouwense, 'en hij was te gevaarlijk om te laten lopen.' Helaas was verzuimd – Bouwense was naar eigen zeggen zelf niet bij de liquidatie aanwezig – om voordat de verrader werd begraven zijn notitieboekje uit de binnenzak van zijn jas te halen. Toen de Duitsers het versgedolven graf ontdekten, vonden ze ook het boekje met een lijst met namen. De bovenste naam luidde: 'Piet Bouwense'. Op 7 augustus 1942 werd Bouwense van zijn bed gelicht. Na een verblijf in diverse gevangenissen en kampen in Nederland, werd hij via kamp Amersfoort als *Nacht und Nebel*-gevangene naar Natzweiler *abgetrennt*. Zijn verzetsvriend Jo Merk, fotograaf in Middelburg, werd vier dagen later opgepakt. Hij stond samen met Bouwense terecht en werd tegelijkertijd met hem naar Natzweiler gedeporteerd.

Er zijn relatief veel personen die betrokken waren bij de OD of aanverwante organisaties naar Natzweiler afgevoerd. Voor ze op transport gingen, zaten ze een periode in het Polizeiliches Durchgangslager Amersfoort (PDA). Vanuit Amersfoort zouden er vijf rechtstreekse transporten met in totaal 232 *Nacht und Nebel*-gevangenen naar Natzweiler vertrekken. Het laatste transport ging eind februari 1944 en bestond uit twaalf man. Een van hen was Steensma. Hij had, nadat hij eerst was verpleegd in het Luftwaffelazaret, al weer een jaar gevangenisleven aan de Weteringschans achter de rug. In Amersfoort verbleef hij een kleine week. Dat was lang genoeg om kennis te maken met de beul van Amersfoort, Joseph Johann Kotälla, die berucht was om zijn sadistische optreden. Zijn slachtoffer was een man die naast Steensma op het appèl stond. Deze werd in zijn kruis en in zijn nierstreek getrapt en zou na deze 'behandeling' later in Natzweiler aan interne bloedingen sterven.

Maar behalve de gevreesde bewakers liet ook de verhouding tussen gevangenen onderling veel te wensen over. Nico Wijnen, die in zijn geboortestad Den Haag deel uitmaakte van de communistische Vonkgroep, schreef in een verslag over zijn oorlogservaringen ten behoeve van het Rijksinstituut voor Oorlogsdocumentatie dat er in Amersfoort 'een absoluut gebrek [was] aan solidariteit en kameraadschap onder de Nederlanders'. 'Karakteristiek voor de Nederlanders was,' aldus Wijnen, 'egoïsme, individualisme van de slechte soort en kankeren. Van 's morgens vroeg tot 's avonds laat ruzies en vechtpartijen en m.i. hebben veel Nederlanders eerst in andere kampen door het voorbeeld van andere nationaliteiten kameraadschap moeten leren.'

In haar boek over kamp Amersfoort onderschrijft Von Frijtag Wijnens observatie. Als gevolg van de verschillende sociale en politieke achtergronden én de verschillende redenen van arrestatie zou er weinig sprake zijn van cohesie binnen de kampgemeenschap. Het is ook de conclusie van De Loos. Hij werd gearresteerd op 22 april 1942 en werd tweemaal in Amersfoort geïnterneerd. De eerste keer was begin november 1942. Over die eerste kennismaking schreef hij: 'De aankomst in Amersfoort was even triest als de reis. Er lag een soort van beklemming over de heele natuur in de omgeving van het kamp. Je kon het gewaar worden aan alles, zoodra je de eerste rij *Postenkette* doorkwam.' En over zijn medegevangenen was De Loos niet al te zeer te spreken. 'Er waren er over het algemeen weinigen, die onder die beestachtige omstandigheden zichzelf wisten

Kamp Amersfoort.

te blijven. Het systeem van het Nazi-monster had hier zijn overwinning bereikt. De eendrachtige wil om te vechten tegen deze invloed was over het algemeen maar zeer summier aanwezig. Onder zulke omstandigheden vierde het menschelijk egoïsme hoogtij. Men zag het in allerlei schakeeringen en kleuren. Het is treurig, maar waar.'

De hernieuwde kennismaking van De Loos met kamp Amersfoort was na het tweede OD-proces, toen hij in afwachting was van zijn deportatie naar Natzweiler. Over deze laatste periode is hij opvallend positief. 'Het verblijf daar in Amersfoort was niet ongezellig. Wij mochten alleen de barak niet uit. Verder konden wij doen wat we wilden. Ik herinner mij, dat we een groote bridgedrive georganiseerd hebben. Verder een schaaktoernooi, en ook humoristische avonden, waar wij allerlei liedjes voordroegen. [...] Ook een klein liedje van Pisuisse, voorgedragen door de Generaal Van de Kasteele. Dat liedje heette "De Fransche gouvernante". Ik heb nooit geweten, dat de Generaal nog zoo coquet een jonge dame na kon doen. Die avonden waren dikwijls zoo gezellig, dat de SS-post in de stube kwam zitten, om mee te luisteren. Jammer, dat de meeste van deze menschen later om het leven zijn gekomen. De Generaal, dr. Krediet, enfin, ik kan wel aan het opnoemen blijven.'

Naast 'plezier' kwamen er ook ernstiger zaken aan de orde. De Loos herinnert zich twee middagen waarop Stuuf Wiardi Beckman sprak over de toekomstige inrichting van het parlement. 'Heerlijk was het om weer eens een toespraak te hooren, die goed in elkaar zat. Dit waren dingen, waar wij behoefte aan hadden. Geestelijk voedsel kwamen wij te kort.' Hieraan werd ook door de geestelijken onder de gevangenen tegemoetgekomen, en als we De Loos mogen geloven werd verzuild Nederland door de gevangenen die in afwachting waren van deportatie naar Natzweiler doorbroken omdat 'allerlei gezindten broederlijk bij elkaar zaten'. En hij vervolgt: 'Het verschil in dogma werd hier overbrugd door de overtuiging, dat wij elkaars steun noodig hadden.' Niettemin was het gedwongen verblijf in de barak een beproeving. 'De laatste dagen van dit verblijf waren het moeilijkst. Algemeen had men er genoeg van. Deze gevoelens kwamen tot uiting, doordat het jeugdige gedeelte van ons hoe langer hoe baldadiger werd. Elke dag gingen er minstens 2 bedden kapot. Dat ging heel gemakkelijk. We hoefden maar met een man of 10 op een bed te gaan zitten. Daar waren ze niet tegen bestand, met het gevolg, dat ze door midden bogen en onbruikbaar werden. Enfin, het was toch maar Lager-eigendom.'

Op 25 oktober 1943 ging De Loos samen met 69 anderen op transport. In dat transport zat ook Cornelis Sisselaar. Sisselaar was een gepensioneerde kapitein der Infanterie. Hij had er onder andere voor gezorgd dat een gedropte geheim agent bij Dan Mulock Houwer – die eveneens naar Natzweiler zou worden gedeporteerd – onder kon duiken. Sisselaar was getrouwd, had zeven kinderen en was bij zijn arrestatie reeds zestig jaar oud. Door De Loos en anderen werd hij *Pa Sisselaar* genoemd. In zijn memoires beschreef De

Loos de, zo zou blijken, laatste ontmoeting van Sisselaar met zijn vrouw, die eerder had plaatsgevonden, toen de groep gevangenen op weg was van het station naar kamp Amersfoort. Op dat moment fietste mevrouw Sisselaar voorbij. 'Sisselaar ging naar den reisgeleider om te vragen, of hij even zijn vrouw mocht spreken. Dit werd toegestaan. Wij stopten allen, en keken naar deze twee menschen, die elkaar nog onverwacht terugzagen. Vijf minuten duurde deze ontmoeting. Vijf minuten, waarin deze menschen hun nabijheid met diepe teugen ingezogen moeten hebben. Vijf minuten, waarvan zij vijf uren gemaakt hebben. En toen kwam het afscheid. Wij moesten verder en mevrouw Sisselaar ging de andere kant op. Later bleek, dat dit een afscheid voor eeuwig was. Pa Sisselaar was te oud om de ontberingen in Natzweiler te kunnen doorstaan.'

Joop van Vonderen schreef op 28 februari 1943 een brief aan zijn ouders, die illegaal uit de gevangenis van Utrecht was uitgesmokkeld: 'Morgen ga ik op transport!!! [...] In welk sanatorium we zullen komen is voor mij ook een raadsel, maar ik maak me nergens dik over. Ik maak me geen illusies, het wordt misschien een zware tijd, maar overdrijven jullie het nu ook weer niet, want ik ben nu eenmaal gezond, kan voorlopig tegen een stootje, weet aan te pakken.' Van Vonderen eindigde de brief met de woorden dat hij zo gauw mogelijk zou laten weten waar hij zat, en drukte zijn ouders op het hart zich niet ongerust te maken; ten slotte zou het allemaal toch niet meer zo lang duren. Van Vonderen kwam achtereenvolgens in Vught, Bochum-Herne, Neuengamme, Natzweiler, Dachau en Ottobrunn terecht. Hij werd in Dachau bevrijd.

Carel Witmond voor zijn arrestatie.

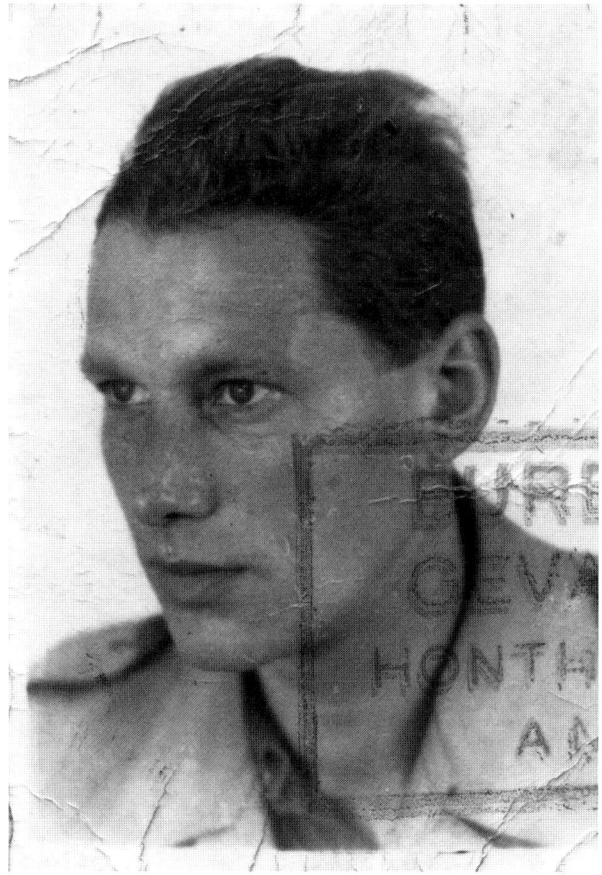

Arie van Soest kort na zijn terugkeer.

HOOFDSTUK 2

Nacht und Nebel

Aankomst in Natzweiler

De groep waarmee Witmond en Van Soest naar Natzweiler gingen, bestond uit 83 gevangenen, van wie er 40 op 10 juli 1943 in Natzweiler aankwamen, en 43 op 11 juli 1943. Van het transport van 10 juli, overleefden vijftien Nederlanders de oorlog niet. Onder hen bevond zich een landbouwer, een kassier op een effectenkantoor, een schrijver bij de PTT, een student, een slagersbediende, een grondwerker, een machinist, een krantenbezorger, een carrosseriebouwer en een glasblazer.

Tijdens de treinreis leerde Witmond de beginselen van het bridgen van Engelandvaarder Ernst Sillem. Over de aankomst in Natzweiler schreef hij in zijn herinneringen uit 1999:

> De trein stond amper stil of er kwamen al SS'ers met honden aan. Zij schreeuwden 'Heraus' en sloegen ons de klaarstaande vrachtwagens in. In een mum van tijd stonden we nauw opeengepakt in de laadruimte. Bij de klep zaten de SS'ers met het geweer in aanslag. We hadden niet verwacht dat ze de rode loper voor ons zouden uitleggen maar dat de ontvangst zo zou zijn had niemand van ons zich voorgesteld. Het was een korte tocht, waarbij we merkten dat we omhoog gingen. Opeens stonden de wagens stil, de SS'ers sprongen van de wagens en onder hard schreeuwen en met vele klappen werden we het kamp in gedreven. We moesten ons opstellen in rijen van vijf en werden geteld. Het aantal gevangenen klopte en we moesten naar de 'Schreibstube', waar we werden ingeschreven. Daarna naar de 'Bekleidungskammer', waar we weer alles konden afgeven wat we bezaten, inclusief het schamele stuk brood dat ik nog bewaard had uit het uit Vught meegekregen pakje.

Ook Carel Steensma werd alles afgenomen toen hij in Natzweiler arriveerde. Hij vertelt dat hij gek genoeg het meest ontdaan was toen ze hem zijn kam ontnamen. 'Het was zo'n klein zakkammetje en toen barste ik ineens uit: "Is dat nou feindgefährlich?" Voor dat kammetje wilde ik ineens mijn best doen om het te houden. Die kerels zullen zich wel rot hebben gelachen, want binnen een kwartier had ik geen haar meer op mijn hoofd.'

Steensma deed een poging om zijn allerlaatste bezit te behouden. Dat gold niet voor de Delftse student Frans de Bordes. De Bordes was in augustus 1941 gearresteerd omdat hij lid was van de Ordedienst. Na zijn arrestatie zat hij achtereenvolgens in Scheveningen en Amersfoort en werd van daaruit naar Buchenwald gedeporteerd. Over Buchenwald vertelde hij in 2004: 'Ik zie me nog in zo'n dun katoenen jasje in de sneeuw en de nevel staan te hakken. Iedereen had altijd gezegd dat de hel warm was, maar de hel moet koud zijn, want iets ergers dan dit bestaat er niet.' In maart 1944 ging De Bordes met een groep andere Nederlanders op transport naar Natzweiler. Bij aankomst had hij nog één ding bij zich: zijn zakmes. 'Dat werd me toen afgepakt,' herinnerde De Bordes zich een kleine zestig jaar later, 'en toen had ik helemaal niks meer. Ik voelde me gek genoeg ineens heel opgelucht. Ik had niks meer, maar ik had ook niks meer om voor te zorgen. Het maakte me gek genoeg gelukkig.'

Wellicht heeft het verschil in reactie tussen Steensma en De Bordes te maken met het feit dat de laatste al een Duits concentratiekamp achter de rug had en wist hoe moeilijk het was om in die omstandigheden persoonlijke bezittingen te hebben, of beter, ze te behouden. Steensma was rechtstreeks vanuit Nederland naar Natzweiler gedeporteerd.

Henk Luttikhuizen had zich tijdens de bezetting aangesloten bij de Nederlandse Volksmilitie (NVB). Hij ging, onder anderen samen met Steensma, op het laatste transport van eind februari 1944 van Amersfoort naar Natzweiler. In een terugblik schreef hij over zijn aankomst:

> Van Straatsburg gingen we met een lokaaltreintje naar Rothau. Nadat we uitgestapt waren werden we met ruw geweld in een gereedstaande auto gedreven. Het was een kleine gesloten vrachtauto, een opel-blitz, er lagen veel ski's in, die zoals ik later wel gemerkt heb, beslist niet voor de gevangenen bestemd waren. Aan het geluid van de motor hoorde ik dat de weg steil omhoog liep. Ik stond met mijn gezicht bij het luchtrooster en zag steeds meer sneeuw. Voor de poort moesten we uitstappen. Wat een troosteloze omgeving. Ik zag een groep gevangenen buiten de poort werken, waarschijnlijk Fransen. Er werd geschreeuwd en vreselijk geslagen. Op dat moment zei ik tegen mijn lotgenoten: 'Zouden onze gefusilleerde makkers wel slechter af zijn dan wij.' Wat stond ons wel te wachten. Eerst naar het 'Waschraum', met een klein beetje vunzig water. Daar werden we in kamptenue gestoken. Onze eigen bezittingen werden opgeborgen. [...] Mijn tandenborstel kon ik redden, die heb ik later met een zigeuner geruild voor een stuk brood. Ik kreeg 'Holzschuhe' die me, gezien mijn maat 46, natuurlijk te klein waren. In het 'block' heb ik er de neuzen uitgesneden.

Steensma herinnert zich eveneens de ski's op de bodem van de vrachtwagen. Het maakt het bij-

Konz.-Lager Natzweiler
Konzentrationslager Effektenverwaltung
Gefangenen-Eigentumsverwaltung

Häftl.-Nr. ~~5596~~ 103129

Effekten-Verzeichnis

für den .... -Häftling de Loos, Dirk

geb. am .... zu .... Eingel. am: ....

..... Hut/Mütze	..... Binder	..... Füllhalter	1 Buch
..... Paar Schuhe/Stiefel	..... Halstuch/Schal	..... Schlüssel	1 Brotbeutel
1 „ Strümpfe	..... Paar Handschuhe	..... Feuerzeug	2 Messer
..... „ Gamaschen	..... Arbeitsanzug	..... Rasierzeug	
..... Mantel, Sommer/Winter	2 Handtuch	..... Aktentasche (mit Inhalt lt. besonderem Verzeichnis)	**Wertsachen:**
..... Rock ..... Kittel	..... Manschetten-Knöpfe	..... Koffer	..... Taschenuhr, gelb/weiss mit Kette, gelb/weiss
..... Hose	..... Brieftasche m. Papier.	..... Paket	..... Armbanduhr, gelb/weiss m. Lederband/Metallband
..... Weste	..... Inv.-Vers.-Karte	Verschiedenes:	..... Ehe-, Siegel-Ring, gelb/weiss mit Stein
..... Pullover ..... Strickw.	..... Arbeitsbuch	1 P. Pantoffel	
1 Hemd	..... Wehrpass	4 Taschentücher	
..... Unterhose	..... Ausschliessungsschein	1 Geldbörse	
..... Kragen	..... Drehbleistift	1 Schlafanzug	

Ich erkenne vorstehende Eintragungen als richtig an:

K. L. den 28.10.43

(Unterschrift des Häftlings)

Für die Richtigkeit:
Gefangenen-Eigentumsverwaltung:

Bemerkungen: ....

KL/52/4.43 500.000

Lijst bezittingen in Natzweiler van Dirk (Bekkie) de Loos.

zonder moeilijk om te blijven staan met zijn rechterbeen, dat nog niet was genezen.

Toen de militair G.W. van Dedem, die net als vele anderen was veroordeeld in het tweede OD-proces, in Natzweiler uit de vrachtauto stapte, zag hij hoe een Russische jongen met een voorhamer op het hoofd werd geslagen door een SS'er. De jongen was dood. Een medegevangene zei toen: 'Ik geloof dat dit een heel slecht kamp is. Ik geloof niet dat wij dit overleven.' En Floris Bakels had algauw de meer dan grimmige sfeer geproefd toen hij op het perron in Rothau aankwam. Er stonden SS'ers met het geweer in de aanslag die de gevangenen na een woeste tocht omhoog het kamp in jaagden:

> De 'Emfangszeremonie' was veel erger dan die in Amersfoort een jaar tevoren. Ik begreep: dit is een dodelijk KZ. Naakt uitkleden, alles afgeven behalve brillen en prothesen. Hoofdhaar, okselhaar, schaamhaar weg, met ouderwetse scheermessen en botte tondeuses die ook haren uitrukten en wonden maakten. Lysol erover. Kampkleding: een soort hemd, een soort onderbroek, een jas, een broek (geen streeppakken), voetlappen, houten kleppers. Twee rode driehoeken met een H erop gestempeld, twee lappen met een nummer; het mijne was 4381. Driehoeken en nummers moesten wij zelf opnaaien op de linkerborst en de rechter broekspijp, midden op de dij. Onze pakken waren met brede rode verfstrepen beschilderd, op de rug een kruis, NN aan weerszijden ervan en ook vóór op de dijen. Al deze formaliteiten, die uren duurden, gingen vergezeld van het gebruikelijke gekrijs, vuistslagen, knuppelslagen, trappen. Diep rampzalig, onze koppen vlekkerig gemillimeterd, het geschoren voortplantingsorgaan stekend van de lysol, ondergoed vol scheuren en gaten, de jas te nauw, te kort, de broek tweemaal te wijd, tweemaal te kort, zonder riem om hem op te houden; de lompen zo goed mogelijk om de voeten gewikkeld, struikelend op de veel te kleine, meestal defecte kleppers, elkaar niet of met moeite herkennend, ijlden we naar de appèlplaatsen, waar men ons de exercitie bijbracht.

De gevangenen die al een of meer Duitse kampen achter de rug hadden, konden de omstandigheden met elkaar vergelijken en dat deden ze dan ook. Don Bamberg had net als De Bordes eerst in Buchenwald gezeten. Tijdens de meidagen van 1940 was hij ingedeeld bij het keurkorps grenadiers op Waalsdorp. Van de capitulatie herinnert hij zich de opgekropte woede, de tranen terwijl hij en zijn collega's de geweren tegen de muur kapot sloegen en de machteloosheid bij het zien van het brandende Rotterdam. Tot aan zijn arrestatie in 1941 verrichtte Bamberg spionagewerkzaamheden. Via Buchenwald werd hij in maart 1944 op transport naar Natzweiler gesteld. In de nacht voorafgaand aan zijn vertrek zat hij in het zogenaamde *Transportblock*. Hier waren geen tafels of banken en de gevangenen waren op de houten vloer aangewezen als ze wilden zitten. Er waren ook geen bedden, matrassen en dekens. Na een zeer oncomfortabele nacht, stond het transport van 72 man op de appèlplaats waar 'nog honderden handen gedrukt en goede wensen werden uitgewisseld'. Toen begaf de colonne zich in marstempo naar de poort. 'Bij de poort van het Lager aangekomen, draaide ik nog een keer mijn hoofd om. Ik voelde een brok in mijn keel. Het was vandaag 2 maart 1944. Ik was precies honderdnegenenvijftig dagen in Buchenwald geweest. Ik keek voor het laatst naar het zware hekwerk waarin 'Jedem das Seine' in grote smeedijzeren letters was aangebracht. Ik had nooit kunnen denken, dat ik nog eens met weemoed afscheid zou nemen van een concentratiekamp.'

Het wisselen van het ene naar het andere kamp is door gevangenen als zeer moeilijk ervaren. Het betekende dat eerdere vriendschappen en netwerken verloren ging, evenals de opgedane kennis van de routine in het kamp en de karaktereigenschappen van de bewakers. In een nieuw kamp stond een gevangene weer onder aan de kamphiërarchie en moest hij zich opnieuw invechten. Bamberg vond Buchenwald in vergelijking met Natzweiler een 'sanatorium', een conclusie die hij ook duidelijk aan de lichamelijke conditie van de gevangenen in Natzweiler meende te kunnen aflezen. ''s Avonds na het eten in het Block maakten wij kennis met de Hollanders die al vele maanden eerder als NN'ers naar Natzweiler waren getransporteerd en die de beruchte Natzweiler winter in al zijn grimmigheid reeds hadden meegemaakt. Deze mannen zagen er als geheel, beduidend slechter uit dan wij, die uit Buchenwald kwamen. Men kon aan hun getekende, sterk verweerde, gezichten zien, dat zij een keihard en primitief bestaan moesten leiden. In Natzweiler was het werk immers niet gericht op rendement, maar op uitroeiing. En dan het klimaat! Het weer in Natzweiler was moordend en zelfs 's nachts onder de dekens kon ik niet echt warm worden. Misschien was Buchenwald inderdaad een Erholungsheim [herstellingsoord] vergeleken met Natzweiler.'

Bamberg zou slechts een week in het hoofdkamp blijven. Toen werd hij naar een buitencommando in Sennheim gestuurd. Daar had hij het naar omstandigheden prima naar zijn zin. Hij moest weliswaar hard werken, maar er was behoorlijk te eten, de gevangenen werden redelijk behandeld en het klimaat was mild. Aan deze redelijke luxe kwam na vijf weken een einde. Bamberg ging opnieuw naar het hoofdkamp, dat – het was intussen half april – nog steeds onder een dikke laag sneeuw lag en waar de zon niet in staat was om de vrijwel altijd aanwezige nevel te laten verdwijnen. Bij aankomst waaide een ijzige wind, die de gevangenen uit Sennheim als juffershondjes deed beven.

Janus Ritter bevestigt in zijn herinneringen het beeld dat Buchenwald in vergelijking met Natzweiler een 'goed' kamp was. Net als Bamberg nam Ritter in maart 1944 met 'lede ogen' afscheid van dit kamp. 'Na ons luie leventje in Buchenwald was de overgang naar Natzweiler wel zuur.' Maar zo voegde Ritter er aan toe, 'gelukkig voltrok zich ook hier na verloop van tijd een zelfde verbeteringsproces als wij in Buchenwald reeds meege-

De poort van Buchenwald.

maakt hadden, en toen wij in september [1944] dit kamp verlieten, was het toch weer met een gevoel van spijt om het betrekkelijk goede leven daar te moeten verlaten met een toekomst van onzekerheid en van strijd om weer een nieuwe positie te veroveren.'

De meeste *Nacht und Nebel*-gevangenen werden naar Natzweiler gestuurd, maar er gingen ook een aantal – Hans de Vries van het NIOD spreekt van enkele honderden – naar Gross-Rosen. Dit kamp is door voormalige gevangenen beschreven als zeer zwaar. Naast het feit dat beroepsmisdadigers en zogenaamde asocialen er de dienst uitmaakten, liet de hygiëne veel te wensen over, was er weinig te eten en was het werk buitengewoon zwaar. Als gevolg van de kamphiërarchie kregen 'de politieken' het rottigste werk. Van de honderdvijftig Nederlandse gevangenen die half mei 1942 naar Gross-Rosen werden gedeporteerd, waren in de zomer nog slechts veertig in leven. Half oktober van hetzelfde jaar leefden er nog slechts negen. Naar de laatste schattingen zijn er zo'n 423 Nederlanders – onder wie joden en niet-joden – in Gross-Rosen gestorven, en dat is gezien het totale aantal Nederlandse gevangenen dat in dit kamp gevangenzat, bijzonder hoog.

Herman Fontijn was een van de Nederlandse gevangenen die in Gross-Rosen terechtkwam. Fontijn was de oudste zoon uit een katholieke slagersfamilie in Amsterdam en nam deel aan de eerdergenoemde verzetsgroep die overwegend uit katholieke middenstandsjongeren bestond en die zichzelf het Nederlandse Oranje Leger (NOL) noemde. Het NOL plande sabotageacties, maar het uiteindelijke doel was om naar Engeland te gaan. Dit plan werd verijdeld, want op 30 juni 1941 werd de hele groep van 42 man als gevolg van verraad gearresteerd. Fontijn werd via Buchenwald naar Gross-Rosen gedeporteerd, vanwaar hij na enige maanden naar Natzweiler werd doorgestuurd. Hij belandde er via een omweg, want als gevolg van een ernstige wond aan zijn been – hij had zichzelf door zwakte en oververmoeidheid met een houweel in zijn been gehakt en dat was als een luchtballon opgeblazen – maakte hij een tussenstop in Dachau. In zijn herinneringen van 1995 schreef Fontijn dat Natzweiler minder erg was dan Gross-Rosen. 'Het eten was slecht, maar beter dan de koolraap in Gross-Rosen. Tussen de middag werd er gerust [ook Fontijn werkte in de steengroeve] en werd op het arbeidsterrein soep rondgedeeld. En je kreeg als "schwere Arbeitszulage" twee sneetjes brood, een flintertje margarine en een schijfje worst (nou ja, worst) extra. En, wat heel belangrijk was, je was natuurlijk een "ervaren" gevangene geworden. Je wist beter hoe je je moest gedragen en hoe je je kon "drukken".'

Toch wil Fontijn wil niet de indruk wekken dat het na Gross-Rosen 'nogal meeviel' en stelt zich dan ook de vraag of er 'wellicht een betere schrijver voor nodig [is] om de stemming van doorlopende angst weer te geven'. Maar misschien viel het voor Fontijn na Gross-Rosen inderdaad mee. Hij had het geluk dat hij na enige tijd in de steengroeve werd aangesteld als *Sanitäter* [verpleger],

Herman Fontijn veertien dagen voor zijn arrestatie in juni 1941.

wat een vrij uitzonderlijk baantje was voor een NN-gevangene. Vanaf dat moment mocht hij zijn kampkleren met het rode kruis op de rug en rode strepen op de broek inleveren en kreeg daarvoor in de plaats een lichtgestreept gevangenispak, een overhemd en leren schoenen (!). Behalve deze materiële vooruitgang was hij in zijn nieuwe functie, naast het eigenlijke verpleegwerk, belast met het uitdelen van de middagmaaltijd en was hij verantwoordelijk voor het opruimen van de maaltijden van de SS'ers. Hierdoor had hij de kans om voor zichzelf en andere gevangenen extra voedsel te verzamelen. Fontijn heeft in deze functie velen kunnen helpen.

Bamberg, die pas na de evacuatie van Natzweiler, in september 1944, in Gross-Rosen terechtkwam, schreef in zijn herinnering dat men in Gross-Rosen 'meer dan ergens anders [kon] ondervinden, wat het betekende om als politieke gevangenen overgeleverd te zijn aan beroepsmisdadigers'. En hij vervolgde:

> Elk kamp zou met glans de proef met Gross-Rosen hebben doorstaan, omdat hier, in dit meest primitieve kamp, niet alleen elke vorm van hygiëne ontbrak, maar omdat zoals gezegd, de Kapo's, de Blockältesten, de Stubendienst en letterlijk iedereen, die ook maar iets te vertellen had, allen zonder uitzondering, gedegenereerde Poolse beroepsmisdadigers waren, die onophoudelijk erop uit waren om ons 'Roden' te vernietigen of tenminste te kleineren en te pijnigen. Het eten was hier ontstellend slecht en karig. De leidende Poolse misdadigerskliek zorgde

ervoor, dat wij slechts een fractie kregen van de toch al minieme porties, die ons in feite toe kwamen. [...] Het was voor ons, die iets afwisten van de verschrikkelijke reputatie van Rogosnica – zoals de Polen Gross-Rosen noemden – een enorme schok, toen wij beseften, dat wij in dit kamp terecht waren gekomen. Er zou een wonder moeten gebeuren wilden wij Gross-Rosen overleven.

Leven in Natzweiler

Kamp Natzweiler en de steengroeve zijn onlosmakelijk met elkaar verbonden. Hier werd het zeldzame rode graniet gewonnen dat Albert Speer wilde gebruiken voor Hitlers bouwwerken. De productie, die allerminst winstgevend was voor de Deutsche Erd- und Steinwerke, werd onder zware omstandigheden uitgevoerd door de gevangenen. Van Mesdag vertelde in 2003 hoe het in de steengroeve toeging. 'We stonden dan tegen een rotswand die kaal was. Daar werden gaten in geboord waar springstof inging. Nadat het spul tot ontploffing was gebracht kreeg je te maken met losse rotsblokken en heel veel gruis en puin dat in de kiepkarren – van die tapse karren – moest worden geladen. Als de karren vol waren, dan riep de voorman dat ze weg konden, ze werden aangeduwd en een halve kilometer verderop omgekiept. En dan begon het werk van voren af aan. Vanaf zeven uur, halfacht 's ochtends tot aan de avond met een middagpauze van drie kwartier.'

Tijdens de middagpauze werd er dunne soep uitgedeeld, en twee sneden brood. Nadat Van

Don Bamberg kort na zijn terugkeer.

Mesdag had gegeten, legde hij zijn hoofd op de betonnen vloer en sliep in. Hij kan het zich nu niet meer voorstellen, maar toen kon hij dat.

Het is niet te zeggen hoeveel gevangenen als gevolg van het zware werk in de steengroeve zijn gestorven, maar het moeten er veel geweest zijn. De combinatie van zeer zwaar werk, verwondingen en te weinig eten was eenvoudigweg funest. Daar kwam het getreiter van de kapo's dan nog eens bij. Bamberg:

> Herman [de Limburger Herman Frohlings] en ik werden aan de lorries gezet. 'Los, macht die Loren voll.' De losse stenen die overal in het rond lagen moesten zo snel mogelijk in de wagens worden geladen. Het eerste kwamen de stenen, die door het springen op het smalspoor terecht waren gekomen aan de beurt, omdat deze de lorries naar de steenbreker versperden. Hierna kwamen de stenen aan de beurt, die door de pikhouwelen zouden worden losgehakt. De brokstukken, die te dragen waren, werden in de wagens gesmeten, terwijl de grote rotsen van de rails werden gerold, waarna zij door de Vorschläger klein werden geslagen. Ik merkte, dat de Kapo de gevangenen die aan de lorries werkten, scherp in het oog hield of zij niet te kleine stenen oppakten en het nodige tempo hadden. Daarom besloot ik maar om hem geen kans te geven en zocht een grote steen uit om naar de wagen te dragen. Ik had mij echter aan het gewicht verkeken. Hij was veel zwaarder dan ik dacht, Ik liet hem daarom liggen en nam een kleinere. 'Liegen lassen und den anderen nehmen,' hoorde ik de Kapo roepen, terwijl hij mijn richting opliep. Ik liet de steen, die ik al in mijn handen had vallen, en liep terug naar de grote. Met alle kracht die ik had, tilde ik de steen van de grond en schuifelde er behoedzaam mee naar de wagen. 'Los, schneller, Mensch, schneller,' brulde de Kapo, terwijl hij mij een trap verkocht. Hierdoor raakte ik uit balans, zodat ik de zware steen moest laten vallen. 'Los, aufheben und etwas Bewegung, sonst hau ich dir die Nase voll, du Dreckschwein.' Weer tilde ik de steen op. Hij leek intussen zwaarder geworden en ik liep zo snel als ik kon naar de lorrie. Ik kon hem echter niet hoog genoeg tillen om hem over de rand te krijgen. Herman zag dit en hielp een handje. 'Halt,' brulde de Kapo. 'Das sollst du alleine machen, ganz alleine, du müdes Arschloch.' Hij dwong ons de steen uit de lorrie te halen en toen deze op de grond lag brulde hij: 'Und jetzt los, den Stein in die Lore schmeisen, aber etwas dalli und ganz alleine.' Voor de derde keer tilde ik de zware steen op. Met de kracht der wanhoop probeerde ik nu deze hoog genoeg te krijgen om hem op de rand te leggen. Mijn spieren trilden van inspanning. Ik had de steen nu zover, dat hij met de uitstekende kant op de rand lag. Ik drukte met mijn hele lichaamsgewicht tegen de steen om hem verder te rollen. Bijna was het gelukt, totdat de Kapo mij een nieuwe trap verkocht, waardoor ik uit balans raakte en de steen weer op de grond plofte. 'Du willst wohl schon am ersten Tag im Steinbruch durch 'n Kamin, was? du traurige Vogelscheuche.' Ik kreeg een daverende oorvijg van de Kapo, die mij sterren deed zien. De linkerhelft van mijn gezicht leek verdoofd op mijn oor na, dat pijn-

> lijk begon te steken. Deze Kapo was er kennelijk op uit om mij kapot te maken. Ik kende zijn systeem. Elke dag moesten er een paar doden zijn. Voldeed hij niet aan deze opdracht, dan zou hij worden vervangen door een Kapo die harder was. Ik zou hem de lol niet gunnen. Weer liep ik naar de steen. Mijn woede verleende mij reuzenkracht. Ik pakte de steen op en drukte hem meteen omhoog over de rand. Weer trapte de Kapo naar me maar deze keer was ik erop bedacht. Ik hield de steen vast en duwde hem met één ruk over de rand. De steen donderde in de lorrie. 'Na also, warum nicht gleich?' grijnslachte de Kapo. Hij liep bij me vandaan om een ander, zwakker slachtoffer te zoeken. De dichte nevel maakte dat je hem alleen als een schim bleef zien. Een spookachtig gestalte zonder gezicht.

Het sadisme van de kapo's en andere figuren die zich een positie binnen de kamphiërarchie hadden veroverd, leidde niet zelden tot de dood van een gevangene. Zo zou de Nederlandse kolonel F.B.A. Jansen door de kapo Willy Heimig – Nico Wijnen zou later de bewering dat Heimig de boosdoener was weerspreken – van een hoge betonnen buitentrap zijn geschopt omdat hij als gevolg van zijn leeftijd en de reeds doorstane kampontberingen niet snel genoeg liep. Hij had een zware hoofdwond en waarschijnlijk een hersenschudding en zou een paar dagen later aan zijn verwondingen overlijden. Hij was niet het enige slachtoffer van bruut geweld. Justines de Josselin de Jong uit Arnhem werd op 8 maart 1944 doodgeknuppeld tijdens het sneeuwruimen en Joseph Meertens, een koffiebrander uit Luik, overleed als gevolg van een harde stoot van de *Blockälteste* waardoor hij tegen een betonnen wasbak aan viel. Hij had het gewaagd om zijn beklag te doen over het gedrag van de *Stubenälteste* die hem had berispt over het feit dat er een knoop aan zijn jas ontbrak. De Utrechtse H.C. van Renes werd door een SS'er in de rug geschoten omdat hij zich zonder het te vragen drie meter buiten de werkplaats begaf om zijn behoefte te doen, en de dierenarts Van den Berg en luitenant-kolonel Teding van Berkhout werden het slachtoffer van de beten van de kamphonden die op hen af waren gestuurd omdat ze vielen terwijl ze met zware kruiwagens over onbegaanbare paadjes moesten rennen. Roessingh was er getuige van dat de uit Voorburg afkomstige Schwencke door een voorwerker werd doodgeslagen.

Eén pesterij is in het collectieve geheugen van de ex-gevangenen van Natzweiler gegrift. Dit was het zogenaamde 'mutsen gooien'. Dat ging zo: een bewaker pakte een muts af en gooide die een eind weg in de hoop dat de gevangene erachteraan zou rennen. Als dat gebeurde dan had de bewaker de mogelijkheid de ongelukkige *auf der flucht* neer te schieten en kon op die manier verlofdagen verdienen plus een fles drank. Hoe vaak dat in werkelijkheid is gebeurd, is niet meer vast te stellen, feit is wel dat nieuwkomers voor deze praktijken werden gewaarschuwd.

De dood lag in Natzweiler constant op de loer of in de woorden van Wijnen. 'De dood is een lugubere komediant, die nu deze, dan gene gestalte

Een kapo controleert de gevangenen (tekening van Henry Gayot).

aanneemt. De gevangenen hebben hem al op vele wijze ontmoet: de dood in de elektrische draadversperring; de dood door ondervoeding en uitputting; door tyfus, dysenterie; doodgeslagen, doodgetrapt; de dood voor het vuurpeloton of aan de galg. Maar welke gestalte hij ook aanneemt, zij herkennen altijd de bleke magere acteur.'

Om zo min mogelijk risico te lopen was het zaak je als gevangene zo goed mogelijk aan de kampregels te houden en dit waren er vele. Het begon 's ochtend met de zogenaamde *Bettenbau*, waarbij het erom ging dat de bedden zo strak mogelijk waren opgemaakt. De marinier Jan Veenendaal stond dit dagelijkse ritueel jaren later nog scherp voor de geest:

> Je strozak was gedeformeerd tot kleine stukjes strohalm door het vele gebruik. Het was vormloos, met hier een bult, daar een gat. Evengoed moest het eruit zien als een biljartlaken, dus het werd schudden geblazen en de zaak met je handen verdelen, zó, dat je een zuiver recht en glad bovengedeelte had. Dan moest je de zijkant opkloppen zodat het een haaks geheel werd. Dus één hand óp de zak en met de andere de zijkant recht zien te krijgen. Als dat gebeurd was ging je je deken vouwen en ook dat moest nauwkeurig gebeuren, van alle kanten recht en niets mocht uitsteken. Als je dat dan was gelukt en je aan je kussen ook de nodige zorg had besteed, legde je je deken voorzichtig voor je kussen. Daarbij moest je zorgen dat de strepen van je deken in één lijn lag met de andere bedden. Je corrigeerde dan elkaar van: jij iets omhoog/omlaag enz. Ieder blok had z'n eigen SS-Führer. Heel vaak kwam hij dan de slaapstube binnen en controleerde de bedden. Als het hem niet zinde smeet hij alles van de bedden af en werd je naar binnen gejaagd en kon dan opnieuw beginnen.

Na het opmaken van de bedden volgde het appèl. Daarover schreef de advocaat en latere historicus Abel Herzberg in zijn herinneringen aan Bergen-Belsen het volgende: 'Niemand heeft ooit begrepen, welk praktisch nut die appèls, die zoveel gevangenen hebben gesloopt, ooit konden hebben. [...] Het appèl was allereerst een opzettelijke kwelling. Maar het was, naar mij voorkomt, voor de SS nog iets anders dan dat, en het is goed dit te weten. Zij telden hun prooi, zoals een vrek zijn geld, met zinnelijke vervoering en opwinding. Het appèl was hun heilige handeling, een zich bedrinken aan de omvang van hun macht met onverzadigbare dorst. Het is geen beeldspraak als men zegt, dat het appèl voor hen religieuze betekenis had, en dat het appèlterrein hun tempel was.'

Het appèl als heilige handeling, het appèlterrein als tempel waar, om in Herzbergs termen te blijven, de gevangenen werden gestraft en geofferd. Hans Teengs Gerritsen herinnerde het zich als volgt:

> Het appèl werd aangekondigd door een klok die aan een der barakken hing. Terstond stroomde het van alle kanten gevangenen. Ook kwamen ze de poort door marcheeren, later bleken dat de Steinbruch-menschen te zijn, waar ik ook bij zou hooren.

Jan Veenendaal bevrijd door de Amerikanen, 29 april 1945.

Ieder plateau werd gevuld met de inwoners van de zich aldaar bevindende barakken. Alles in rijen van ik geloof, tien diep. Precies achter elkaar en alle op militaire wijze gecommandeerd, maar natuurlijk Duitsche commando's, Duitsch was trouwens de eenige taal die in het kamp gesproken mocht worden. Het hoofd van ieder plateau telde z'n menschen en als het klopte, ging hij voor z'n troep staan, om straks als een ss'er voorbij zou komen de troep te melden, waarna zij samen nogmaals telden. De ss'er teekende op z'n lijst het aantal en rapporteerde dit weer bij de commando- Führer, die op het bovenste plateau het geheele appèl afnam. Nadat alle ss'ers zich bij hem hadden gemeld en het aantal klopte, commandeerde de commando-Führer het geheele kamp. Dit ging als volgt. In afwachting van de commando-Führer met z'n medeplichtigen of staf, stond alles 'plaats rust'. Was hij in aantocht, dan brulde de Lagerälteste: [...] 'Geeft acht, 'Mutzen...ab', als hij zei: 'Mutzen', dan deed je je hand bij je baret en klaar om hem af te nemen, als hij zei: 'Ab', dan met een ruk afnemen. Het ging op het laatst als bij een garderegiment. De commandoführer deed na het melden van de ss'ers dat het aantal klopte, nog eenige commando's erbij. 'Die Augen links', hoofd links, 'die Augen rechts', hoofd rechts.

In Natzweiler gebeurde het met enige regelmaat dat bij het aantreden van de gevangenen de galg klaarstond en er iemand werd opgehangen. 'Als afschrikwekkend voorbeeld moesten we kijken,' schreef Luttikhuizen, en hij constateerde dat ze kennelijk zo'n machtig instinct tot zelfbehoud hadden dat ze keken en niet bezweken. Deze observatie wordt bevestigd door Veenendaal. Hij sprak van een zesde zintuig waarmee je moest overleven. 'Je ziet en je ziet niet. Als je je emoties laat gaan, ga je er onderdoor. Je beleeft het, en stopt het weg. Je hersens zijn net een fototoestel. Je neemt opnamen, honderden, ja duizenden, maar je laat de film niet ontwikkelen en afdrukken. Dat bewaar je tot de bevrijding en als je dan allang thuis bent, laat je ze afdrukken en bekijk je ze.'

Con Broers gaf in 1946 een zeer nauwkeurige beschrijving van de ophangingen waarvan de gevangenen in Natzweiler getuige waren:

> Deze ophangingen, vaak meerdere tegelijk, hadden meestal plaats op Christelijke feestdagen. Tot dit doel werd op de appèlplaats één of meer galgen opgericht in de daarvoor bestemde vierkante betonnen gaten. Onder de galg was een kist geplaatst, waaraan een pedaal verbonden door een veerconstructie, die het deksel van de kist deed wegklappen, wanneer op het pedaal getrapt werd. De te executeeren gevangene werd op de kist geplaatst, de handen met stalen boeien op den rug geboeid. De beul, een gevangene, legde de strik om den hals en bevestigde het andere einde van het koord aan den daarvoor bestemden ring. Nu kwam de ss-beul, de Scharführer van den bunker, wiens naam ik helaas vergeten ben, daar het een gewetenlooze schurk was, en trapte het pedaal in, waardoor de kist openklapte en de gevangene naar beneden stortte. Meestal was het slachtoffer direct dood. Daarna moest het geheele kamp langs den gehangene marcheeren en hiermee was de executie afgeloopen. Gedurende het geheele verloop waren de hooge ss-autoriteiten aanwezig, in ieder geval Kommandant, Schutzhaftlagerführer en Lagerarzt.

De ergste ophanging was volgens Broers die van een Poolse jongen: 'Hier had een executie plaats op specialen last van den Führer, zooals de Kommandant met nadruk zeide, van een Poolsch partizaan. Toen de gevangene naar beneden stortte, schoot de strik los en de gehangene kon net met zijn teenen den grond bereiken. Het was een verschrikkelijk gezicht te zien hoe de man langzaam door den strop gewurgd werd. Na eenig overleg werd de man opgetild en het koord weer hoog genoeg vastgemaakt, waarna men hem aan zijn lot overliet. De verstikkingsdood die hierop volgde, trad na een afschuwelijk lijden van langer dan een half uur in. De ss, die de toenemende onrust en verontwaardiging van het toeschouwende kamp bemerkte, trok de pistolen en joeg iedereen de barakken in, waar, het was het middaguur, snel gegeten moest worden. Bij het weer uitrukken weer langs de galg komende, zag ik dat de man nog niet dood was.'

Het is deze ophanging die ook De Bordes nooit zal vergeten. 'Als je nou vraagt naar details,' zei hij in 2004, 'dan is er één gebeurtenis die me altijd bijblijft. Het was toen we allemaal moesten toekijken hoe een medegevangene opgehangen werd. Daar heb ik het nog altijd moeilijk mee. Hij werd langzaam opgehangen. Hij hing nog te spartelen. Vreselijk! Vreselijk!! Enfin...' zo besluit De Bordes na een korte geëmotioneerde stilte, 'we hadden natuurlijk ook onze goede momenten als vrienden onder elkaar.'

De Duitsers voerden hun misdaden bij voorkeur op christelijke feestdagen uit. Zo ook op 25 december, eerste kerstdag, 1943, toen de galg klaarstond en kampcommandant Kramer zou hebben gezegd: 'Meinetwegen bäumelt ihr alle.' Bakels herinnerde zich hoe die dag verliep: 'We aten al om elf uur, dikke macaronisoep, die zowaar naar kaas smaakte. Daarna appèl en ... luizencontrole. Op Kerstmis wordt onderzocht of we luizen hebben. Ieder moet spiernaakt voor de *Stubenälteste* verschijnen, die met stokjes onder het geslachtsapparaat prutst. Vreemde wereld. Om vier uur kregen we een half brood met jam. Verder twee opgehangen mensen die een *Fluchtversuch* hadden gedaan. Moord op Kerstmis. Het hele kamp moest aantreden en toezien. Het geeft een zekere voldoening het Duitse beest in zijn volmaaktheid te zien. We vergeten het weer gauw: verdedigend verhardingsproces. Vervolgens aardappelen met haché, weinig maar lekker. Tien minuten na een gruwelijke executie – zoals zij spartelden – eten wij aardappelen.'

Wanneer het ging om de verharding binnen de kampgemeenschap, spaarde Bakels zichzelf niet. Toen hij was opgenomen in het *Revier* blies op een gegeven moment een Nederlandse gevangene in het bed naast hem zijn laatste adem uit:

> Gisteravond was J. al heel stil. Trager en vreemder dan ooit, starende ogen, roze wangen en maar kreunen en grienerig doen. Hij at niets, vroeg of er nog wat limonade kwam, of Mohr of Van Eeghen niet eens kon komen. Hij zei: een glaasje Ranja, dát zou ik willen hebben. Kreeg een *heisse Wickel*. Henk Krekel sprak hem bars toe; ik had medelijden maar was toch ook geïrriteerd. Na veel schone dromen word ik wakker. Henk zegt tegen J.: 'Ga vast overeind zitten zodat je niet meer achteraan komt.' J. zegt ja, maar doet niets, zijn pannetje pap blijft naast hem staan. Henk scheldt hem weer grondig uit en ik zeg: doe niet zo lullig, J., je moet meewerken. Hij ligt maar. Opeens roept een Poolse buurman: *Bakels, Kamerad kaputt*. En wijst naar J. Ik kijk en zie dat J. dood is. Henk komt juist binnen met een *heisse Wickel* voor hem, zegt: 'Het is zijn eigen schuld, die *wilde* niet leven.' De Duitser naast me zegt: hij had zo'n heimwee naar zijn ouders. Een Franse dokter: c'était un tuberculeux. Ik: misschien kan ik nu zijn pap opeten. Ik heb hiervoor verder geen woorden. Aasgier. Hyena.

In zijn niet gepubliceerde dagboekaantekeningen gaat het verhaal nog verder. 'Goed, ik heb de pap gekregen en vol schaamte opgegeten. Het smaakte niet. Gert zegt die wilde niet leven. Was te slap, had geen wil. Bakels zegt hij, Bakels was óók zo bezig dien kant op te gaan. – Ik heb daarna toch getreurd en gehuild om hem. Een Rus droeg hem weg, in zijn eentje, de jongen woog niets meer, zag er verschrikkelijk uit. Zijn zakdoek ligt naast me, ik zal die meebrengen voor zijn ouders aan wie we alles zullen vertellen. We gaan nu eten.'

Ophanging met verplicht toekijkende gevangenen (tekening van Henry Gayot).

Brugsma vertelde in 1993 in een interview met Jan Tromp van *de Volkskrant* dat hij in Dachau samen met Nico Rost aan het ontbijt zat dat bestond uit een paar bij elkaar gescharrelde broodkorsten, terwijl tegen het raam van de barak wel tweehonderd op elkaar gestapelde lijken lagen. Maar als je niet doorat, zo voegde hij er aan toen, lag je misschien de volgende dag zelf op die stapel. En net als Bakels wilde Brugsma zich niet beter voordoen dan hij was. Tegenover Herman Hofhuizen, een verslaggever van *De Tijd*, verklaarde hij in 1974: 'Je ging elkaar naar het leven staan, je begon te gappen, je stortte je op een sigarettenpeukje dat door een ss'er werd weggeworpen. Je werd in de rol gedrukt van de Untermensch, die de ss inderdaad in je zag.'

Het is al vaker gezegd, het klimaat in Natzweiler was nu niet bepaald vriendelijk en de kampbevolking werd regelmatig door zware sneeuwstormen geteisterd. Zo ook op 1 december 1943, een dag die Bastiaans nooit zal vergeten. 'Door en door koud stonden wij op 1 december bij de reveille en kleedden ons aan, rillend en steunend. Buiten loeide de storm nog steeds toen wij moesten aantreden voor het appèl. De deuren werden opengegooid en d'raus klonk het! Ja, d'raus, dat zeiden ze. Maar hoe? Die nacht was er sneeuw gevallen van een hoogte van 1 meter, terwijl het op sommige plaatsen 1.50 meter hoog lag. En nog steeds hield de sneeuwjacht aan, vergezeld van een hevige storm, die de fijne sneeuw zo hard in het gezicht sloeg dat men de indruk kreeg alsof men met messen in het gezicht aan het snijden was.' De gevangenen werden naar buiten geslagen en Bastiaans vervolgde: 'Daar stonden wij met onze kale koppen en alleen gekleed in jas en broek in die sneeuwstorm. Huilend van ellende en de wanhoop nabij. Ons gehele lichaam deed pijn en onze voeten leken wel bevroren. [...] Anderhalf uur staan wij zo en meer dan tweehonderd man zijn reeds gevallen als de commandant eindelijk komt en het appèl afneemt. Wij verwachten nu weer naar de barakken te mogen gaan, daar werken met zulk noodweer toch onmogelijk is. Maar neen! Voor een mof is niets onmogelijk, zolang hij het zelf niet behoeft te doen. Het bevel wordt gegeven en wij moeten sneeuwruimen op de bergpaden. Allen krijgen nu een schop en vergezeld van het bloedhondencorps gaan wij sneeuwruimen. Ja, sneeuwruimen in een temperatuur van 20 graden onder nul en in een sneeuwjacht die ons blind maakt.'

Enige dagen na deze door Bastiaans omschreven 'bloeddag' zou een medegevangene het volgende gedichtje maken: 'God schiep de mensen en de dieren / maar niet de ss-officieren / Want deze creaturen / schiep de duivel in zijn vrije uren!'

In een brief die Jo Merk op 1 november 1944 vanuit het buitenkamp Leonberg aan zijn broer schreef, die in Duitsland tewerk was gesteld, verhaalde hij ook van het leven in Natzweiler. 'Beste Kees, [...] vorig jaar 25 October '43 in Natzweiler (concentratie kamp) aangekomen. Daar hadden we een vreeselijk leven, echter heb ik alles goed doorstaan. Oct. Nov. Dec. Jan. in de steengroeve gewerkt, in de sneeuw, in de regen, in de wind. Op Maps [hun zus] haar verjaardag ben ik in de hallen gekomen, hier werden vliegtuigen gedemonteerd. Heb ik goed werk gekregen en ben weer wat opgeknapt. Ik woog nog 48 kilo. Toen is het kamp reuze verbeterd en kregen we een beter leven.'

Merk was naar eigen zeggen zeer gezien onder de Hollanders omdat hij accordeon en piano speelde, want, hoe gek het ook klinkt, soms was er enige ruimte voor ontspanning. Natzweiler had een kamporkest, waarin ook Van Mesdag wel eens speelde. Verder zijn er talloze verhalen over de wijze waarop de gevangenen zelf voor enige vrolijkheid zorgden, zoals de Rotterdammer Dik Moerland, die volgens Van Mesdag een meester in het vertellen van moppen was en er 's avonds graag even voor ging zitten. En toen Wim Roessingh op 19 augustus 1944 tweeëndertig jaar oud werd, werd hij getrakteerd op een groot aantal vrolijke verjaarsdagkaarten waarop het kampleven in het algemeen en hij in het bijzonder onder de loep werd genomen. Humor was een van de manieren om er niet onderdoor te gaan. Of zoals Roessingh schreef naar aanleiding van een uitzending van *De Bezetting* in januari 1964 aan L. de Jong: 'Ten slotte miste ik in Uw reportage enige referte aan de humor, die, even onontbeerlijk als het dagelijks brood en het nieuws, in de kampen de waarlijke mensen nooit heeft verlaten. (Een grote kracht, volgens mij bij de Nederlanders en de Russen). Zij was er, in velerlei vorm, als wapen, als ontsnapping, als pantser, als mensenhart, als verdriet.'

Op een ochtend, terwijl Steensma bezig was met het opmaken van zijn bed, brak zijn rechterbeen. De wond die hij had opgelopen toen hij probeerde naar Engeland te ontkomen, was nooit geheel genezen en al enige tijd ernstig ontstoken. Er moest dus wat gebeuren. Na consultatie van de artsen in het *Revier* leek er maar één mogelijkheid: amputatie. Het was Roessingh die Steensma de boodschap overbracht. De laatste vroeg twee dagen bedenktijd, want met maar één been kon hij een toekomst als KLM-vlieger wel vergeten. Anderzijds had hij zijn vrouw Tienk beloofd om alles te zullen doen om terug te keren. In 2004 verwoordde hij het zo: 'Ik heb steeds gedacht: als er een God is, dan is het de bedoeling dat mijn grote liefde en ik elkaar terugzien. We zijn niet door God bij elkaar gebracht om zo te worden gescheiden. Als het de bedoeling is dat ik Tienk, die zo op mij rekent, terugzie, dan krijg ik de kracht om terug te komen, al hakken ze er nog een poot af.' Steensma werd opgenomen in het *Revier* en op een keukentafel vastgebonden. Toen werd onder zeer primitieve omstandigheden en bijna geheel zonder verdoving, zijn been afgezet. De operatie werd gedaan door de Belgische arts Georges Bogaerts. Daarna was Willem Jonker bereid om bloed af te staan. Steensma: 'Onder die omstandigheden waarin je werkelijk op je dieptepunt bent. Dat je dan nog bereid bent om je vriend van bloed te voorzien. Dat typeert de oorlog. De puurste vorm van naastenliefde direct naast de meest

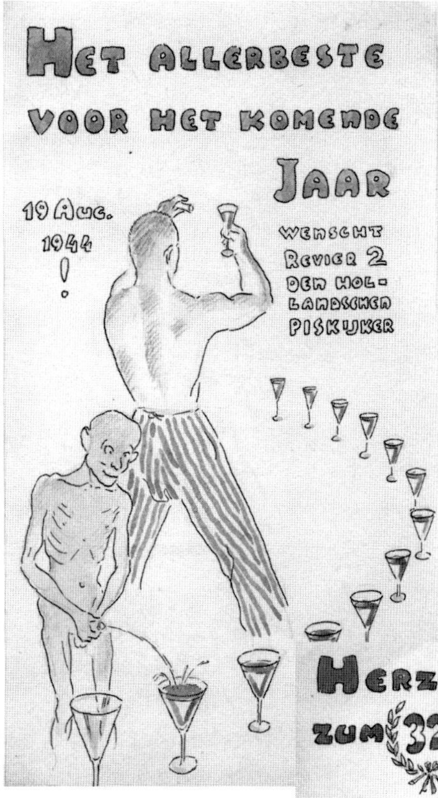

Tekeningen ter gelegenheid van de verjaardag van Wim Roessingh, 19 augustus 1944.

brute vorm van mensen om het leven brengen.'

Steensma overleefde de oorlog hoewel hij na de evacuatie van Natzweiler in september 1944 meer dood dan levend in Dachau aankwam, waar hij rillend van de koorts en nog slechts 36 kilo op de appèlplaats werd gekieperd in afwachting van dingen die komen gingen. Op een gegeven moment zag hij iemand lopen en herkende Godert van Dedem, met wie hij in Natzweiler had gezeten. Met zijn laatste krachten trok hij de aandacht van Van Dedem die hem vervolgens zijn 'georganiseerde' jas schonk met de woorden: 'ik ben alleen; jij bent nodig voor je vrouw en jongens.' Steensma werd wederom in het *Revier* opgenomen. Daar sleepten zijn medegevangenen hem erdoorheen en zorgden ervoor dat hij niet werd opgemerkt door de SS; een gevangene met één been was natuurlijk nutteloos.

Enigszins hersteld kreeg Steensma een baantje als *Schreiber* in de ziekenboeg. Hij moest koortslijsten ophalen, de doden noteren, de nummers van nieuwe gevangenen inschrijven en de etensrantsoenen vaststellen. Op 15 maart 1945 kreeg hij te horen dat Wiardi Beckman als 'ex' moest worden genoteerd.

De kracht die Steensma tentoon heeft gespreid, oogstte alom bewondering. Van Mesdag zegt over hem: 'Carel Steensma was een blijmoedige vent met een enorme positieve instelling. Dankzij die mentaliteit heeft hij het gered.' En Herman Fontijn kenschetst Steensma als 'altijd vrolijk en optimistisch' en in zijn herinneringen schrijft hij over het 'feestelijk paasmenu' dat in april 1945 door Steensma was opgesteld. Het menu begon met een 'Hors d'oeuvre variés', gevolgd door 'Potage à la Liberté', 'Salada Chaotica', 'Plat du Camp, Puding de l' Espoir par Suce sans Parole' met 'Café Naturel' toe. Het eindigde met de bekende letters OZO oftewel 'Oranje zal Overwinnen'.

Verzet en sabotage

Wim Roessingh kwam op 13 maart 1942 als een van de eerste Nederlanders in Natzweiler aan met een transport van vierhonderd man uit Buchenwald. Roessingh, geboren in Enschede, werkte nadat hij zijn kandidaats economie had gehaald, in Vlaardingen in een fabriek die kleurstoffen maakte. Toen de oorlog uitbrak, raakte hij betrokken bij het Geuzenverzet; het was de bedoeling dat hij de Geuzenbeweging onder studenten in Den Haag en Leiden zou verspreiden, maar op 2 december 1940 belde de portier 'naar boven' met de mededeling: 'Roessingh, ze komen je halen.' Heel even overwoog hij te vluchten, maar de kans dat dit mogelijk represailles voor anderen tot gevolg zou hebben, weerhield hem. In 2003 zei hij: 'Anderen in gevaar brengen vond ik niet netjes en dus heb ik me als een schaap laten wegvoeren.'

De onwerkelijkheid van het concentratiekamp stond Roessingh in 2003 nog helder voor de geest. Over zijn aankomst in Buchenwald vertelde hij dat hij boven aan het kamp stond, naar beneden keek en daar een man in een streepjespak zag die bedrijvig heen en weer liep. 'Ik dacht: het lijkt wel een circusmannetje. Ja, mijn eerste gedachte was: het lijkt wel een circus hier.' Dat circus bleek een wreed universum te zijn, waar Roessingh en zijn vrienden onder het zingen van 'We gaan nog niet naar huis' de moed erin probeerden te houden. De onwerkelijkheid van het concentratiekamp bleek nog eens temeer toen Roessingh op een gegeven moment werd opgeroepen – hij sprak goed Duits – om vertaalwerk te verrichten voor de SS. Een van zijn opdrachten was het vertalen van de Engelse versie van het monopoliespel, een spel dat was opgestuurd ten behoeve van de vooraanstaande gevangenen van Buchenwald.

Wim Roessingh als student.

Als gezegd werd Roessingh in maart 1942 naar Natzweiler gedeporteerd. Bij aankomst moesten de gevangenen van dit transport zware zand- en cementzakken naar boven naar het kamp sjouwen. Voor Roessingh liep iemand die bijna bezweek onder het gewicht van de zware vracht, wat hem op een fiks aantal klappen kwam te staan. Roessingh, inmiddels aardig gehard door het kampleven, werd woedend. 'Ik hoor het mezelf nog zeggen,' zegt hij ruim zestig jaar na dato, '"Ich habe meine Verbindungen, ich mache eine Meldung", en die vent schrok en hield op met slaan.'

De gevangene die door Roessingh was geholpen, was de Oostenrijker Querin Duval die laborant werd in de ziekenbarak. Toen Duval ander werk kreeg, benoemde hij Roessingh tot zijn opvolger. Hierdoor werden Roessinghs overlevingskansen een stuk groter. Net als de meeste andere gevangenen was hij eerst in de steengroeve tewerkgesteld en ondanks het feit dat hij – door tussenkomst van een communistische mijnwerker uit Silezië – lichter werk kreeg toebedeeld, ging zijn conditie zienderogen achteruit.

In zijn nieuwe functie als laborant was Roessingh in staat om de Duitsers enigszins dwars te zitten.'Dan kwamen ze bijvoorbeeld bij me voor een *Magenaushebrung*, dat is de maag leegpompen,' vertelde hij, 'en dan had ik drie slangen: een hele dunne, een middelgrote en een hele dikke. Als er dan een ss'er door de commandant voor een *Magenaushebrung* naar mij werd gestuurd, dan douwde ik ze altijd een dikke slang door de keel. Ik heb één vent gehad die van angst hard is weggelopen.' Het was, aldus Roessingh, een van zijn stiekeme vreugdes. Dat gold ook voor de weddenschap die hij op een zeker moment met een Duitser afsloot. Roessingh had ontdekt dat surrogaatkoffie gemengd met water net urine leek en dit leverde de volgende scène op. Roessingh tegen de Duitser: 'Durf jij een glas urine op te drinken?' De Duitser trekt een vies gezicht. Roessingh: 'Nou, ik durf het wel, maar er moet wel iets tegenover staan.' De Duitser vraagt wat dat dan wel mag zijn. Roessingh: 'Twee pakjes sigaretten.' De Duitser gaat akkoord en komt de volgende dag terug. Roessingh verdwijnt om 'urine' te halen en drinkt het in het bijzijn van de Duitser op, die vervolgens gillend naar buiten rent en vol afschuw roept dat de 'Holländische laborant urine trinkt'. Wel laat hij twee pakjes sigaretten achter. De sigaretten werden vervolgens onder de Nederlandse gevangenen verdeeld – Roessingh rookte zelf niet – voor eigen gebruik of als ruilobject. Het was overigens wel de eerste en de laatste keer dat Roessingh op bovenstaande wijze aan sigaretten kwam; een paar dagen later werd hem door een Nederlandse 'delegatie' verzocht zijn weddenschap niet te herhalen, want de naam van de Hollanders in het kamp werd te grabbel gegooid omdat de Hollandse laborant urine dronk.

Roessingh was geen NN-gevangene en had als zodanig de mogelijkheid eens in de zoveel tijd een brief naar huis te schrijven. Dat deed hij met grote inventiviteit, waarbij hij gebruikmaakte van zijn liefde voor vreemde woorden die goed klonken. Zijn moeder was van deze eigenschap van haar zoon op de hoogte, en toen zij dan ook in een brief het woord 'snodlekniw' las, begreep ze dat dit een omdraaiing was van het woord 'winkeldons'. Daarna volgden, eveneens in omgekeerde volgorde, de namen van kampgenoten die geen brieven naar huis mochten schrijven. Achteraf, zo vertelt Roessingh, heeft hij gehoord dat zijn moeder in de oorlogsjaren stad en land afreisde om familieleden op de hoogte te brengen van de verblijfplaats van hun zoon of echtgenoot.

Iedere gevangene probeerde op zijn eigen manier iets van de verzetsgeest levendig te houden. Dat was belangrijk voor het moreel en voor het behoud van het zelfrespect in omstandigheden waarin men als mens niet meer telde en tot een nummer was gedegradeerd. Zo werkte Steensma in de *Weberei* waar stootkussens voor de Kriegs-

De moeder van Wim Roessingh, Joanna-Gerritdina (Hansje) Mann, die in de oorlog familieleden van Natzweilers op de hoogte bracht van hun verblijfplaats.

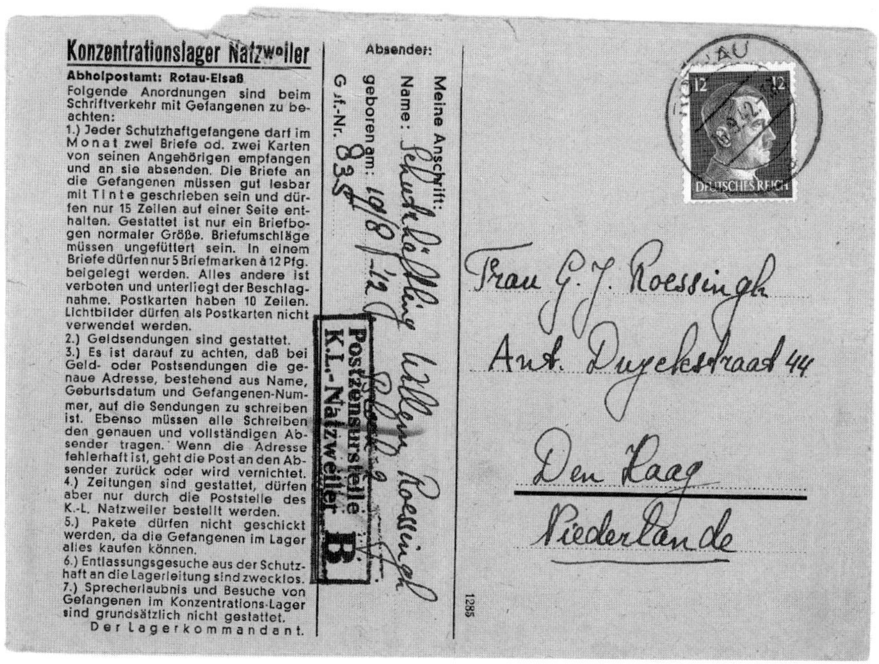

Konzentrationslager Natzweiler

Abholpostamt: Rotau-Elsaß

Folgende Anordnungen sind beim Schriftverkehr mit Gefangenen zu beachten:

1.) Jeder Schutzhaftgefangene darf im Monat zwei Briefe od. zwei Karten von seinen Angehörigen empfangen und an sie absenden. Die Briefe an die Gefangenen müssen gut lesbar mit Tinte geschrieben sein und dürfen nur 15 Zeilen auf einer Seite enthalten. Gestattet ist nur ein Briefbogen normaler Größe. Briefumschläge müssen ungefüttert sein. In einem Briefe dürfen nur 5 Briefmarken à 12 Pfg. beigelegt werden. Alles andere ist verboten und unterliegt der Beschlagnahme. Postkarten haben 10 Zeilen. Lichtbilder dürfen als Postkarten nicht verwendet werden.

2.) Geldsendungen sind gestattet.

3.) Es ist darauf zu achten, daß bei Geld- oder Postsendungen die genaue Adresse, bestehend aus Name, Geburtsdatum und Gefangenen-Nummer, auf die Sendungen zu schreiben ist. Ebenso müssen alle Schreiben den genauen und vollständigen Absender tragen. Wenn die Adresse fehlerhaft ist, geht die Post an den Absender zurück oder wird vernichtet.

4.) Zeitungen sind gestattet, dürfen aber nur durch die Poststelle des K.-L. Natzweiler bestellt werden.

5.) Pakete dürfen nicht geschickt werden, da die Gefangenen im Lager alles kaufen können.

6.) Entlassungsgesuche aus der Schutzhaft an die Lagerleitung sind zwecklos.

7.) Sprecherlaubnis und Besuche von Gefangenen im Konzentrations-Lager sind grundsätzlich nicht gestattet.

Der Lagerkommandant.

Absender:

Meine Anschrift:
Name: Schutzhäftling Willem Roessingh
geboren am: 19/8/'12
G.-Nr. 838

Postzensurstelle
K.L.-Natzweiler B.

Frau G.J. Roessingh
Ant. Duyckstraat 44
Den Haag
Niederlande

Brief uit Natzweiler van Wim Roessingh.

marine werden gemaakt. Hij zorgde ervoor dat ze zo in elkaar zaten dat ze, zodra ze een ander schip of de wal raakten, met één klap kapotgingen. En Van Mesdag maakte in een commando waar vliegtuigmotoren werden gedemonteerd, kogellagers onklaar door ze even tussen de bankschroeven aan te draaien tot ze 'tik' zeiden. Bakels ten slotte verzette zich op geheel eigen wijze door gedurende zijn hele gevangenschap een dagboek bij te houden, wat uiteraard verboden was. Dat deed hij op 'georganiseerd' papier – soms snippers cementzak – en met een gestolen potlood.

Gevangenen waren overgeleverd aan de grillen van de kampbewakers. Uit verschillende getuigenissen blijkt dat lange gevangenen het extra moeilijk hadden in het kamp, eenvoudigweg doordat ze opvielen en daardoor sneller het doelwit werden van het sadisme van de kampbewakers. Van Soest was zo'n lange gevangene. Toen hij eind juli 1943 aankwam in Natzweiler, werd hij tewerkgesteld in de steengroeve. Daar had de kapo Ernst Jager het speciaal op hem voorzien. Elke dag sloeg hij erop los. Van Soest kreeg er genoeg van, zo vertelde hij in 2003. 'Ik dacht: als hij me nog een keer met een vinger aanraakt gaat ie eraan. Toen hij me weer sloeg had ik een zware voorhamer in mijn hand, ik zwaaide naar hem toe, maar helaas was hij veel sterker dan ik. Hij gooide me op de grond en toen kreeg ik ze uitgemeten. Met een boomstronk.' 's Avonds werd Van Soest door Gert Nales, een Nederlandse medegevangene die in het ziekenhuis werkte, opgenomen in de ziekenbarak. Zijn rug was diepzwart van de bloeduitstortingen. Van Soest: 'Nales heeft mijn leven gered door me op te nemen. Als ik naar de steengroeve terug had gemoeten, had ik het niet overleefd. Dan was ik alsnog doodgeslagen.' Van Soest is voor zover bekend de enige gevangene die het waagde om zijn onderdrukker letterlijk aan te vallen, en hierover werd dan ook met veel ontzag door de andere Nederlandse gevangenen gesproken.

Onderlinge verhoudingen

Belangrijker dan de sabotageacties was het krijgen van hulp van medegevangenen of om met Roessingh te spreken, 'je moest met iemand aan de lorrie kunnen staan'. Lorries werden bemand door vier gevangenen en als een van de vier de kantjes ervan afliep was het voor de andere drie extra zwaar. Het was dus van belang dat iedereen zich evenveel inspande. Anderzijds kon je als 'team' ook besluiten om iemand uit de wind te houden. Dat overkwam Roessingh in Buchenwald toen hij door drie Geuzen werd uitgenodigd om bij hen aan de lorrie te staan. Ze hadden gezien dat hij niet gewend was aan het zware werk en besloten om hem, terwijl zij de lorries vollaadden, 'het vak' te leren zonder dat het opviel. In een brief aan L. de Jong schreef Roessingh in 1978: 'Willem Hoogwerf, Rein Remmerswaal, Arie Voogd, die mij als volslagen linkshandige sufferd aan de lorrie namen en voor mij de lorrie volschepten. [...] Door hen leerde ik omgaan met

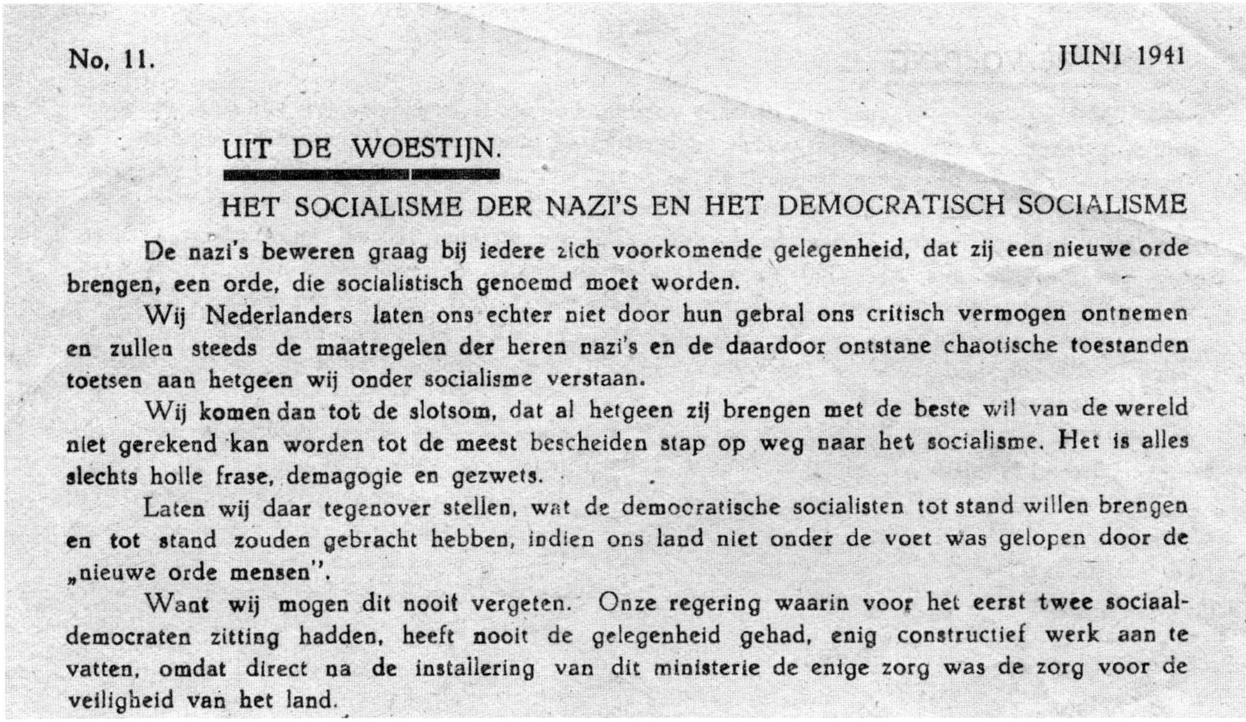

No. 11. JUNI 1941

UIT DE WOESTIJN.

HET SOCIALISME DER NAZI'S EN HET DEMOCRATISCH SOCIALISME

De nazi's beweren graag bij iedere zich voorkomende gelegenheid, dat zij een nieuwe orde brengen, een orde, die socialistisch genoemd moet worden.

Wij Nederlanders laten ons echter niet door hun gebral ons critisch vermogen ontnemen en zullen steeds de maatregelen der heren nazi's en de daardoor ontstane chaotische toestanden toetsen aan hetgeen wij onder socialisme verstaan.

Wij komen dan tot de slotsom, dat al hetgeen zij brengen met de beste wil van de wereld niet gerekend kan worden tot de meest bescheiden stap op weg naar het socialisme. Het is alles slechts holle frase, demagogie en gezwets.

Laten wij daar tegenover stellen, wat de democratische socialisten tot stand willen brengen en tot stand zouden gebracht hebben, indien ons land niet onder de voet was gelopen door de „nieuwe orde mensen".

Want wij mogen dit nooit vergeten. Onze regering waarin voor het eerst twee sociaal-democraten zitting hadden, heeft nooit de gelegenheid gehad, enig constructief werk aan te vatten, omdat direct na de installering van dit ministerie de enige zorg was de zorg voor de veiligheid van het land.

Het illegale blaadje Uit de woestijn, *gemaakt door Ad de Jonge en Gerrit de Zeeuw.*

schop en pikhouweel, tengevolge waarvan ik latere "krepeertijden", o.a. in Natzweiler, levend ben doorgekomen.' Het oogstte des te meer bewondering omdat, in de woorden van Roessingh, 'iedere schep een noodlottig aantal calorieën vertegenwoordigde, die je kwijtraakte zonder enige kans op aanvulling.' Van de Geuzen ondervond Roessingh wat het was om door medegevangenen te worden geholpen; op zijn beurt zou hij alles doen wat in zijn vermogen lag om mensen erdoorheen te slepen.

Ad de Jonge kwam in juli 1943 in Natzweiler aan. De Jonge, bij het uitbreken van de oorlog economiestudent in Amsterdam, had samen met zijn vriend Gerrit de Zeeuw een illegaal blaadje gemaakt, getiteld *Uit de Woestijn*. De titel was een antwoord op een radiorede van een vooraanstaand socialistisch vakbondslid dat had opgeroepen tot samenwerking met de Duitsers, want, zo luidde de boodschap, dat is beter dan de woestijn in te gaan. Daar dachten De Jonge en De Zeeuw anders over. Behalve de productie van *Uit de Woestijn* op een stencilmachine die De Jonge van Koos Vorrink had gekregen, verrichtten De Jonge en zijn vrienden enig spionagewerk. Maar dit werk was van korte duur, want in maart 1941 werd De Jonge gearresteerd en na zijn proces *abgetrennt* naar Natzweiler.

In Natzweiler werd De Jonge zoals de meeste gevangenen tewerkgesteld in de steengroeve. Toen hij eronder door dreigde te gaan, was het Roessingh die een kapo omkocht met een half pakje shag, waardoor De Jonge een beter baantje kreeg. De Jonge zou later nog vaak herhalen dat zijn leven in Natzweiler een half pakje shag waard was. Op een gegeven moment werd hij te ziek om te werken – hij had ernstige diarree – en werd opgenomen in het *Revier*. Daar lag hij naast een Russische gevangene. Van deze Rus leerde De Jonge een beetje Russisch. Het zou hem een baantje als tolk opleveren. Zijn weduwe Gonne de Jonge-Janssen vertelde in 2006 dat Ad een enorm taalgevoel had en als tolk – hij schreef nieuwe gevangenen in – leerde hij ook nog de beginselen van een heleboel andere talen, zoals Oekraïens, Tsjechisch en Pools. Dat ging zo. Bij aankomst van nieuwe groepen gevangenen pikte hij de intelligentsten eruit en deze vroeg hij om hem in ruil voor een sigaret taalles te geven.

In zijn positie als tolk was De Jonge in de gelegenheid mensen te helpen. Een van de dingen die hij deed was het nabootsen van de handtekening van de kamparts, waardoor hij afgeknapte lotgenoten aan *schonungsbriefjes* hielp. Deze waren dan even van de dagelijkse arbeid vrijgesteld. De hulp die De Jonge aan anderen bood, zou hem zijn leven redden. Na de evacuatie van Natzweiler in 1944 werd hij via Dachau, Neuengamme, Gross-Rosen uiteindelijk in een open kolenwagen naar Dora-Mittelbau getransporteerd. Toen hij meer dood dan levend op de appèlplaats stond, was er een Pool die hem herkende uit Natzweiler. De Pool aarzelde geen moment, gooide De Jonge over zijn schouder en bracht hem naar de barak. Daar luidde de mededeling aan de andere Poolse gevangenen: 'Deze man gaan we erdoorheen slepen.'

Ad de Jonge omstreeks 1940.

Ook Floris Bakels ervoer de bescherming van medegevangenen. Volgens Van Soest had Bakels tegen een kapo gezegd dat hij advocaat was. Het resultaat was dat hij extra getreiterd werd, want zo'n advocaatje zouden ze wel even werken leren. Van Soest: 'Wij hebben hem toen zo veel mogelijk proberen af te schermen.' Met een lichte wrevel voegde hij er in een gesprek in 2003 aan toe dat deze hulp van 'gewone jongens' wel iets meer naar voren had mogen komen in Bakels' publicaties over zijn kampervaringen. Toch is Bakels niet geheel aan de 'gewone' jongens voorbijgegaan. Zo noemde hij de Amsterdamse bootwerker Skippie de Vaal, die hem op een zondagochtend redde toen de gevangenen werden opgeroepen om stukken graniet per kruiwagen over een glibberig pad omhoog naar een stortplaats te brengen. Bakels koos kleine stukken in de hoop dat zijn kruiwagen dan lichter zou zijn. Veel kleine stenen levert echter een loodzware kruiwagen op. Een kruiwagen met grote stukken lijkt vol, maar is door de grote hoeveelheid lucht halfleeg en daarmee lichter. 'Na een paar uur – het veelbetreden en -bereden pad was intussen een glijbaan geworden – naderde het einde van mijn krachten. Ik begon meer dan normaal op te vallen, sukkeldravend en hijgend op weg naar boven met mijn vervloekte kar. Dit ontging Skippie niet. Toen wij weer beneden waren aangekomen, na de zoveelste gruwelreis, en onze wagens geladen hadden, siste hij me toe: "Ruilen!" Meteen pakte hij mijn kar op en liep al. Ik pakte de zijne, die de helft lichter leek en ook wás.'

In een terugblik bedankte Bakels vele medegevangenen, onder wie Sam Hingst, die polsmofjes naaide voor zijn bevroren handen, en Con Broers die hem een pan macaroni kwam brengen en hem troostte door hem bemoedigend toe te spreken en hem over zijn stoppelbaard aaide. Hij bedankt ook pastoor Schaars, die hem herinnerde aan de goddelijke aanwezigheid, en Dave van Eeghen, die door Bakels is omschreven als 'een lange, magere man, een nerveuze kerel, een spotter, ironisch, cynisch, niet zonder beledigend vermogen', maar ondanks zijn soms destructieve woordgebruik constructief in zijn daden was. Het zijn slechts enkelen in een lange rij van vrienden.

Toen Stuuf Wiardi Beckman in Natzweiler aankwam en zoals de meeste nieuwkomers in de steengroeve te werk zou worden gesteld, vreesden medegevangenen dat hij dat niet zou overleven. Aan Van Soest, die op dat moment een 'binnenbaan' had, werd gevraagd of hij met Wiardi Beckman wilde ruilen. Van Soest verklaarde jaren later: 'Ik moest er wel over denken, maar ik heb het gedaan. Ik had een groot respect voor Wiardi Beckman. Hij had alles om eventueel minister-president te worden.'

Piet Bouwense moest ooit voor straf drie dagen lang twaalf uur per dag zonder eten aan een weg werken. Op een moment dat hij daar even alleen was, viel er een half brood voor zijn voeten. Hij durfde het niet op te rapen uit angst dat het een truc van een bewaker was. Maar toen hij om zich heen keek, zag hij van achter een boom iemand wenken: eet op. Dat heeft hij toen maar gedaan. De volgende dagen herhaalde het wonder zich. En toen Van Dedem buiten bewustzijn op een stapel lichamen voor het crematorium lag, werd hij net op tijd weggesleept door Oscar Mohr. Later zou Van Dedem als gezegd het leven van Steensma redden. Zonder hulp van anderen, daar is iedereen het over eens, kon je een concentratiekamp niet overleven.

Een en ander nam niet weg dat sociale verschillen voelbaar bleven. Bakels kon enerzijds naar 'eer en geweten' verklaren dat 'bepaalde lotgenoten uit een eenvoudig, onontwikkeld milieu qua karakter' hoger moesten worden geschat dan de mensen uit zijn milieu, anderzijds vond hij dat het verschil in ontwikkeling vroeg of laat aanleiding gaf tot hevige ruzies. Deze gingen volgens Bakels altijd uit van de eenvoudige man:

> Bijna nooit, bij mijn weten, kwam een academicus of hooggeplaatste meneer ertoe een eenvoudig man hard te vallen om zijn onbegrip. Nee, integendeel: laatstgenoemde opende het gevecht, scheldend, ja tierend op de hovaardij, de kouwe kak, de uitspraak, het gezicht, de neus, de 'kapsones', ja álles van eerstgenoemde. Dat was afschuwelijk. Er was niets aan te doen. Men was nu eenmaal totaal verschillend. Maar men zat opeengepakt. Opvoeding hielp natuurlijk. Wij hadden manieren geleerd, niet alleen formele (vork links, mes rechts) maar ook mentale. Je moest vriendelijk en beleefd zijn, een andere laten uitspreken, hem in zijn waarde laten, en vooral, hem zo min mogelijk tot last zijn. Hinder anderen niet – dat was een bescha-

vingsgrondslag. De eenvoudige man, al had hij een karakter van goud, had deze grondslag niet altijd; hij wíst niet eens hoezeer hij je op alle mogelijke gebieden hinderde. Je kon je een tijd beheersen – ook dat was je bijgebracht – maar na enkele weken, soms dagen, kwam de explosie: 'Hou in godsnaam eindelijk eens op met je verdomde gefluit.' Redeloos, radeloos, reddeloos. Het schijnt dat te veel dieren, bijeen in een te kleine ruimte, elkaar ten slotte aanvallen en zelfs opeten. Soms waren wij na aan een knokpartij toe; gelukkig waren wij er te zwak voor.

Floris Bakels in de jaren tachtig.

Bovenstaande observatie schreef Bakels achteraf. In zijn dagboekaantekeningen van 20 februari 1944, toen hij in het *Revier* was opgenomen, staat: 'Een Noorse boer en een Noorse student stommelen met een Hollandse grootindustrieel op klompen in geruit hemd met deken als rok, kaal, rond met etenspannen en ondersteken. Kacheltje brandt, alle ramen open. Poolse schooljongens samen met Noorse communistische kapper en een Russische straatjongen sollen met zo juist geopereerde kerels. Rode driehoeken, etter, pistolen, appèls voor de bedden – deze wereld is onbeschrijflijk. Als ik er maar niet aan wen!'

Bij de verschijning van Bakels' boek *Nacht und Nebel. Mijn verhaal uit Duitse gevangenissen en concentratiekampen* in 1977, een vervolg op zijn bloemlezing *Verbeelding als wapen* uit 1947, werd hem de passage dat de eenvoudige man vaak de aanleiding tot ruzies was, niet in dank afgenomen. Roessingh klom in de pen. In een brief aan

Bakels liet hij weten dat er ook zeer vele 'eenvoudige' lieden waren die zich juist helemaal niet schuldig maakten aan de door Bakels opgesomde verschijnselen, terwijl ze zich de verschillen in afkomst en milieu en ontwikkeling wel bewust waren. Zij voelden zich dan ook 'geïrriteerd'. Ook Roessingh vond de stelling van Bakels te eenzijdig. 'Uit mijn eigen "kapitalistische" jeugd herinner ik me wel degelijk situaties, waarin "ontwikkelde" mensen op een volkomen ongerechtvaardigde manier tekeer gingen tegen de "eenvoudige" lieden. Deze zaken zitten diep en worden niet licht vergeten.' Als voorbeeld van het gedrag van 'eenvoudige' lieden haalde Roessingh zijn ervaringen met de Geuzen aan, met wie hij in Buchenwald gevangen had gezeten. Dat deed hij in de brief aan Bakels, maar eerder in een artikel dat hij in 1949 voor het blad *Aantreden* schreef. Daarin bevestigde hij Bakels' observatie dat de kampgemeenschap bestond uit zeer uiteenlopende mensen die het onderling vaak oneens waren. Dat nam echter niet weg dat de solidariteit en onderlinge zorg de boventoon voerden:

> Op het Geuzenblok waren 'haves' en 'have nots'. Maatschappelijk: er waren mensen, die (hetgeen toen nog kon) tweemaal per maand maximaal 15 Mark van huis kregen, om inkopen te doen in de kantine (tabak, gelatineworst, d.i. gelatine met peen). Tabak was belangrijk. Met geld kon bovendien soms 'zwart' brood worden gekocht. Feitelijk: er waren mensen, die in de binnenkommando's werkten. Dak boven 't hoofd, extra eten. Anderen

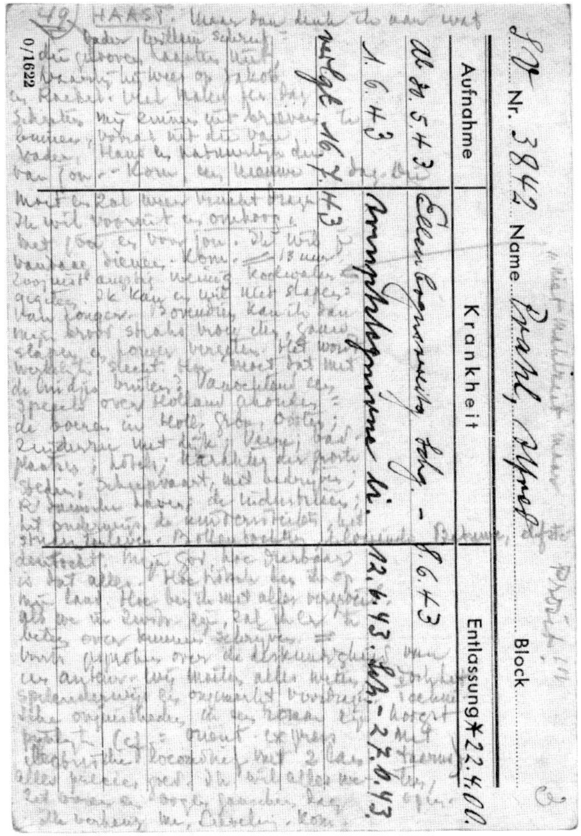

Een van de dagboekblaadjes van Floris Bakels.

kregen daarentegen de zware buitenkommando's zonder dit gerief. Deze laatste waren, met of zonder geld, bij uitstek de 'have nots', maar hier was weinig aan te doen. Er is echter, langs de weg van overleg, een 'Mittellosenkasse' opgericht op Blok 14. De ontvangers van geld droegen af voor hen, die niet kregen. Het was moeilijk, want onder de geldontvangers waren er verschillende, die in de zware buitenkommando's werkten. Toch heeft deze kas gefunctioneerd en op de een of andere wijze werd in het algemeen een sportieve effening bereikt.

Voor Roessingh was delen essentieel. Toen hij op een gegeven moment een baantje 'binnen' had, poetste hij 's avonds de schoenen van degenen die uitgeput terugkwamen van 'buiten'. Voor hem, zo zei hij in een interview van 1970, ging het om de liefde; dat betekende dat je steeds meer wilt geven en steeds minder zelf wilt bestaan. Deze vorm van gebondenheid en engagement beschouwde hij als de grootste vorm van vrijheid.

Opmerkelijk aan kamp Natzweiler is geweest dat de Nederlandse gevangenen onderling erg hechtten aan wederzijds respect. Zo werd Sillem door Boellaard op zijn vingers getikt omdat hij zich niet correct zou hebben gedragen. Sillem schreef hierover in de *Natzweiler Berichten* – het orgaan van ex-Natzweilers – in 1981:

We waren er al een maand of twee. Een groep van 80 man uit alle delen van Holland en alle lagen van de maatschappij. Toen kwam de volgende lichting. Over het algemeen lieden van een hogere sport van de welvaartsladder. Maar dat mocht de pret niet drukken. Wij waren de oudsten (nummers in de 4000) en zij de groentjes, van over de 5000. Wel werden we samen in een barak gestopt en dus gingen we ook samen onder de douche (eens in de twee weken). Onze kleren en klompen in één hok en wij, naakt als wormen, in het andere. Om je kleren na de douche weer terug te vinden was geen probleem; je nummer zat erop genaaid. Maar je klompen vond je vaak niet terug. Wat doe je dan? Je zoekt een paar andere uit. Ik maakte er dan ook geen probleem van en pakte een paar. Na korte tijd echter viel me de geagiteerde bedrijvigheid van een spiernaakt heertje op, dat overal vergeefs naar zijn klompen zocht. En, óh wee, alras ontdekte hij zijn schoeisel aan mijn voeten (er stond ergens v.d.K. ingekrast). 'Wil je onmiddellijk die klompen uitdoen, wat zijn dat voor manieren, schandalig enz. enz.' was mijn loon. 'Nou baas maak niet zo'n drukte. Hier heb je ze terug, ik zoek wel weer een ander paar.' Waarschijnlijk heb ik er nog wel wat meer bijgezegd in de stijl van 'Jullie nieuwelingen moeten nog leren wat de moeite van het boos worden waard is', of zo. 's Avonds bij het ter kooi gaan vroeg Pim mij: 'Weet jij wel wiens klompen jij aangetrokken had?' 'Nee, ik niet.' 'Dat was generaal Van de Kasteele, een prima figuur die ver over de zestig is en waar jij U tegen zeggen moet. Doe nou verstandig en bied de Generaal je excuses aan, dan zijn er geen "bad feelings".

Sillem zou zijn excuses aanbieden en deze werden met 'militaire norsheid' in ontvangst genomen. Daarna hadden Sillem en Van de Kasteele met enige regelmaat contact, waarbij de 'kaarsrechte fysieke en morele houding' van de laatste indruk maakte. 'Het eindigde ermee,' zo schrijft Sillem, 'dat we in Dachau samen gearmd naar de ziekenbarak liepen.' Beiden hadden vlektyfus en Van de Kasteele kon bijna niet meer lopen. Hij zou de ziekte niet overleven. Hij stierf in het bed naast Pim Reijntjes, die in 2006 zei dat het hem zwaar gevallen was om deze uiterst stijlvolle man zo te zien creperen.

Sam Hingst raakte in Natzweiler bevriend met Gerard van Hamel. 'Juist in de begintijd, toen trokken wij veel op samen, met een half woord verstonden we elkaar en toch uiterlijk waren we zo verschillend: Gerard de onkreukbare edelman uit de vorige eeuw – ik tegenover hem een vrijgevochten Delftenaar, met wanhopig "volkse" neigingen. Maar beiden hielden we er van de wereld om ons heen te beschouwen [...]. Beiden hadden we lol om alle druktemakerij van sommigen, van tooneelspel waar je zo doorheen zag.'

Gerard van Hamel was de zoon van J.A. van Hamel, die na de Tweede Wereldoorlog president van het bijzondere gerechtshof in Amsterdam werd en zich in die functie onder andere bezighield met de berechting van Duitse oorlogsmisdadigers. Maar al voor de oorlog had hij bekendheid gekregen als hoge commissaris van de Volkenbond in Dantzig van 1925 tot 1929. Na Dantzig vestigde hij zich in Amsterdam, waarbij volkenrech-

L.Ch.A. van de Kasteele, gestorven in Dachau aan vlektyfus.

terlijke vraagstukken zijn speciale belangstelling hadden. Hem en zijn vrouw trof een zwaar lot, want niet alleen zoon Gerard zou de oorlog niet overleven – hij stierf in Natzweiler – maar ook hun andere zoon Lodo stierf in de oorlog. Deze was als geheim agent gedropt in Nederland, maar hij werd op 15 oktober 1940 op het Tjeukemeer gearresteerd nadat hij tevergeefs had geprobeerd met een vliegtuig terug naar Engeland te komen. Na zijn berechting werd hij geëxecuteerd.

Gerard, zo schreef Hingst, vond het heerlijk om te vertellen over zijn achtergrond:

> Hij vertelde dan van Dantzig, van de geest in de stad, van de grote Poolse heren die op bezoek kwamen, of van het bezoek van hem tijdens het jachtseizoen op de buitens. Hij vertelde over Bern, over Zwitserland, over den heer de Bruyn, zijn geliefden oom, over diens verzameling. We hadden discussies over schilderijen en schilders en hij vertelde over zijn familie, wat alles zo precies hetzelfde was als de verhalen over mijn familie. Een zeer groot probleem, dat der opvoeding van kinderen, al dan niet kostschool enz. enz. werd zeer uitgebreid en vaak behandeld: getweeën toetsten we dan de resultaten en besluiten aan mensen die op kostschool of bij familie in huis geweest waren. Ik herinner me dat we in december in een vliegende storm, op die plek 'trok' het enorm, een greppeltje moesten graven. Met zijn vieren trokken we er dan naar toe, groeven ons om ons warm te houden en uit de wind te komen zo snel mogelijk in en toen we dan diep genoeg verzonken waren, zodat de hoofden niet meer gezien konden worden, gingen we weer praten bv. over de grote fout dat de politiek de laatste jaren zo weinig bedreven werd aan de universiteit, wat het toch noodzakelijk was voor leidende mannen daar meer 'aan te doen', hoe dat te bevorderen.

Hingst concludeerde: 'Ik meende dat het goede van werkkampen was dat ontwikkeld en eenvoudig mens met elkaar in aanraking kwam; meende dat de ontwikkelde mens daar niets dan voordeel van kon hebben de "geest" van den gewonen mens te begrijpen. Gerard was daar geheel tegen, beweerde het tegendeel.' Logisch volgens Hingst want in zijn ogen konden Delftenaren zoals hijzelf door hun praktische werk doorgaans veel beter met arbeiders omgaan dan Leidenaren zoals Van Hamel.

Ondanks zijn kennelijk wat elitaire houding dwong Van Hamel bij zijn medegevangenen respect af. Teengs Gerritsen schreef over hem: 'De jongeren broer van de oprichter van onze spionagedienst, Gerard van Hamel, houdt zich flink, hoewel hij nooit met z'n handen heeft gewerkt, hij is gezantschapattaché in Bern geweest, blijft vroolijk. Hoe doet die knul het! Wij zijn volkomen tegenovergestelde naturen, maar kunnen het best samen vinden, hij vindt mijn ruwheid prettig en ik heb bewondering voor zijn flinkheid. Tot het laatste bleef hij opgewekt. Eenige maanden later zou hij sterven aan uitputting en vergaande tbc Zijn dood was een der weinige die indruk op mij maakte.' Dat gold ook voor Bakels, die in zijn dagboek optekende: 'Die ouders! Hun tweede zoon vermoord! [...] Ik ben bij zijn sterfbed geweest. Hij lag onder een laken, Jan Koet in tranen ernaast. Boellaard, Mohr, Krediet, Hingst waren er ook, Koet was in de war. Het was zeer erg. [...] Lieveling, zo dadelijk hebben we dus ook de Van Hamels te bezoeken. Ik vroeg me weer af: waarom hij wel, ik niet? Het schept nieuwe verplichtingen. Oorlog, nooit meer oorlog. Ons gansche leven daarvoor. Ik heb gegriend, ben naar 15 teruggewandeld. Daar bood De Bordes ons Luxemburgsche koek met boter aan.'

Solidariteit en de drang tot overleven bestonden, aldus Witmond, naast elkaar. 'Een flink aantal Nederlandse gevangenen wist de ontberingen te overleven. Het waren soms hooggeplaatste Nederlanders maar ook vele gewone jongens zoals ik. Vanzelfsprekend was er ook solidariteit in het kamp. Het sterkst was deze natuurlijk tussen de leden van de verzetsgroep waartoe je behoorde. Maar ook onder landgenoten, geestverwanten en geloofsgenoten was een band. Na de oorlog, ik meen al in '46, zijn de oud-Natzweilers voor het eerst bijeengekomen. En of je nu rijk of arm bent, je bent in de eerste plaats "Natzweiler". Maatschappelijk onderscheid heeft onderling nooit gegolden in de groep die naakt naast elkaar stond in het kamp. Maar toch gebiedt de eerlijkheid me te zeggen dat je door de beroerde omstandigheden in het kamp veelal eerst voor jezelf bezig was met overleven.'

Het ging er in de eerste plaats om zelf te overleven, schreef ook Bamberg. 'Ieder moest het zelf

Gerard van Hamel, gestorven in Natzweiler, 19 juli 1944.

klaren. Ieder moest elke dag opnieuw kou, honger, ontbering en mishandeling gedurende de lange werkdagen trotseren. Een ander kon je hierbij niet helpen. Als je het ongeluk had dat je uithoudingsvermogen het begaf, dan betekende dit vrijwel altijd de dood.' Het systeem maakte mensen hard, maar niettemin, zo vervolgt Bamberg, 'werd er dagelijks brood ingezameld voor de zwaksten onder ons. Kleine stukjes werden dan van onze kleine rantsoenen afgesneden en aan een vertrouwensman overhandigd, die er zorg voor droeg, dat deze extra rantsoenen aan de jongens die er het slechtst aan toe waren, ten goede kwam.' De Zeeuwse verzetsstrijder Piet Bouwense herinnerde zich de medegevangenen die de moed opgaven en niet meer wilden eten. 'Dan sneed ik hun brood in hele kleine dobbelsteentjes en zei in bewoordingen die je alleen in een concentratiekamp gebruikt: "kauwen en slikken of ik knijp je strot dicht". Het is me een paar keer gelukt om zo mensen weer zover te krijgen dat ze niet toegaven.'

Maar soms kon je elkaar niet helpen en zat er niets anders op dan machteloos toekijken hoe medegevangenen gemaltraiteerd werden zo blijkt uit de herinneringen van Teengs Gerritsen:

> Zondags moesten wij NN'ers ook werken en wel aan de weg naar de steengroeve, die breder en met rotssteenen hard gemaakt moest worden. Een der eerste van deze Zondagwerkdagen, zal ik niet licht vergeten. Vlak bij mij werkten Jan Broedelet en Karel Bron. Karel, waar ik nog niet over vertelde, was een gewezen marine officier en vóór zijn gevangenname, directeur van de maatschappij 'Zeeland'. Karel was een uitzonderlijk prima mensch. Altijd evenwichtig, behulpzaam en had een groote rol gespeeld in onze ID in gewest Zeeland en wel Vlissingen. Wij waren goede vrienden, hij was een voorbeeld, wat een officier moet zijn. De Kapo's hadden het dien ochtend voorzien op deze twee. Beide waren zij al uitgeput door het harde werk in de steengroeve. De zwaarste steenen moesten zij vandaag verslepen, stukken van een 100 kilo. Een onbegonnen taak, vooral in hun conditie. Omdat het niet lukte, werden zij uren achtereen geranseld tot zij werkelijk half dood waren, het was een vreeselijk gezicht en dan niets te kunnen doen! Niets? Ja, natuurlijk wel, je had je op de Kapo's kunnen werpen, omdat je nog sterk was, of ze met de steenen helpen. Als je het deed, werd je wel direct door de SS doodgeschoten, maar wat zou dat? Je durfde niet, je wilde je eigen leven redden. Zulke momenten vergeet ik nooit en woelen nu nog vaak in mij om, ik haat mijzelf dan. Het zal wel nooit heelemaal rustig worden in je binnenste. Ik wou zoo graag bij mijn familie terugkomen... wat een stakkers zijn wij menschen toch. Ik kan mij voorstellen, dat je je leven niet telt in een gevecht, maar in zoo'n slopend, langzame uitputtingsstrijd, doe je het wel.

Mulock Houwer was zijn hele leven zeer actief in de kinderbescherming. In het jaar dat Hitler in Duitsland aan de macht kwam, werd hij benoemd tot directeur van Zandbergen, een jeugdzorginstelling die tot op heden bestaat en waarin hijzelf

Hans Teengs Gerritsen.

als veertienjarige wees terecht kwam. Met het uitbreken van de oorlog aarzelden hij en zijn vrouw geen moment om onderduikers in huis te nemen. Daar kwam in 1941 de zorg voor een gedropte geheim agent bij. De laatste had in Londen het adres van Mulock Houwer gekregen van een vaandrig die voor de oorlog boksles van hem had gehad. In 1942 ging het fout en werd Mulock Houwer gearresteerd. In de drie jaar die volgden zou zijn vrouw de leiding van Zandbergen op zich nemen, evenals de zorg voor de onderduikers en de vier kinderen. Volgens Mulock Houwer kwamen waarachtige vriendschappen weinig voor in het kamp. In een brief aan zijn vrouw van 19 mei 1945 schrijft hij dat de meeste gevangenen op zichzelf leefden en zo nodig over lijken gingen. Hoe deze verzuchting zich verhoudt tot de talloze verhalen over onderlinge hulp, is niet een gemakkelijk te beantwoorden vraag.

Een opmerkelijke uitspraak in dit verband is die van Bauke Planjer, die in 1982 in een rechtszaak tegen Albert Talens getuigde. De ex-Natzweiler Talens zou zich hebben misdragen in een buitenkamp van Dachau nadat Natzweiler in september 1944 was geëvacueerd. Planjer: 'Tot slot wil ik opmerken dat indien de verdachte Talens inderdaad de feiten waarvan hij verdacht wordt begaan heeft, dit gezien moet worden in de context van die tijd en die omstandigheden, waarin niemand meer mens was maar slechts een nummer. Iedereen die enige tijd onder die omstandigheden in een kamp heeft verbleven kreeg kampkolder, waarmede ik bedoel, dat je dan in die toestand dingen deed waarvoor je je later schaamt.'

Generalisaties voldoen over het algemeen slecht en wellicht mogen we concluderen dat het er enerzijds om ging zelf te overleven, anderzijds zal men zonder twijfel hebben geprobeerd elkaar te helpen. Naar welke kant de weegschaal doorsloeg is niet meer vast te stellen. Misschien is de wederzijdse hulp achteraf enigszins uitvergroot, maar dat is des te begrijpelijker als men bedenkt welk een bijzonder karakter het had. Hulp, ook al was het eenmalig, kon levensreddend zijn. Zoals in het geval van Jan van Kuik die ernstig verzwakt in het ziekenhuis lag en door Cor Brouwer van een transportlijst van Buchenwald werd afgehaald omdat hij een dergelijk transport nooit zou hebben overleefd.

Kampgemeenschap

In Natzweiler was minder dan een half procent van de totale kampbevolking Jehova's getuige. De Nederlander Henk van Duren was een van hen. Net als zijn geloofsgenoten deed Van Duren tijdens de Duitse bezetting wat hij altijd had gedaan, namelijk het geloof verkondigen. Op 10 februari 1941 werd hij in Eindhoven gearresteerd omdat hij in het bezit was van een brochure waarin kritiek werd geuit op Hitler. Via Sachsenhausen kwam hij in Natzweiler terecht. Toen het kamp in september 1944 werd geëvacueerd, werd Van Duren via Dachau en een aantal andere kampen doorgestuurd naar Auschwitz. Uiteindelijk zou hij na een dodenmars op 6 mei 1945 in Ebensee door de Amerikanen worden bevrijd. Naar huis ging Van Duren toen nog niet. Als tuberculosepatiënt werd hij naar Zwitserland gebracht om in het Nederlandse sanatorium aldaar te herstellen.

Ook Gijsbertus Gaasbeek uit Doetinchem was Jehova's getuige. Deze rijwielhandelaar werd net als Van Duren gearresteerd vanwege zijn geloofsovertuiging. Na zijn arrestatie op 4 mei 1941 zat hij achtereenvolgens in de gevangenis van Arnhem waarna hij op transport ging naar Sachsenhausen, Natzweiler, Dachau, Freising.

In de oorlogsjaren groeide het aantal Nederlandse Jehova's getuigen van 501 in 1941 tot 1801 in 1944. Ruim 300 van de 500 die werden gearresteerd, zijn overgebracht naar Duitse kampen en 130 van hen overleefden de oorlog niet. In Natzweiler hebben maar zeer weinig Jehova's getuigen gevangengezeten. Volgens beschikbare cijfers maakten zij minder dan 0,5 procent van de totale kampbevolking uit. Dat was anders in Sachsenhausen, waar meer dan de helft van alle gearresteerde Nederlandse Jehova's getuigen naar toe werden gestuurd, en waar ook Van Duren en Gaasbeek in eerste instantie terecht kwamen. De reden van hun vertrek naar Natzweiler is niet bekend. Ook niet hoe zij het kamp overleefd hebben. Was er in Natzweiler sprake van een hechte groepsstructuur die de Jehova's getuigen in andere kampen kenmerkte? We weten het niet. Waarschijnlijk waren er eenvoudigweg te weinig om een aparte groep binnen het kamp te vormen.

Hetzelfde gold voor de communisten in Natzweiler. Evenals de Jehova's getuigen waren zij in kampen als Buchenwald en Sachsenhausen goed georganiseerd, maar Natzweiler was anders. In tegenstelling tot voornoemde kampen wonnen in Natzweiler in de loop der tijd de 'politieken' terrein, maar waren communisten niet in de meerderheid.

Het is niet precies te achterhalen hoeveel communisten in Natzweiler gevangen zaten. Op basis van de erelijst van gevallenen die 142 ex-Natzweilers telt, is het aantal 28, maar lang niet alle ex-verzetsstrijders staan op de erelijst vermeld, en zeker niet alle communisten. Lange tijd wilden ze namelijk niet meewerken aan de erelijst, omdat ze aan een eigen lijst werkten. Het aantal communisten in Natzweiler zal dus groter zijn geweest dan de bovengenoemde 28. De communist Catharinus Haagsma komt bijvoorbeeld niet op de erelijst voor. Haagsma was een uit Friesland afkomstige boerenzoon die op tweejarige leeftijd met zijn ouders naar het Westen verhuisde, waar het gezin een boerderij net buiten Amsterdam betrok. Voor de oorlog kreeg Haagsma bekendheid als hoofdrolspeler in de antifascistische revue *De dood*, maar behalve acteur was Haagsma ook een zeer verdienstelijk ontwerper en kunstschilder. Samen met zijn broer maakte hij in de oorlog wandtegels, en deze waren niet allemaal onschuldig. Zo ontwierpen ze een herdenkingstegel met een voorstelling van de Grebbeberg met daarop een soldatenhelm en de Nederlandse vlag halfstok en de tekst '40-'41 Mei 1 jaar oorlog'. Deze tegels werden op 10 mei 1941 bij honderden op de Grebbeberg gelegd als eerbewijs voor de gevallen militairen en als protest tegen de Duitse bezetter.

De gebroeders Haagsma werden vanaf dat moment in de gaten gehouden, wat hun beiden noodlottig werd. Ze werden gearresteerd en naar kampen afgevoerd. Catharinus overleefde de oorlog niet. Hij stierf op 2 april 1945 in Vaihingen. Zijn broer werd op 29 april 1945 in Dachau bevrijd.

Boellaard leerde Catharinus Haagsma in Natzweiler kennen en schreef daarover de volgende herinnering:

> Voorjaar in het KZ Natzweiler, het NN kamp in de Elzas. Een vreselijke winter was achter de rug. Het vroege appèl in de vrieskou en in de altijd gure wind had veel doden geëist. Door honger, zwoegen, mishandeling, kwalen, uitputting. Hoewel het sterven doorging werden de omstandigheden bij het lengen der dagen iets beter. Velen verlieten de vervloekte Steinbruch en kregen werk in de Hallen.
> In de korte middagrust, slap zonnetje, op een steen, naast nr. 5639, ik nr. 5561. Ongeveer gelijk aangekomen, nooit ontmoet. Hij Amsterdam, ik De Bilt,
> 'Ha, waar het weer gemaakt wordt en nooit uitkomt.'
> 'Jawel.'
> 'Hoelang zal het nog duren?'
> 'Het schiet op.'
> Hij neuriet wat. Hé, de Pastorale van Beethoven.
> 'Weet je wat van muziek?'
> 'O ja, was tot mijn onderduiken, in 1941, secretaris van het USO [dit is het Utrechts Studenten Orkest]

Op weg naar de steengroeve (tekening Henry Gayot).

> Ken het repertoire. Rinus kent alles beter. Alles. Fauré, Bach, Ravel, Brahms, alles floten en zongen wij. De modder viel van ons af, wij waren in een andere wereld.
>
> 'Morgen weer?'
>
> 'Morgen weer, salut.'
>
> Zo ging het weken door, niet iedere dag.
>
> 'Weet jij dat Monteux, toen bij een repetitie in de Don Juan de hoorn blubberde, besloot de hele passage door de fagot te laten spelen? 's Avonds merkte het publiek niets.'
>
> 'Ik zou het wel gehoord hebben,' zei Rinus. en zo was het. Hij had het 'absoluut gehoor'. Wij waren dankbaar te midden van: 'Mach hin', 'Dally, dally' en 'Die Augen...links'. Ik voor de wonderbaarlijke momenten in de zwijnenstal, Rinus voor het klankbord dat hij aan mij had. De strafcolonne maakte er voor mij een eind aan. We hebben elkaar nooit weer gezien.

Gedeelde liefde voor muziek wist in dit geval de politieke verschillen te slechten. Niettemin hielden de communistische gevangenen zich op een andere manier staande dan bijvoorbeeld de gevangenen die in God geloofden. Zo schreef W.L. Harthoorn in zijn in 1963 gepubliceerde herinneringen dat zijn politieke medestanders in Natzweiler verlangend naar het oosten keken, want dat was hun 'barometer'. Ze waren ervan overtuigd dat de 'zo vurig begeerde invasie afhing van de vorderingen van het Rode Leger'. Pas dan, zo dachten Harthoorn en zijn partijgenoten, zouden de geallieerden in actie komen uit 'angst dat de Sowjet-troepen heel Duitsland bezetten'. Harthoorns blik op het Oosten stond echter een goede verstandhouding met niet-communisten niet in de weg. En dat gold ook voor de periode na de oorlog. Hij hield, net als de communistische ex-Natzweilers Otto van Gool en Henk Luttikhuizen, ook tijdens de Koude Oorlog contact onderhouden met andere ex-Natzweilers. Bij de Natzweilers wonnen, aldus Withuis, persoonlijke verhoudingen het van politieke verschillen.

De communist Zwiert Buurke zou net als Haagsma de oorlog niet overleven. Buurke werd op 1 augustus 1901 geboren in Noordhoek. In de jaren dertig kreeg hij het aanbod om met een delegatie zes weken door Rusland te reizen. Bij terugkomst verklaarde hij: 'Zolang ik leef zal ik van nu af aan alles doen om het kapitalisme te bestrijden.' Buurke werd politiek actief en hield zich onder andere bezig met het opvangen van joodse vluchtelingen uit Duitsland. In de oorlog ging hij door met hulp aan joden, iets wat zijn dochter Aaltje Jans-Buurke zich nog goed herinnert. Ze was dertien toen de oorlog uitbrak en de enige dochter naast drie broers. 'Ik sliep in een tweepersoonsbed en soms sliep er een joodse onderduiker naast me. Als het er meer waren, moest ik mijn bed uit.' De meeste joden bleven een of twee nachten en werden dan door Zwiert Buurke naar hun definitieve onderduikadres gebracht.

Op 2 november 1941 werd Buurke gearresteerd. 'We hadden 's middags nog met z'n allen gegeten,' vertelde Jans-Buurke in 2006, 'bruine bonen met spek. Toen gingen we weer naar school en hebben ze vader opgehaald. Hij wilde nog afscheid van ons nemen, dat mocht ook, maar mijn moeder vond het niet goed; het zou ons en de rest van de kinderen op school alleen maar overstuur maken.' Het beeld dat Jans-Buurke is bijgebleven, is de eerste ochtend na haar vaders arrestatie. 'Het was helemaal wit en er stonden grote bloemen op de ramen zo hard had het gevroren. Dat vergeet ik echt nooit meer.'

Het gezin hoorde lange tijd niets, maar ineens kwamen er brieven uit Buchenwald. Ze waren echter in het Duits en dus fietste de jonge Aaltje iedere keer van Harpel (gemeente Vlagtwedde) naar Bourtange, waar iemand woonde die Duits kon lezen. Een half uur heen en een halfuur terug op de fiets.

Op 2 maart 1944 ging Buurke vanuit Buchenwald op transport naar Natzweiler. Na de evacuatie in september 1944 volgen de kampen Dachau, Neuengamme, Gross-Rosen en Mittelbau. In het laatste kamp zou Buurke op 18 maart 1945 overlijden.

Ook de Amsterdamse communist Cornelis Marinus overleefde de oorlog niet. Deze zoon van een visverkoper, zelf werkzaam als havenarbeider, werd eind februari 1941 gearresteerd omdat hij de Februaristaking in de Westhaven had geleid. Uit protest tegen de antijoodse maatregelen van de Duitsers, hadden de arbeiders van Amsterdam het werk massaal neergelegd. De bezetter, die in eerste instantie totaal verrast was, sloeg hard terug en in de maanden daarop werden honderden stakers gearresteerd. Onder hen bevond zich Marinus, die via de kampen Schoorl, Amersfoort en Vught uiteindelijk naar Natzweiler werd gedeporteerd. Daar zou hij op 2 september overlijden. Hij liet een vrouw en twee kinderen achter. Kennelijk is Marinus geen NN-gevangene geweest, want in zijn nalatenschap bevindt zich een brief die hij op 23 augustus 1944 vanuit Natzweiler heeft geschreven.

Blijkens de op het NIOD aanwezige gegevens, zaten er ook enkele tientallen Nederlandse joden in Natzweiler. Een van hen was David Mühlbaum die in het kamp, zo gaat het verhaal, 'Kees' heette om zijn joodse identiteit te verhullen. Nader onderzoek naar het lot van de (Nederlandse) joden in Natzweiler is wenselijk, omdat over hen tot op heden weinig bekend is.

In Natzweiler zaten in totaal zo'n 32 nationaliteiten waarvan de Polen de grootste groep vormden (13.606), gevolgd door de Russen (7586) en de Fransen (6781). Zij hebben lang niet allemaal in het hoofdkamp gezeten, maar waren verspreid over diverse buitenkampen van Natzweiler.

Met name de Franse NN-gevangenen hadden het in Natzweiler extra zwaar te verduren hadden. Na hun aankomst in juli 1943 moesten ze een kelder te graven van honderd meter lang die dienst moest doen als opslagplaats voor aardappelen hoewel hij als zodanig nooit in gebruik is genomen. Tijdens het werk werden ze door de bewakers afgebeuld; op uitgeputte gevangenen werden de kamphonden afgestuurd, die erop waren getraind de gevangenen te bijten. Eenmaal te-

Cornelis Marinus, gestorven in Natzweiler, 2 september 1944.

rug van het werk was verordonneerd dat Franse gevangenen niet mochten worden opgenomen in het *Revier*, een regeling die tot 15 oktober bleef bestaan. Hierdoor namen hun overlevingskansen verder af. Van het totale aantal gestorven NN'ers in 1943 had dan ook 75 procent de Franse nationaliteit.

Er is geprobeerd hun lot te verzachten. De communistische arts Fritz Leo, over wie later meer, waarschuwde de SS-arts Rohde voor een epidemie wanneer de Fransen niet werden behandeld. Als gevolg hiervan werden de ergste zieken en gewonden ten slotte in het *Revier* opgenomen. Eerder had een groepje gevangenen, onder wie behalve Leo ook Gert Nales, George Jarosz, Georg Kielczewski en Roessingh, zich ontfermd over de Fransen. 'Onder dekking van de duisternis' verbonden zij iedere avond degenen die het ergst waren toegetakeld in het 'Waschraum'.

De Nederlanders realiseerden zich de behandeling van hun Franse medegevangenen, want zij zagen hen 's avonds op het appèl. Het deed Van Mesdag beseffen dat het altijd nog erger kon. Bakels schreef dat de Fransen zich mochten verheugen in 'de speciale belangstelling van SS en Kapos', die ook op zondag hun sadisme op deze groep gevangenen botvierden. En de bioloog Con Broers getuigde na de oorlog: 'Er was in Natzweiler een groep Fransche gevangenen die een nog slechter behandeling ondergingen dan de NN-gevangenen. Zij hadden de zwaarste commando's, hadden een *Blockälteste* die zich beestachtig gedroeg en den dood van verscheidene van hen op zijn geweten heeft. Zijn naam ben ik vergeten. Bovendien werden zij niet behandeld in het *Revier*, en mochten niet wegens ziekte op de appèls en op het werk ontbreken. Zeer velen van deze groep zijn gestorven hetzij door mishandeling, hetzij door ondervoeding of ziekte.' Teengs Gerritsen schreef: 'We hooren dat de Franschen vrijwel uitgeroeid zijn. Zij werden tegen de electrische draden gejaagd, door honden aangevallen, die daar speciaal op afgericht waren, doodgeschoten als ze in het stukje niemandsland vóór de afrastering werden gegooid door de SS en Kapo's, kortom zij werden op de meest ellendige wijze vermoord, ook zij waren NN!' En Harthoorn tekende in zijn herinneringen op dat de SS 'een aardig grapje' met de Fransen had uitgehaald. 'Als iemand tijdens het werk dood ging, moesten twee kameraden het lijk op de schouders meedragen, berg op, berg af. Het werk mocht er niet onder lijden, hoewel het nutteloze arbeid is; de stenen, die zij de ene dag naar boven brengen, moeten ze de volgende dag weer naar beneden slepen. Daarom moesten niet alleen de gevangenen, die een lijk droegen, tevens een steen op de schouder nemen, maar werd bovendien een zware kei op de buik van de dode gelegd, zodat ook deze zijn dagtaak ten einde gebracht.'

Natzweiler was niet alleen een executieplaats op termijn, maar ook in de letterlijke betekenis van het woord. Zo werden in de loop der tijd dienstweigeraars – ze hadden zich verzet tegen dienstneming in de Duitse Wehrmacht – uit het door Duitsland geannexeerde gebied Elzas-Lotheringen geëxecuteerd. En de behandeling van een groep van honderd Russen en Polen tart elke beschrijving. Zij hadden in de zomer van 1943 een vluchtpoging voorbereid, maar werden gepakt. Over hun behandeling bestaat een getuigenis die oorspronkelijk in het Duits was opgesteld.

> De actie begon om negen uur 's avonds, toen werden de vermoedelijke leiders ondervraagd. Omdat de ruimte voor verhoor alleen door een dunne wand van de slaapvertrekken werd gescheiden, konden de gevangenen het verhoor helemaal volgen. Om de ondervraagden tot bekennen te dwingen werden hun handen op de rug gebonden, daarna werden ze met vastgebonden handen aan het plafond gehangen. Ook werden ze met zwepen geslagen door SS'ers die bij het verhoor aanwezig waren. Binnen een halfuur was iedereen bereid alles te bekennen wat de SS'ers maar wilden weten, alleen om van de kwellingen bevrijd te worden. Enkelen werden door de foltering helemaal gek en begonnen te zingen. Ongeveer dertig mensen ondergingen deze marteling. De SS'ers die het verhoor leidden, kregen wijn en borrels om hun woede verder op te hitsen, die ze dan ook de vrije loop lieten. In de ruimte ernaast konden de gevangenen de hele nacht niet slapen door het aanhoudende gekerm van de gefolterden. Tijdens het ochtendappel werden de beschuldigden weggevoerd. De meesten waren dusdanig gemarteld dat ze niet meer konden lopen, ze moesten gedragen worden. Van sommigen was het gezicht zo in elkaar geslagen dat ze nauwelijks nog te herkennen waren. Vier weken later werden ze in het bijzijn

van verschillende gevangenen in het openbaar opgehangen. Hun laatste weken hadden ze met hun handen op de rug gebonden in weer en wind door moeten brengen.

Van Mesdag verklaarde in 2006 dat hij en andere gevangenen die in de steengroeve werkten, er bij hun terugkomst in het kamp getuige van waren dat de vijf aanvoerders van de ontsnappingspoging dagenlang geboeid buiten hun barak moesten staan. De uiteindelijke executie vond op een zondag plaats op een daarvoor speciaal aangelegd schavot. Alleen de Russen werden verplicht deze bij te wonen. Van Mesdag zag de slachtoffers 's middags hangen.

In september 1944 werd een groep van 107 mannen en vrouwen van de Franse maquis en 33 Elzassers vermoord. Zij waren van plan geweest het kamp te bevrijden maar werden verraden. Het was in de nacht van 1 op 2 september 1944. Pim Reijntjes: 'Toen de Franse Maquis zijn vermoord, werkte ik in de afdeling desinfectie in een barak recht tegenover de bunker. Daar sliepen wij ook. Ik heb de hele nacht de jonge mensen zien binnenbrengen in de bunker; en vandaar groepsgewijs naar het crematorium. Wat daar gebeurde weet ik niet, maar het is welk duidelijk dat ze vermoord zijn. Een zigeuner die daar werkte vroeg ik de volgende dag wat er gebeurd was. Het antwoord was: 'Du sollst nicht so neugierig sein.' Wat daarna volgde zal ik nooit vergeten; het is een van mijn sterkste indrukken van mijn hele kamptijd. Dagenlang heeft de schoorsteen van het crematorium roodgloeiend gestaan en een walgelijke vette zwarte rook uitgebraakt. Zonder enige twijfel waren dat de Fransen die verbrand werden. De rook, die ontzettend stonk, woei precies over het kamp, uitermate luguber.' Volgens Bakels sloegen in die dagen 'de vlammen metershoog uit de hoge schoorsteen van het crematorium. Over het gehele kamp woei de stank van verbrand vlees. Bij donker bleek de schoorsteen in zijn volle lengte roodgloeiend te staan. Hij trok lichtelijk krom.'

Een paar maanden eerder, op 6 juli 1944, werden per wagen vier vrouwen het kamp binnengebracht. Het waren de oorspronkelijk uit Duitsland afkomstige joodse Sonia Olschanzky, de Engelse Vera Leigh en Diana Rowden en de Franse Andrée Borrel. Alle vier werkten ze voor de door Churchill in 1940 ingestelde geheime Special Operations Executive. Het was 's middags rond drie uur dat ze in Natzweiler arriveerden en hun komst bleef niet onopgemerkt. Veel gevangenen hadden in geen jaren een vrouw gezien.

De vrouwen waren die ochtend uit de gevangenis van Fresnes gehaald en dachten dat ze naar een landbouwwerkkamp werden gestuurd. In plaats daarvan werden ze in het cellenblok opgesloten. Nadat ze hadden geweigerd om zich uit te kleden voor medisch onderzoek, ontblootten ze wel hun arm voor wat ze dachten dat een injectie tegen tyfus was. Het bleek een dodelijke fenol-injectie. Tijdens het Natzweilerproces getuigde de Duitse gevangene Franz Berg – hij was een Duitse misdadiger – dat hij opdracht had gekregen het

De oven in het crematorium in Natzweiler.

vuur in het crematorium om 21.30 uur aan te hebben. Tevens verklaarde hij dat hij had gezien dat een van de vrouwen nog niet echt dood was toen ze de oven inging. Dit werd weersproken door de aanwezige ss-getuigen.

Medische experimenten

Eugen Haagen, geboren in Berlijn op 17 juni 1898, werd in 1942 benoemd tot hoofd van het hygiënisch instituut in Straatsburg. Hij werd gezien als dé expert op het gebied van de bacteriologie. In Natzweiler was hij in de periode tussen mei 1943 en september 1944 betrokken bij onderzoek naar vlektyfus, hepatitis en griep. Op 12 november 1943 kwam er in Natzweiler een konvooi van honderd zigeuners uit Auschwitz aan. Ze zouden moeten dienen als proefkonijnen voor vlektyfusexperimenten, maar hun conditie bleek zo slecht te zijn dat Haagen weigerde zijn experimenten op hen uit te voeren. Voor de zigeuners betekende het dat ze ruim een maand later – op 24 december – werden teruggestuurd naar Auschwitz, als ze al niet eerder waren overleden. In de tussentijd was er al een tweede konvooi met 89 zigeuners in Natzweiler gearriveerd. Ze werden verdeeld in twee groepen, de eerste werd gevaccineerd met een krasje op de huid, de tweede intramusculair geïnjecteerd. Uiteindelijk zouden 29 personen overlijden, wat de wetenschappers niet verhinderde het experiment een succes te noemen.

Zigeuners werden ook onderworpen aan proeven met gas. Con Broers, die als assistent van de sectiekamer van het crematorium werkte, aanschouwde het effect van deze proeven met eigen ogen:

> Op gezette tijden werd een aantal Zigeuners aan de poort gecommandeerd. Zij macheerden af naar het nabijgelegen 'Struthof', een vroegere kapitale boerderij [...] toentertijd als huisvesting gebruikt voor magazijn en kantoren van de ss. Ook de gaskamer was daar ondergebracht. [...] In 'Struthof' werden de Zigeuners dan blootgesteld aan de inwerking van strijdgassen, welke is mij niet bekend. Laat in den middag werden de slachtoffers in een vrachtauto weer naar het kamp gereden, de levenden naar het Revier, waar verschillende therapieën op hen toegepast werden. De dooden gingen naar de sectiekamer van het Krematorium, waar den volgenden dag een professor uit Strassburg verscheen, vergezeld van een assistent, een enkele maal vergezelde hem ook een jonge vrouw. Namen zijn mij niet bekend. De assistent maakte foto's en films van de sectie, die onder leiding van den professor en onder toezicht van een der *Sanitätsunteroffiziere* uitgevoerd werd door G. B. [een Belgische medegevangene die als arts in het *Revier* werkte] en mij. Vaak kwam de Lagerarzt door zijn aanwezigheid blijk geven van zijn belangstelling. Wij constateerden, voorzoover ik mij nog herinneren kan, cyanotische verkleuringen van de huid, sterke hyperaemie van den larynx en een buitengewoon sterk longoedeem. De borstorganen werden uit den thorax ge-

nomen en apart gefotografeerd. Er werden ook kleurenfoto's genomen.

Toen Roessingh hoorde dat er proeven op zigeuners zouden worden gedaan, wendde hij zich tot de kapo van het *Revier* met de mededeling, dat hij er niets mee te maken wenste te hebben en terug naar de steengroeve wilde. Deze kapo verzekerde hem echter dat hij er niets mee te maken had, en Roessingh bleef.

Volgens Roessingh werden de zigeuners onderworpen aan verschillende doseringen gas, waarna er röntgenfoto's van de longen werden gemaakt. De zigeuner Laubinger zou hij nooit vergeten; deze werd tot twee keer toe aan de gasproeven blootgesteld en overleefde ze. Evenals Laubinger overleefde Julius Strauss de experimenten. Hij was bevriend met de Nederlandse marinier Jan van Kuik, en na de oorlog zou het contact tussen de twee nooit worden verbroken.

De SS'ers wilden zo min mogelijk ruchtbaarheid geven aan hun medische experimenten. Pim Reijntjes, die een tijdlang als calculator in Struthof werkte, vertelde dat de gevangenen 'boven' bleven wanneer er 'beneden' experimenten werden uitgevoerd.

Haagen was samen met de hoogleraar anatomie van de Universiteit van Straatsburg, August Hirt, ook verantwoordelijk voor de proeven die in Natzweiler werden uitgevoerd met een soort blarentrekkend gas. Roessingh getuigde na de oorlog dat deze werden toegepast op een groep van vijftien Duitse beroepsmisdadigers. Hun huid – ze

Jan van Kuik.

kregen wel een gasmasker op – werd blootgesteld aan het gas en had als effect dat er grote ettertrekkende blaren op de armen, de benen en de rug ontstonden die dan weer behandeld moesten worden met levertraanzalf. Van de vijftien proefpersonen stierven er drie. Otto Bickenbach experimenteerde met fosgeengas en onder auspiciën van Hirt werden er experimenten met mosterdgas gedaan.

In augustus 1943 werden in Natzweiler 29 joodse vrouwen en 57 joodse mannen vergast. Opdrachtgever was de wetenschappelijke ss-organisatie 'Ahnenerbe' die de skeletten wilde gebruiken voor een antropologische *Schausammlung*. Hoofdverantwoordelijke waren de reeds genoemde Hirt en Wolfram Sievers die *Hauptgeschäftsführer* van de 'Ahnenerbe' in Berlijn was.

De groep joden werd in de zomer van 1943 door de antropologen dr. Bruno Beger en dr. Hans Fleischhacker in Auschwitz geselecteerd op zogeheten *joodse kenmerken*. Aanvankelijk bestond ze uit 87 personen, maar een van de vrouwen verzette zich bij het naar binnengaan van de gaskamer in Natzweiler zo krachtig, dat zij door een ss'er werd doodgeslagen met de kolf van een pistool. Daardoor was haar stoffelijk overschot onbruikbaar geworden voor de doeleinden van 'Ahnenerbe', en ze werd niet naar Straatsburg afgevoerd.

De op 25 mei 1922 geboren Levei (Levie) Khan was een van de 86 die in de nacht van 17 of 19 augustus 1943 in Natzweiler werd vergast. Hij was afkomstig uit een mijnwerkersgezin uit Limburg. Hij werd in de oorlog in Westerbork geïnterneerd en kwam op 25 februari 1943 in een transport van 1101 mannen en vrouwen in Auschwitz aan. Die dag zou hij, anders dan 847 anderen, de selectie overleven. Helaas lukte hem dat geen tweede keer toen Beger en Fleischhacker het kamp afspeurden op zoek naar tentoonstellingsmateriaal. Op grond van welke kenmerken Khan in handen viel van deze nietsontziende antropologen, is niet vast te stellen. Feit is dat zijn lot was bezegeld toen hij op 30 juli 1943 op transport naar Natzweiler werd gesteld. Dat gold ook voor de tien jaar oudere Jacob Polak. Deze was geboren en getogen in Amsterdam en zou evenmin als zijn ouders en zijn twee broers de oorlog overleven. Polak werd evenals Khan op 17 of 19 augustus in Natzweiler vergast. De Duits-joodse vluchteling Jeanette Vogelsang ten slotte werd begin 1943 gearresteerd tijdens een poging om uit Roermond – ze was in 1934 met haar man (die in 1935 stierf) en twee kinderen naar Nederland gevlucht – naar Zwitserland te komen. Geïnterneerd in Mechelen werd ze op 19 april naar Auschwitz gedeporteerd. Op 11 of 13 augustus werd ze in de gaskamer van Natzweiler vermoord. Haar twee kinderen overleefden de oorlog wel.

Nadat de joodse mannen en vrouwen waren vermoord, werden de lichamen naar de universiteit van Straatsburg overgebracht, waar ze werden geconserveerd. Meer dan een jaar lagen de lijken in een opslagruimte van de universiteit als expositiemateriaal voor Hirts beoogde anatomische museum. In het zicht van de Duitse nederlaag werd het echter zaak om zich van de lichamen te ontdoen om te voorkomen dat deze als be-

De gaskamer van Natzweiler

wijsmateriaal voor de Duitse oorlogsmisdaden konden dienen. Opdracht werd gegeven de lijken te onthoofden en in stukken te zagen om identificatie te voorkomen. Dankzij een oplettende medewerker van Hirt zou het echter toch mogelijk zijn de identiteit van deze mannen en vrouwen vast te stellen. Die medewerker was Henry Henrypierrre, van huis uit apotheker en vanaf juni 1942 in dienst van de Universiteit van Straatsburg. Hij was er bij toen de lijken in augustus 1943 in Straatsburg aankwamen. Hij wist niets van de doodsoorzaak, maar verwonderde zich over de nummers die op de linkerarmen van de slachtoffers waren getatoeëerd. Henrypierre had geen idee van de betekenis, maar het leek hem relevante informatie. Zonder medeweten van zijn superieuren schreef hij de nummers op een papiertje. Zijn notities zouden de sleutel blijken te zijn tot identificatie van de tot dan toe anonieme joodse mannen en vrouwen.

Na de bevrijding gaf Henrypierre de door hem opgeschreven nummers door aan de Franse justitie. De misdaden werden in het gerechtelijk onderzoek meegenomen, maar naar de identiteit van de slachtoffers is destijds niet verder gezocht. Het was de Duitse wetenschapper Hans-Joachim Lang ten slotte die na een jarenlange speurtocht de nummers weer in namen omzette en familieleden opspoorde om de achtergrond van de slachtoffers te achterhalen.

Overlevingskansen

Op basis van de in Nederland verzamelde gegevens hebben 588 Nederlandse gevangenen in kamp Natzweiler gezeten. Van hen hebben 280 personen de oorlog niet overleefd. Het was met name de periode na de evacuatie in september 1944 die verreweg de meeste slachtoffers eiste, namelijk 206. De overige 74 waren eerder in Natzweiler gestorven.

De Straatsburgse hoogleraar Robert Steegmann, die recentelijk een uitgebreide studie publiceerde naar Natzweiler en de omliggende buitenkampen, onderscheidt in het verloop van de sterfte vijf fases: (1) mei 1941 tot en met maart 1942: de eerste doden; (2) april 1942 tot en met mei 1943: zeer hoge sterfte; (3) van juni 1943 tot en met maart 1944: daling van de sterfte; (4) april 1944 tot en met september 1944: een lichte stijging. De vijfde periode, van oktober 1944 tot en met april 1945, die wat Natzweiler betreft over de buitenkampen gaat, noemt Steegmann een 'l'abatoir humain' – zo massaal was toen het sterven. Als gezegd vielen ook onder de Nederlandse Natzweilers in deze laatste fase de meeste doden.

In de fase 3 en 4 zaten de meeste Nederlanders in Natzweiler. Dat zich toen enige 'verbetering' voordeed, komt doordat de economische afdeling van de SS zeggenschap had veroverd op de politieke. Door die machtswisseling werden de kampen onderdeel van de Duitse oorlogseconomie en werden de gevangenen potentiële arbeiders, wier sterfte minder wenselijk was. Al op 28 december

1942 kregen de kampartsen per circulaire – met een kopie naar de kampcommandanten – de dringende oproep de sterfte omlaag te brengen. 'De kampartsen dienen meer dan tot dusver toezicht te houden op de voeding der gevangenen en in overleg met de beheersorganen, bij de kampcommandanten voorstellen te doen tot verbetering.' Andere circulaires, met bijvoorbeeld voorschriften over de hygiënische omstandigheden, volgden in de maanden daarop.

De betekenis van dit alles was echter betrekkelijk. Weliswaar werd vernietiging nu vernietiging door werk, maar de klemtoon lag nog steeds op vernietiging. Dat gold met name voor de NN-gevangenen in Natzweiler. Binnen deze groep laten de Fransen het hoogste sterftecijfer zien, gevolgd door de Noren, met de Nederlanders op de derde plaats.

Iemands kans om een concentratiekamp te overleven werd beïnvloed door diverse factoren. Een van die factoren was leeftijd. Hoe ouder, hoe slechter iemands kansen, zeggen ex-Natzweilers, en die observatie blijkt te kloppen met de gegevens. Slechts acht van de 86 gevangenen die voor 1900 geboren waren, kwamen terug.

De oudste Nederlandse gevangene in Natzweiler was hoogstwaarschijnlijk Maarten de Graaff. Hij werd op 8 december 1874 geboren en was 65 jaar toen de oorlog uitbrak. De Graaff was machinist van het gemaal van de polder Oud-Schuddebeurs bij Den Biersum en hielp in die functie Engelandvaarders om van daaruit te ontsnappen. Hij werd verraden. Op 10 juli 1943 kwam hij in Natzweiler aan, waar hij bijna negen maanden later, op zijn negenenzestigste, stierf. De Graaff was niet de enige gevangene in dit transport die de vijftig ruim was gepasseerd. De glasblazer Arie Donker en Hendrik Hemmes waren respectievelijk 60 en 61 toen ze werden gedeporteerd. Beiden stierven in Dachau; Donker op 24 september 1944, Hemmes ruim drie maanden later, op oudejaarsdag.

Iemands overlevingskans hing sterk af van het soort werk dat hij moest doen. Sommige commando's waren beter dan andere. Werk binnen was te prefereren boven het werken in de buitenlucht, omdat men in het laatste geval was overgeleverd aan de elementen die in Natzweiler zeer grimmig waren. De steengroeve was berucht.

Steensma kwam terecht in de weverij, waar hij stootkussens voor de marine moest maken. De Bordes kreeg via een vriend een baantje in de *Effektenkammer*, het magazijn waar de persoonlijke eigendommen van de gevangenen werden bewaard. De Loos dankt zijn leven aan medegevangene Pat O'Leary, die voor een Canadese majoor doorging, maar in werkelijkheid de Belgische arts-kolonel Albert Guérisse bleek te zijn. Guérisse liet rechtenstudent De Loos doorgaan voor student medicijnen en hielp hem zo aan een baantje in het ziekenhuis. Con Broers kreeg een baantje als tekenaar via de kapo August Fuhrman, oorlogsgewonde uit de Eerste Wereldoorlog en als Duitse communist sinds 1933 in gevangenschap. Broers heeft Fuhrman achteraf beschreven als een behoorlijk mens aan wie hij veel verschuldigd was. Ook de Luxemburger Bero staat bekend als zo'n 'goeie' kapo: 'Hevig brullend als de SS in de buurt was, daarna weer menselijk zorgzaam voor allen die het moeilijk hadden.' Zijn weduwe werd na de oorlog nog herhaaldelijk met een bezoek van de Nederlandse gevangenen vereerd.

Dat overlevingskansen te maken hebben met de voedselvoorziening spreekt voor zich. Hoewel er per 1 augustus 1940 vaste regels voor de rantsoenering van levensmiddelen waren ingesteld, waarin was voorzien in een extra toelage voor zware arbeid, was in werkelijkheid de hoeveelheid eten verregaand onvoldoende. Vleeswaren in de kampen bijvoorbeeld waren van zeer slechte kwaliteit – Van Mesdag spreekt van een soort elastiekworst – hetzelfde gold voor de voorgeschreven *verse* groenten die meestal bestond uit 'Duitse ananas', dat wil zeggen koolraap. De voorgeschreven 80 gram suiker per dag werd niet verstrekt, jam (voorschrift 100 gram) was schaars.

In Natzweiler leed men ronduit honger. Gevangenen kregen 's ochtends surrogaatkoffie en 's middags een liter heldere soep met enkele stukjes koolraap of witte kool en wat vlees erin. Het avondeten bestond uit 350 gram brood, 20 gram margarine, een beetje jam en een stukje 'gummiworst'. Soms kregen de gevangenen drie gekookte, ongeschilde en vaak verrotte aardappelen, en op zondag zat er in de soep wat meer vlees en deegwaren.

Volgens schattingen leefden de gevangenen van 1200 calorieën per dag. Wie in de steengroeve en de hallen van de steengroeve werkten, kregen twee sneden brood extra. Extra voedsel kon men ook verwerven door bijvoorbeeld klusjes te doen voor gevangenen die pakketten van thuis kregen of door de sterfgevallen een etmaal te verzwijgen; dan vielen er meer porties te verdelen.

Jan Veenendaal, die op zeventigjarige leeftijd zijn herinneringen aan het papier toevertrouwde en in de oorlog deel uitmaakte van de verzetsgroep Leeuwengarde in Den Haag, schreef: 'Tegen de honger dacht men ook wat uitgevonden te hebben. In een strook krant werd wat aardappelloof gedaan en er een cigaret van gedraaid. Na één of twee trekjes, was je zo misselijk als een kat, wat de bedoeling was, want je honger was over. Niet direct voor herhaling vatbaar.'

Docters van Leeuwen, die in november 1942 in Leersum werd gearresteerd, was van beroep dierenarts. Na enige tijd in de steengroeve – waar hij het ongeluk overleefde dat aan Teeuwsen het leven kostte – werd hij door de SS aangesteld om de dieren te verzorgen. Hij sliep 's nachts in het kamp, maar zorgde overdag in een SS-Lager voor het vee. Dat leverde dan nog wel eens wat extra eten op, zoals de keer toen de rammen gecastreerd moesten worden.

Simon Wolff werkte als glaszetter. Als er door de geallieerde bombardementen ramen waren gesprongen, kwam hij soms in het dorp. Dorpelingen stopten hem dan vaak wat extra eten toe, waardoor hij op zijn beurt vrienden die er slecht aan toe waren, iets extra's kon geven. Ook in het kamp had hij veel bewegingsvrijheid en lukte het hem dan wel eens om het eten van de honden te

J. Docters van Leeuwen na de oorlog.

veroveren, die tussen de middag met de resten van de ss-maaltijd werden gevoerd. Omdat Wolff goede contacten met de kapo van de keuken had, kon hij de laatste wens vervullen van een vriend die op zijn sterfbed enorm verlangde naar een beetje suiker. Wolff: 'Ik ging naar de keuken. Carel was zeer tevreden over me want ik had inmiddels verschillende ruiten ingezet. Ik vertelde hem van de wens van mijn stervende vriend. Hij zei: "Ik vraag even de sleutels van het voorraadhok aan de ss, want ik heb iets nodig. Als ik eruit kom laat ik de sleutel voor enkele minuten in het slot zitten. Het beste." Han is gestorven met de smaak van suiker in zijn mond, tevreden glimlachend.'

Het systematisch gebrek aan voedsel leidde tot hongeroedeem en de pijnlijke flegmonen (weefselontstekingen), en maakte de gevangenen uiterst vatbaar voor infectieziekten. Daarbij waren dunne mensen extra kwetsbaar, omdat ze, zoals recent onderzoek naar hongerstakers aantoont, sneller afvallen. Het is achteraf niet vast te stellen hoe de relatie is geweest tussen voedseltekort en sterfte, omdat zoveel andere factoren een rol van betekenis speelden. Dik of dun, lang of kort, sportman of niet, jong of oud, arbeider of intellectueel – het speelde allemaal mee als het ging om de kans te overleven. In theorie waren de overlevingskansen voor een zwaarlijvige arbeider groter dan voor een dunne intellectueel, maar Bakels was zo'n dunne en bovendien lange intellectueel en overleefde desondanks.

Ook de besmettelijke ziekten waren een risico. Eind april 1944 brak in Natzweiler vlektyfus uit, een epidemie die tot eind juni duurde en veel gevangenen het leven kostte. Bakels kreeg de ziekte in het buitenkamp Vaihingen-Enz, waar hij na de evacuatie terechtkwam. In zijn dagboek, dat hij richtte aan zijn toenmalige vrouw, schreef hij:

> *28 februari* [1945] Ik moet schrijven maar kan niet. Heb vreselijke koorts, verscheurende hoofdpijn, diarree en reumatiek. Vlektyfus? Ga vanavond het Revier in, zeggen ze. Dan moet het. Alles is zo vernederend. Het is, ondanks alle genade Gods, zo gruwelijk zwaar. Al drie jaar bijna. Nu wéér ziek. Jouw gebed zal me redden. Duitsland gaat eraan. Goed. Ik kan niet meer. Holland, werkelijke een land om voor te sterven. Zeker 40° koorts.
> *1 maart* Eerst schrijven, anders kan ik niet slapen. Gisteren 40,8°. Ik werd door Jan Bruyel, een nieuwaangekomen Hollander, naar Revier 4 zaal 7 gesleept. Ben verdacht van vlektyfus. [...] Als ik bij je terugkom, waarop ik rotsvast vertrouw, heeft God een zoveelste wonder gedaan en de doortrapte ondernemingen van de mof gedwarsboomd. Akkerman is dood, er zijn er nog vijf over. Ik zie alles helgeel.
> *2 maart* Koorts, golvende koorts. Een stapel van 32 lijken. Vannacht 39°. Vrienden helpen me. Ik zag al de oudste dingen. Ik hang helemaal aan God. Heer, ik wil graag nog hier met haar leven. De warmte en het licht van Jezus vervullen me. Ik geloof vast. Behoed haar, God.

Wellicht had Bakels de ziekte opgelopen door zijn zorg voor ingenieur Wolter (Pepi) Bijleveld. Twee dagen na diens overlijden, op 26 februari 1945, werd hij in het *Revier* opgenomen.

Bijleveld was geboren in 1902 en was dertien jaar ouder dan Bakels. Voor oudere mensen was de ziekte het gevaarlijkst. Dat had te maken met het feit dat vlektyfus gepaard gaat met zeer hoge koorts, die een zeer zware belasting is voor het hart. Pim Reijntjes kreeg vlektyfus in Dachau. Hij vertelde dat hij gekweld werd door hartkloppingen en nooit onder de 40 graden koorts had. 'Ik had vreselijke hoofdpijn, alsof ze met een gloeiende pook in mijn hoofd zaten.' Reijntjes kon het net als Bakels nog navertellen. Nadat hij beter was bleef Reijntjes in het *Revier* als verpleger. Het was voor het eerst dat hij tijdens zijn gevangenschap het gevoel had nuttig werk te verrichten.

De beruchte kampziekte vlektyfus was levensbedreigend, maar dit gold ook voor diarree. Sam Hingst legde uit hoe moeilijk het voor de toch al ondervoede gevangenen was om bij diarree op te houden met eten en drinken. 'Ik kwam aan de dunne. Eén dag niet eten en niet drinken, de tweede dag weer een beetje, mis! Nog altijd dun. Volhouden! Dan maar twee dagen niet eten, eraan vasthouden, alleen maar houtskool eten, dat vond ik bij een vuurtje, buiten. De derde dag ging nog, de vierde minder en de vijfde toen ik weer ging eten, het moest nu wel, kon ik m'n voeten slechts slepend over de grond schuiven. Een kleine hindernis en je valt als een vod op de grond. Een klein duwtje, hetzelfde en dan de moeite en inspanning om overeind te komen! Dan komt daarbij de zorg. Je loopt met je brood-

Sam Hingst na de oorlog.

rantsoen van 4 tot 5 dagen bij je. Terwijl er zoveel gestolen wordt. Waar berg je het? Mag je het weggeven? Dan de vijfde dag op gevaar van ellendig veel slaag, laat ik het hier en daar roosteren onder afzetten van 1/4 tot 1/2 van de quantiteit [...].' En Veenendaal schreef: 'We hadden natuurlijk geen geneesmiddelen tegen diarree. Dat maakten we zelf. We stookten een vuurtje met oude planken en als die dan goed verkoold waren, kauwden we een stuk daarvan naar binnen. Het hielp wat. Soms kreeg je een lepel pijpaarde. Het was geen geneesmiddel, maar je raakte ervan verstopt.'

Bakels had het geluk dat hij meermalen werd opgelapt in het *Revier*. Toegang tot het *Revier*, of het nu was als patiënt of omdat je er een baan had, kon je leven redden. Je werd door opname bijvoorbeeld even vrijgesteld van een zwaar arbeidscommando. Het *Revier* was dan ook een van de zenuwcentra van de concentratiekampen.

In Natzweiler zwaaide in het *Revier* de Duitse communist Fritz Leo de scepter, die net als Fuhrman al vanaf 1933 gevangenzat. Over deze macabere figuur zijn de Nederlandse gevangenen uiterst verdeeld. Bakels beschreef hem als een licht krankzinnige kobold met een groot hoofd en sensuele lippen die het op een merkwaardige manier op hem voorzien had. Leo noemde de zeer gelovige Bakels spottend 'Himmelkomiker' of 'Jesuknabe', maar redde hem niettemin een paar keer het leven. Voor Roessingh, die Leo lange tijd van nabij meemaakte, was Leo een zeer problematische persoon. In een brief aan Bakels uit 1976 schreef hij over de eindeloze politieke discussie die hij met hem had gevoerd:

> Ik heb Fritz Leo gesmeerd met eten uit mijn pakketten en ik heb urenlange discussies in mijn vrije tijd met hem gevoerd, om hem maar te bewegen zijn standpunt, dat west europeanen waardeloze figuren waren, die beter konden worden uitgeroeid en dat alleen de slavische volken voor de toekomst moesten worden bewaard (waar hij ook de duitsers toe rekende), niet in daden om te zetten, maar ook veel aandacht te besteden aan onze mensen. Ik had invloed op Leo, maar het heeft me wel een soort geestelijk isolement gekost, dat bijna even erg was als het lichamelijke isolement waaronder ik voordien had geleden. [...] Dat jij van deze zaken niets of bijna niets hebt gemerkt is goed, want het moest ook onmerkbaar gebeuren. Maar het is wel gebeurd en wel met veel inzet en voortdurend onderling overleg, teneinde het front gesloten te houden. We moesten vooral achter de schermen blijven, niet pompeus doen, niet opvallen en zorgen voor rechtvaardige en goede verbindingen en service met en voor de prominenten uit het kamp. Ik geloof dat we daarin zijn geslaagd. Natuurlijk was dit spel voor onszelf en onze positie ook niet onvoordelig, maar er zaten wel voortdurend grote risico's aan vast. Deze dingen werden niet gedaan uit een Godsgeloof pur sang, maar uit zuiver menselijkheid en solidariteit.

Roessingh deed zijn best om Leo te overtuigen van de zorg die 'zijn' mensen nodig hadden. In hoeverre Leo hieraan tegemoetkwam, is een kwestie die na de oorlog expliciet aan de orde kwam. Toen de Nederlandse ex-Natzweilers in 1949 werden benaderd door de Franse militaire rechtbank met de vraag informatie te verstrekken over kampcommandanten en -bewakers, was het Boellaard die terloops opmerkte, 'en ce qui concerne', dat over Leo nog wel het nodige te zeggen viel. Kennelijk werd dat door het Franse justitieapparaat opgepikt, want vervolgens schreef Boellaard een belastende getuigenis. Volgens hem had Leo talloze slachtoffers gemaakt onder wie kolonel Jansen. Leo had geweigerd Jansen in het *Revier* op te nemen. Nadat hij erop was gewezen dat Jansen een kolonel van het Nederlandse leger was, zou Leo hebben geantwoord: 'Net goed.' Jansen stierf niet lang daarna op 5 november 1943.

Boellaards aanklacht werd gesteund door Frans Snoek, die na de bevrijding bij de Politieke Opsporingsdienst in Utrecht werkte, en voor zijn dood, in juli 1949, zijn beschuldigingen aan het papier had toevertrouwd. Het loog er niet om. Snoek beschuldigde Leo van dood door schuld, medeplichtigheid tot moord en moord wegens nalatigheid.

Ook Van Lanschot legde een belastende verklaring af. Over het geval-Jansen getuigde hij: '[Jansen] werd, naar ik meen door de capo Eckert Max van de weverij, van de trappen geslagen, omdat hij niet vlug genoeg kon lopen vanwege zijn ouderdom. Dokter Krediet, die helaas in 1945 in Dachau aan typhus is gestorven en ik, hebben Kolonel Jansen naar de ziekenbarak gedragen. Dokter Krediet constateerde dat de toestand van de kolonel zeer ernstig was en bracht dit naar voren bij dokter Leo Frits [sic] nadat wij niet dan met veel moeite in de bedoelde barak hadden kunnen binnendringen. Aanvankelijk veinsde deze belangstelling en dachten wij op geneeskundige hulp voor de kolonel te kunnen rekenen, maar toen hij vernam dat de patiënt een kolonel was en de Heer Krediet dokter, ontstak hij in woede en sloeg dokter Krediet in het gezicht en joeg ons de barak uit. Hij zeide daarbij dat "Nacht und Nebelhäftlingen" niet voor hulp in aanmerking kwamen.'

Kennelijk hanteerde Leo dit voorschrift naar het hem uitkwam, want niet alleen Bakels, maar ook andere NN'ers werden door hem in het ziekenhuis opgenomen. Toch werd Leo door Van Lanschot omschreven als iemand die bijzondere bezwaren had tegen intellectuelen en stond hij gevangenen die hem niet bevielen met injecties naar het leven. Ad de Jonge was ervan overtuigd dat Leo vier gaullistische militairen met zo'n injectie vermoord had.

Van Lanschots aanklacht leidde tot een kritische reactie van de communistische ex-Natzweiler Nico Wijnen. Hij schreef Van Lanschot op 20 april 1950 dat Leo niet verantwoordelijk mocht worden gehouden voor de dood van de kolonel. 'Eerder wordt dezerzijds aangenomen dat Kolonel Jansen reeds zover heen was, dat hij een natuurlijke dood gestorven is, voor zover men dan bij de buitengewoon slechte toestanden, die nu eenmaal in een concentratiekamp heersen, kan spreken van een natuurlijke dood.' Nam Wijnen het voor Leo op vanwege hun gedeelde politieke voorkeur?

Ook Roessingh reageerde. Hij, die als gezegd Leo het meest van nabij had meegemaakt, stelde zich terughoudender op dan Boellaard, Van Lanschot en Snoek. Hoe complex de relatie Roessingh-Leo was, blijkt wel uit het feit dat Roessingh niettegenstaande alle discussies, uiteindelijk tijdens een fikse ruzie had gedreigd Leo in elkaar te slaan, waarna deze hem weliswaar niet vermoordde maar wel uit het *Revier* smeet. Van oktober 1943 tot mei 1944 werd Roessingh in Rastatt Iffezheim tewerkgesteld.

Zoals Roessingh de Franse justitie per brief liet weten, speelde de kwestie-Jansen precies in die periode. In diezelfde brief (van 28 mei 1951) schreef hij dat hij niet kon getuigen dat Leo schuldig was aan moorden door middel van injecties. Hij zag Leo als een 'psychisch gedrocht' met een 'gedeformeerd en verminkt karakter', maar niet als iemand met een 'eenzijdig ontwikkelde bestialiteit noch [met] de in politieke dogma's geklede geldingsdrang of het uit minderwaardigheidsgevoel en lust tot wereldwraak geboren sadisme, alle drie toestanden, waarin fataal vele Duitsers verkeerden'. Roessingh beaamde dat Leo een rücksichtsloze figuur was die er geen moeite mee had gevangenen uit de weg te ruimen. Tegelijkertijd echter had hij veel goeds gedaan. Toen de vlektyfusepidemie uitbrak, drong Leo er bij de SS op aan een aparte barak in te richten om deze patiënten te verplegen. 'Dit bood de kans om gevangenen die in gevaar waren te verstoppen omdat de Duitsers als de dood waren zelf besmet te raken.' Zo herhaalde Leo zijn 'truc' om de Fransen te redden toen hij eveneens gebruikmaakte van de Duitse angst voor besmettelijke ziektes.

Volgens Roessingh waren Leo's daden 'veel minder één dan bij de meeste mensen het geval was'. Leo had zowel veel goed als veel kwaad gedaan. Hij besloot zijn verklaring met de woorden: 'Bezien wij de misdadigheid vanuit de gezichtshoek van continuïteit, dan zou ik willen stellen, dat tegenover de velen, die heden onder ons weer vrij en zelfbewust rondlopen, waarvan het voor mij zeker is, dat zij de vonk van misdadigheid in hun nageslacht doorgeven, Dr. Leo iemand is, die eenmaal geplaatst in normale omstandigheden veel kans heeft rechtschapen en begaafde nakomelingen te krijgen.'

De uiteenlopende of zelfs tegengestelde verklaringen van de Nederlandse gevangenen en in het bijzonder de genuanceerde opstelling van Roessingh illustreren hoe moeilijk het is het gedrag te beoordelen van mensen die, zij het binnen de beperkingen van de gevangenschap, niettemin de macht hadden te beschikken over leven en dood.

Con Broers typeerde Leo als een gewetenloos mens die niettemin verschillende mensen het leven had gered. Zijn redenering over Leo lijkt terug te verwijzen naar zijn ervaringen met Fuhrman. Men moest, zo verklaarde hij, bij de 'beoordeling van deze menschen nimmer uit het oog verliezen dat zij jarenlang hebben moeten leven in een maatschappij, die erop gericht was om de laagste instincten in den mensch wakker te roepen. Een menschenleven telde er niet. Het gevoel voor normale verhoudingen was men kwijt.'

Van Mesdag zegt desgevraagd dat hij niets afweet van een aanklacht, maar dat hij zich wel kan voorstellen dat Leo eenvoudigweg niet iedereen in het ziekenhuis kon opnemen. Daarmee raakt Van Mesdag aan het dilemma dat voor alle gevangenen gold die een cruciale positie binnen de kampgemeenschap hadden veroverd, namelijk wie hielp je wel en wie niet? Leo was bereid om de gelovige Bakels op te nemen, maar weigerde de militair Jansen.

Wat Roessingh in 1951 niet, maar in 1976 wel – aan Bakels – schreef, was dat hij Leo er destijds sterk van had verdacht dat hij zieke Noren 'die enorme pakketten uit Zweden ontvingen, in de zgn. "prominenten kamer" te leggen en ze dan, in hun afhankelijke positie, zwaar "ab zu kochen". Vervolgens verdween zo 'n Noor dan na een week naar een van de benedenste barakken (vermoedelijk de infectionsbarakke), om daar nooit meer levend uit te komen.' Bewijzen, zo voegde Roessingh eraan toe, had hij echter niet, en hij vond het dan ook een te zware aantijging om ermee naar buiten te komen. En in 1978 ontving L. de Jong een brief van Roessingh met de mededeling dat Leo zich 'ter verrijking van eigen medische kennis, op onzedelijke wijze vergreep aan politieke gevangenen (hoofdzakelijk Noren), die hij zonder reden ging opereren en in andere gevallen breuken opereerde op volkomen ondeskundige wijze, hetgeen achteraf bleek uit röntgenopnamen, die hij dan verdonkeremaande'.

Hoe Leo's daden en misdaden uiteindelijk zijn beoordeeld en of hij zich voor de rechter heeft moeten verantwoorden, heb ik niet kunnen achterhalen. Feit is dat ook hij een vijand van de nazi's was en na hun val niets liever wilde dan hen aanklagen. Dat hij in die aanklacht zelf een verdachte zou worden, heeft hij waarschijnlijk niet kunnen voorzien. Withuis schreef het al in haar inleiding; soms zijn de stapeltjes 'fascist' en antifascist' ontoereikend.

Naar Leo's eigen afwegingen blijft het raden. Waren zijn keuzes ideologisch gemotiveerd, gebaseerd op een inschatting van iemands overlevingskansen of louter willekeur? Vast staat dat Leo de ene gevangene redde, terwijl hij een ander aan zijn lot overliet of misschien zelfs uit de weg ruimde.

HOOFDSTUK 3

Evacuatie en terugkeer

Na Natzweiler

In september 1944, toen de geallieerde legers oprukten, werd Natzweiler geëvacueerd. De meeste Nederlandse gevangenen werden naar Dachau afgevoerd. In een bericht van de toenmalige kampcommandant aan Berlijn van 7 september 1944 staat dat er op 3 september 1944 een transport van 2400 gevangenen naar Dachau vertrok. Behalve naar Dachau gingen er vanaf begin september transporten naar andere kampen waaronder de buitenkampen van Natzweiler. Bakels schreef over die periode: 'De mof [versleept] zijn gevangenen van west naar oost en die van oost naar west. Hij wilde ze niet vrijlaten, hij wilde ze blijkbaar evenmin vermoorden.' En inderdaad, het grote slepen was begonnen. De Delftse student Ritter werd na een kleine twee weken in Dachau opgeroepen voor vertrek naar Mauthausen. Ritter zat in een transport met ruim zeshonderd Nederlanders, van wie de meesten weer werden doorgestuurd naar andere kampen. In november 1944 was Ritter samen met nog één andere Nederlander over. Precies halverwege die maand ging hij opnieuw op transport en nu was de eindbestemming kamp Zipf. Daar waren grote kelders aangelegd met het doel er ondergrondse werkplaatsen in te richten die dienden als proefstations voor de v1's. Enige dagen voordat Ritter aankwam, waren de werkplaatsen verwoest en het was aan de gevangenen de schade ongedaan te maken. In januari 1945 werd Ritter overgebracht naar Ebensee, waar hij ook zou worden bevrijd.

Ook Wijnen kwam in Ebensee terecht. In een terugblik uit 1969 beschreef hij hoe hij de eerste middag op de appèlplaats stond. 'Het enige dat ik wist was dat ik honger, verdomd veel honger had én, om mij heen kijkende, dat ik in de loop van de jaren van kwaad tot erger was gekomen. Buchenwald, Natzweiler, Mauthausen en nu dit buitenkommando-Sovay, in feite het concentratiekamp "Ebensee", zoals ik spoedig zou leren.' Maar het lot was Wijnen gunstig gezind. Bij de *Schreibstube* werkte namelijk een Belg met wie hij in Natzwei-

Verlovingsfoto van Janus Ritter en Hannie Reilingh, 20 juli 1946.

ler bevriend was geraakt. Wijnen had hem daar aan een lichter baantje kunnen helpen. In Ebensee waren de rollen omgekeerd; via zijn Belgische vriend kwam Wijnen in het keukencommando terecht.

Ritter werd in februari 1945 in het *Revier* van Ebensee opgenomen en lag daar enkele maanden omdat de artsen bereid waren zijn verblijf te rekken. Met Pasen werd een half brood uitgedeeld. Daarna werd het eten gereduceerd tot honderd gram brood en soep die bestond uit een liter water met een paar aardappelschillen. 'Wij, die de hele dag in bed lagen, vermagerden er zienderogen van, zodat men niet hoeft te vragen, hoe de mensen eruit zagen die hierop nog moesten werken. Bovendien bereikten ons berichten, dat de SS'ers op het werk als wilden tekeer gingen en het laatste beetje leven dat er nog in de mensen over was, eruit wisten te slaan met hun knuppels. En nog steeds stroomden de gevangenen uit geëvacueerde kampen bij ons binnen. Het kamp telde weldra over de 20.000 man, terwijl het nauwelijks voor 10.000 plaats bood. In het *Revier* lagen wij nu met vier man in bed. Verbandmiddelen waren er niet meer, zodat men 's nachts als het stil was soms de etter uit de wonden op de grond kon horen druppelen.'

Sam Hingst werd via Mauthausen met een groep van tweeduizend man te voet doorgestuurd naar Gusen II. Over deze voettocht schreef hij in 1946: 'Dorpen waar je doorging waren afschuwelijk, d.w.z. [onleesbaar] waren ze van een heerlijke gemoedelijkheid, mensen en kinderen; maar allen keken met afschuw naar die "boeven"; [...] We komen tenslotte bij een nieuw kamp. Enorme Steinbrüche zijn er met zweefbanen en kabels, enorme spooremplacementen, maar met muren en wachttorens als in Mauthausen. Het heet Gusen. We mogen er niet blijven maar worden weggestuurd naar Gusen II. Dat Lager bestaat alleen uit een paar enorme houten barakken die in tweeën gedeeld zijn. Wij 12 Hollanders komen in Block 9. Als we inslapen, Steef [Remmerswaal] en ik "maar" in één bed, kunnen we huilen van plezier, weer te kunnen slapen, na die afschuwelijke maand. We zijn er van overtuigd dat men ons hier rust zal gunnen, omdat we immers voor de Wehrmacht moeten werken! Dierbare onnozelen die we zijn.'

Gusen II was een hel met heel zwaar werk en veel slaag, maar Hingst maakte een plan de campagne:

> Resultaat: zorg dat je geweten niet aan het knagen raakt; zorg dat je bij deze enorme lichamelijke inspanning, die het zal worden, geen hersenbemoeiingen je verder vermoeien. Dus rust, altijd, overal, zoveel mogelijk slapen. Tot belachelijk vinden van iedereen kroop ik in elk willekeurig bed om te liggen en te slapen, zocht met zorg uit hoe je het minst lang in de rijen voor scheren en knippen kon staan (welke soms uren duurden), probeerde op elk punt slaap te winnen. Voor hersenrust, verbande ik elk hoger denken; elk denken aan 'thuis', weigerde ik om 'te stelen', iets wat normaal was. Maar, wij Hollanders waren te klein in aantal, alles van ons 'viel op', wij hadden andere gezichten, waren dus uit 1000 man zo te herkennen en bovendien: niets waar deze schurken capo's met fraaie leuzen, meer woedend op waren dan op oneerlijkheid! Hun eigen boevenstreken: stelen van ons brood enz. waren natuurlijk normaal. Voor de gemoedsrust, ben ik dus 'eerlijk' en doe wat ze zeggen; dat wil zeggen sputter niet tegen. Op den duur wordt mijn leven als dat van een slaapwandelaar; met halfopen ogen 'zie' ik de boel aan en 'voel' hoe de stemming is. Van de week is er een luizenrage, dan weer scherpe controle over schone schoenen, dan weer op 'goed bedmaken' letten. Maar als het ene wordt beloerd, is er juist op een ander punt rust te vinden.

Bakels verliet op 3 september 1944 kamp Natzweiler. 'Na 14 maanden vrouwen, kinderen, huisjes. Medelijdenden achter de ramen. Korte rokken op station. Vernedering! Liever onder gevangenen.' En even later 'de emotiemachine kan de emoties niet verwerken'. Bakels zal via Dachau, Ottobrunn naar Dautmergen worden gedeporteerd. 'Deze beproeving is geen kinderspel meer. [...] Tenten. Modderpoel. God, die modder. Stal, geen licht, geen vuur, geen water. Poolsche bandieten. Cholera. Kurba. Ransel. Kultur: 25 auf Arsch. We kotsen. Het lange staan 's ochtends, voeten van ijs. Cementzakken-kleeding.'

Witmond kwam op 19 september 1944 in Dachau aan en bleef daar. Over zijn eerste indrukken schreef hij: 'Natzweiler bleek in verhouding een betrekkelijk klein kamp te zijn geweest en telde – met uitzondering van de laatste maanden – enke-

Stapels lijken in Dachau.

le duizenden gevangenen. In Dachau zaten duizend gevangenen opeengepakt in één barak en daar waren er maar liefst vierendertig van. We kregen weer kampkleding en een gevangenennummer en moesten vervolgens naar een barak waarin we een tijd in quarantaine zouden moeten blijven. Verschrikkelijk wat een massa mensen waren hier. De barak was overvol.'

En Bakels, die uiteindelijk ook weer in Dachau arriveerde, schreef: 'In Dachau werd begonnen met een *Desinfektion* en wel in het holst van de nacht. Wij kleedden ons buiten uit, in een plensregen. [...] Toen wij versteend waren, een paar uur naakt in de nacht vol regens, werden wij het Baderaum binnengedreven. [...] Een klein gedeelte van ons stond overeind onder de douche en probeerde zich de stront van het skelet te wassen; de koeken stront dreven langzaam naar de afvoerputten. Een groter gedeelte lag op de knieën onder het warme water, of zat eronder. Bloed en pus en verband dreven gorgelend mee naar de putten.'

Fontijn die op 5 september 1944 was aangekomen in Dachau, herinnerde zich de trein van maart 1945 uit Auschwitz, 'waaruit alleen nog maar geheel en halfbevroren mensen naar buiten vielen'. Zoveel doden maakte de gevangenen murw en toen Fontijn dan ook samen met Freek Niemeijer een 'ex' op een draagbaar naar het lijkenhuis bracht, deden ze dat onder het neuriën van 'daar gaat Japie naar de bliksem toe'. Het grote sterven, dat in Dachau groteske vormen aannam, noopte de levenden tot, ja tot wat? Onverschilligheid? Boellaard typeerde de laatste maanden als volgt:

> De wind waait NO over het Dachauer Moor en een dikke walm van verbrande beenderen en vlees spreekt ten overvloede een doordringend memento mori. [...] De toestand in het kamp Dachau was voor de gevangenen onhoudbaar geworden. Het steeds kleiner worden van het Duitse gebied had tot gevolg, dat andere kampen werden ontruimd en de gevangenen naar Dachau gevoerd. Woorden schieten te kort om de toestanden in de overbevolkte Blocks te beschrijven. Het kamp dat een accommodatie had voor 9000 man, was bevolkt door 32.000 uitgeputte gevangenen. De mensen sliepen met 3 in één bed of op de grond en het was ondoenlijk vrij te blijven van luizen, die de gevaarlijke vlektyfus verspreidden. In de laatste 6 maanden stierf de helft der Nederlanders in Dachau. Hoe hebben onze Nederlandse dokters Drost, Jonkhof en Boswijk hun uiterste best gedaan om te redden wat mogelijk was. En wie van ons denkt niet aan dr. Krediet, de felle patriot en opofferende dappere vriend, die aan vlektyfus bezweek?

Er bleven transporten binnenkomen zo blijkt ook uit Steensma's beschrijving van de laatste dag voor de bevrijding van Dachau. 'Vandaag komen steeds meer transporten binnen – Buchenwald etc. Alles totaal verluisd – uitgehongerd, afschuwelijke flegmone-wonden etc. Bij het crematorium meer dan 1500 doden opgestapeld. [...] Honderden vrouwen gekomen – baby's 2-5 mnd. In bad sterven honderden der Zugänge die nog tot in het bad liepen – Is 't wonder dat men bij zo'n aanblik niet meer aan God gelooft – zelfs vervloekt?'

Hoe het in al deze ellende mogelijk was om nog een lichtpuntje te zien, is nauwelijks te bevatten. Toch waren die er soms. De Bordes, die in Dachau werd aangesteld om op de bezittingen van de gevangenen te passen, vertelde in 2004 dat de eigenlijke *Effektenkammer* niet langer toereikend was en dat er daarom op de appèlplaats een grote tent was opgezet om de spullen in te bewaren. 'In die tent moesten we dan ook slapen en dat was heel prettig in die laatste winter want we hadden van al die zakken een soort iglo gemaakt. In die iglo hadden we een lichtje, een kookplaatje en een belletje. Eén van ons ging dan op de uitkijk staan en als de ss kwam controleren, ging het belletje en sprongen wij in de houding. De ss is er nooit achtergekomen dat we stiekem zaten te koken met ja, wat had je, een paar korsten brood en wat zoetstof. Maar voor ons was het heerlijk dat we zelf aan het koken waren geweest.' En in het archief van Van Lanschot bevind zich een aantal bonnen onder de noemer 'cynische humor uit Dachau'. Een bon gaf recht op vijf keer als eerste het scheermesje te mogen gebruiken, een andere op drie lepels 'sjakkie', dan was er nog een bon die recht gaf op twee dagen vervelend zijn, en ten slotte was er een bon die de kreet 'la-il allah'met bijbehorend 'rotverhaal' verbood, evenals de kreet 'mijnheer-mijnheer enz' en het spreken met 'ergerlijke' stemverheffing.

Net als in Natzweiler brak ook in Dachau vlektyfus uit. Deze epidemie zou veel ex-Natzweilers het leven kosten, onder wie Wiardi Beckman en dokter Krediet, of 'dokkie' zoals hij liefkozend door

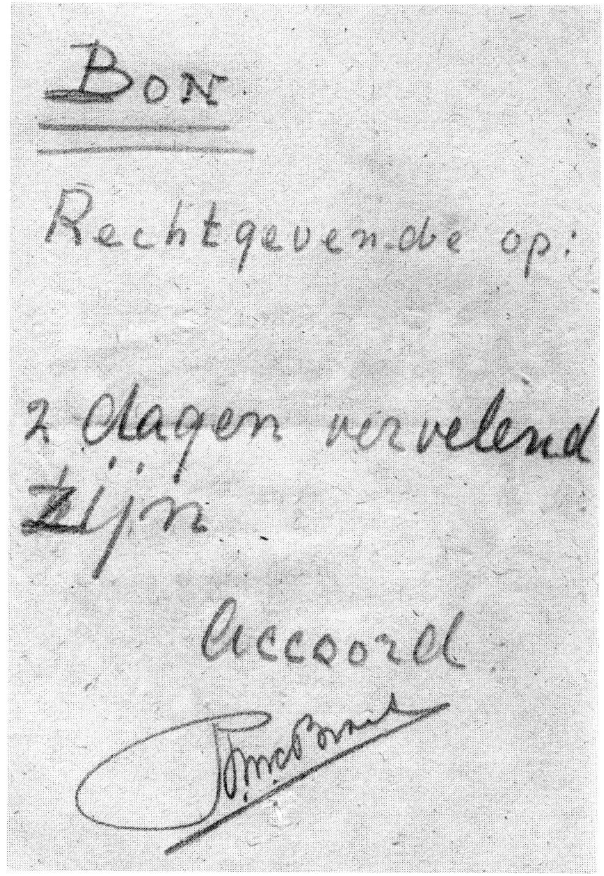

'Cynische humor' uit Dachau.

zijn medegevangenen werd genoemd. Krediet was een Nederlandse arts die in de herinnering van velen is blijven leven als iemand die ongekend veel voor zijn medegevangenen over had. Boellaard betitelde hem als een felle patriot en een opofferende vriend, en De Loos schreef in een verslag dat hij na de oorlog opstelde over Krediets dood dat het een 'van de grootste verliezen [is] geweest, die onze groep te lijden heeft gehad. Door zijn groote menschelijkheid, gepaard aan een nuchtere, soms wel ironische kijk op het leven, had hij zich een evenwichtigheid verworven, waardoor hij de moeilijkheden wist te overwinnen. Voor zijn medegevangenen was hij de medicus en vader, bij wien men altijd steun kon vinden. Dokkies dood is een slag voor ons allen. Dokkie zullen wij nooit vergeten.'

Bevrijding

Op zondagmiddag 29 april 1945, om twee minuten voor halfzes in de namiddag, werd Dachau door het Amerikaanse leger bevrijd. Op dat moment bevond De Bordes zich samen met een Franse pastoor in de ziekenboeg. Bij het zien van de eerste Amerikaanse soldaat vlogen ze elkaar snikkend en zoenend in de armen. 'Waarom ik in godsnaam die pastoor ging zoenen en hij mij, weet ik ook niet,' zei De Bordes achteraf, maar hij voegde er zichtbaar ontroerd aan toe: 'We voelden zo'n opluchting dat het eindelijk voorbij was.'

En Steensma schreef in zijn dagboek: '17.28 uur: EERSTE AMERIKAAN KOMT DOOR DE INGANG! DACHAU vrijdag. Onbeschrijflijke vreugde – waanzinnig geloei – eerste 2 Amerikanen op schouders – Häftlinge beklimmen Jourhaus – portretten van Himmler en Hitler onder gebrul gepulveriseerd en uit raam gesmeten – Poolse vlag in hoogte – zien eerste SS en weermacht met handen in de hoogte aanrennen – onbeschrijflijk – fusillade – krijg mijn eerste Camel. Zie Hans Gerritsen met Amerikanen door lager – op zoek naar SS. Werniker en Mazaria ogenblikkelijk neergeschoten. Alle SS wordt zonder meer geliquideerd (that's talking!). 22.45 uur: The end of a perfect day!'

Het leven van de gevangenen had, zo zou achteraf blijken, nog wel even aan een zijden draadje gehangen, want op de vraag van de kampcommandanten van Flossenburg en Dachau, of ze hun kampen mochten overgeven, had Himmler op 14 april 1945 geantwoord: 'Die Übergabe kommt nicht in Frage. Das Lager ist sofort zu evakuieren. Kein Häftling darf lebendig in die Hände des Feindes fallen. Die Häftlinge haben sich grausam gegen die Zivilbevölkerung in Buchenwald benommen!' Maar de gevangenen waren de gebeurtenissen voor. Een aantal brak uit en vroeg de Amerikanen het kamp zo spoedig mogelijk te bevrijden. Dat gebeurde dus op 29 april. De dichter Ed Hoornik, die niet in Natzweiler zat, maar wel in Dachau werd bevrijd, schreef:

Bevrijding van Dachau, 29 april 1945.

> Zondagmiddag 29 april, concentratiekamp Dachau. De gevangenen, ruim dertigduizend zijn in de barakken; de helft ziek, honderden stervend. Of nét gestorven; dat is niet zo makkelijk te zien. 'Wer noch lebt soll sich melden!' schreeuwde gisteren een man van de kamppolitie toen het transport uit Buchenwald werd uitgeladen. En kijk, uit de achthonderd omgevallen skeletten kwamen zowaar nog een paar staken omhoog. De Amerikanen moeten nu vlakbij zijn. Het kanongebulder is opgehouden en ook de duikvliegers zijn weg. Bij de ingang van het SS-kamp hangt een witte vlag. Je kunt hem van de appèlplaats af zien, wordt er gezegd; maar niemand kan er kijken want het parool is: binnenblijven. [...] Ik zit in barak 14, tussen Polen en Fransen. Het klokje van de kameroudste wijst half vijf. We zeggen niets. We zijn gespitst op ieder geluid van buiten. Plotseling luchtalarm. Het klinkt anders, langer dan staks. Verbeelding? Nee. Iemand die het weten kan zegt: *Panzerspitze im Angriff.* [...] En dan ineens staat daar in de poort van het kamp de eerste Amerikaan. *Hello boys, here we are!* En dan begint het: het gejuich, het geschreeuw, het gehuil. Aan stukken gescheurde portretten van Hitler en Himmler vliegen uit de ramen van de *Kommandantur.* Ik heb het gevoel alsof ik word opgetild. Ik brul, ik ben terug op de wereld.

Hoornik nam een van de bevrijders mee naar de ziekenbarakken om ook de gevangenen daar in de feestvreugde te laten delen. 'En dan staat daar ineens, door ons meegetroond, groot, zwijgend, niet wetend wat te doen, een Amerikaan tussen de britsen. Doodshoofden proberen zich op te richten, houten armen strekken zich naar hem uit. Ze willen hem aanraken en betasten. De man legt zijn mitrailleur op een tafeltje en gaat tussen de bedden. Hij drukt handen links, handen rechts, de derde die hij omhelst is een dode. Hij loopt gewoon door naar de volgende, en weer naar de volgende. Als hij de barak uit is begint hij te braken. Van de weeromstuit doe ik het ook...'

De volgende dag was het de verjaardag van prinses Juliana. Bakels schreef dat hij niet geloofde dat iemand die dag toen ze op de appèlplaats rond de Nederlandse vlag stonden en het Wilhelmus zongen, de ogen droog heeft kunnen houden. En Steensma: 'Juliana's verjaardag. Om 09.27 uur is vlag onder Wilhelmus gehesen. Muziek o.l.v. Piet v/d Hurk. Pim Boellaard speech – zwaar geschutvuur (toevallig). Häftlinge 15 SS doodgetrapt. John Hopper neemt brief voor m'n schatje – Hans G. – jaagt SS – alles wordt gefusilleerd. Was vandaag bij geliquideerde Lagerälteste op bezoek: Ich werde dafür sorgen dass alles holländische Gesindel bevor der Krieg endet liquidiert wird! – Wij hebben gewonnen – heb alleen nog op 'm gespuugd en geschopt – de as van een SS-sigaar laten vallen.'

Overigens had Steensma veel moeite met een liquidatie van een zeventienjarige soldaat die net een paar weken in dienst was. Terwijl hij met hem stond te praten, schoot een soldaat hem dood. Het bloed spatte op zijn kleren. 'Wat had die jongen gedaan? Ik dacht aan zijn moeder. [...] "How dare you, you fucking son of a bitch," heb ik geschreeuwd.'

Dachau, mei 1945, met onder meer Frans de Bordes (links), Jaap van Mesdag (derde van links) en Hans Teengs Gerritsen (vierde van links).

Op 19 mei zou Steensma de terugreis ondernemen. Over de periode na de bevrijding van het kamp schreef hij zijn vrouw Tienk vier dagen eerder: 'Bekkie de Loos (student-verpleger hier) en ik waren door de poort geslipt en zijn heerlijk gaan zwemmen in het SS-zwembad; het was onbeschrijflijk heerlijk. Toen nog wat bruin laten branden – daarna op strooptocht. We kwamen in een SS-laboratorium terecht waar nog gas (waarschijnlijk onschuldig traangas) aanwezig was. We hebben met "beweende"ogen de zaak overhaast verlaten.'

Van Lanschot schreef op 10 mei 1945 aan zijn moeder dat hij het goed maakte. 'Momenteel gaat het met mij uitstekend, ik ben verbindingsofficier tusschen het hoofdkwartier EN HET Lager. We waren plusminus 1 jaar in Natzweiler in de Vogezen, de z.g. "Hel van de Elzas" als NN-gevangenen. Deed te samen met de Amerikaansche Major en 4 Britische officieren een uitvluchtingspoging die mislukte. In Februari had ik longontsteking en typhus tegelijk, werd op 4 Febr. opgegeven, vanaf 6 Febr. ging het echter beter. Probeer nieuws te sturen of laat Radio Hilversum wat zeggen. Alle landen hebben hier commissies om te helpen behalve Nederland. Is dat omdat het in ons land zoo erg is? Hier sterven er per dag ook nog 120.'

Ook Witmond liet aan zijn familie weten dat het goed met hem ging, hoewel hij nog in quarantaine moest blijven. Mulock Houwer was op 19 mei 1945 in de gelegenheid een lange brief aan zijn vrouw en kinderen te schrijven. Al die jaren had hij als hij het even niet meer zag zitten, gedacht: wat zou Kea denken als ze mij zo zag? 'Toen ik half versuft door slagen met een verstuikte voet met steenen beladen moest voortstrompelen dacht ik: dat is geen leven, maar de gedachte aan jou en de kinderen deed me door alles heen bijten en zelfs de vervloekte sneeuw, die het loopen in het gebergte zeer bemoeilijkte, kon me niet langer deprimeren. Altijd dacht ik: Kea slaat zich er door en jij ook. Zij die gedemoraliseerd raakten kregen als regel de genadeslag. Toen ik met Kerstmis '43 met Diphterie lag en hevige diarrhee bij een koorts van 40° kon ik nog alleen maar mompelen: leven wil ik. Wat een tijd.'

Voor Mulock Houwer telde nog maar één ding, 'thuis te komen en dan weer aan de slag met jou naast me in ons oude huis met ons lief viertal en in het werk waar we beiden van houden'. Terwijl Mulock Houwer wachtte op zijn repatriëring werd in Nederland de bevrijding gevierd. Daarover kreeg hij al iets te horen door een brief die zijn gezin had kunnen meegeven aan een officier die belast was met de terugkeer van Nederlandse gevangenen uit Duitsland. Dochter Joke schreef over de vlaggen die overal in de stad hingen, en de drie zonen schreven over de Canadese bevrijders. Zijn oudste zoon Rob probeerde zijn vader zo goed mogelijk te informeren over de situatie op dat moment. Hij sprak van de NSB'ers die massaal werden opgepakt, het feit dat de jeugdzorginrichting Zandbergen waarvan zijn vader directeur was, een zwijnenstal was geworden, dat ze de radio tot aan het einde toe hadden kunnen behouden en daar veel plezier van hadden gehad, en dat ze hoopten op een spoedig thuiskomst omdat er echt ontzettend veel te vertellen was.

In Dachau had Mulock Houwer zich ontfermd over een groep Denen. Hij werkte bij de *Stubendienst* en in deze functie kon hij enige bescherming bieden. Daarnaast schiep hij er plezier in om in afwachting van de bevrijding allerlei weddenschappen met de Denen af te sluiten. Het ging dan om een pond boter tegen een pond Nederlandse kaas, een kilo honing tegen een kilo chocolade. Op een gegeven moment had Mulock Houwer een heel zakboekje vol met afspraken die in vredestijd moesten worden ingelost. Sluitingsdatum was 1 april 1945, een datum waarvan de Denen dachten dat ze dan al lang waren bevrijd. Een misrekening met als gevolg dat Mulock Houwer de weddenschappen had gewonnen. Bij het vertrek van de Denen zei hij dat hij verwachtte dat ze hun 'schuld' binnen redelijke termijn zouden inlossen. Zo niet, dan zou hij alle grote Deense kranten informeren. Een aantal maanden later verscheen de volgende advertentie: 'Dachau, Block 19, St. 4 Danish b..... where are my parcels? Dan.' Deze advertentie werd opgepikt door een van de Deense gevangenen, Hjalmar Petersen, die zijn medegevangenen attent maakt op Dans oproep: 'Danske Banditer, hvor er mine Pakker?' Het resultaat was dat Mulock Houwer niet lang daarna zijn pakketten in Nederland ontving.

Terwijl de Denen werden gerepatrieerd, zaten de Nederlanders te wachten. Maar een missie die de voorbereiding van een evacuatie ter hand nam, bleef uit. Wel kwam er een auto met daarin

Dan Mulock Houwer in Oslo, april 1967.

naast de chauffeur twee legeraalmoezeniers – het was inmiddels 11 mei oftewel twaalf dagen na de bevrijding van Dachau – om deken Teulings en rector Lambert Rooyaackers te halen. De gevangenen kregen voor elkaar dat ook hun vertrouwensman Boellaard kon meereizen om in Nederland hun terugtocht te regelen. Met steun van prins Bernhard en in samenwerking met Van Lanschot kwam de repatriëring ten slotte op gang. Met uiteindelijk zestig vrachtwagens en vijf ziekenauto's kwam men op 24 mei 1945 in Dachau aan om de Nederlanders op te halen. Daar had niet iedereen op gewacht. Een week eerder, op 17 mei, was onder leiding van Hans Teengs Gerritsen in een door hem georganiseerde bus een groep met achttien Nederlanders vertrokken. Onder hen bevonden zich de Natzweilers Van der Dungen, De Loos, Van Mesdag, Freek Niemeijer, Brugsma en Steensma. Ed Hoornik werd als verstekeling nog buiten de poort opgepikt.

Het gezelschap dat op 17 mei vertrok was, aldus de auteurs van het boek *De bus uit Dachau*, een haast voorbeeldige afspiegeling van Nederland in verzet. Militairen en oud-Spanjestrijders, een priester en een predikant, letterkundigen, arbeiders en studenten. Een en ander kon niet verhinderen dat er door de achterblijvers gemopperd werd. Pater Othmarus was zelfs zeer verontwaardigd:

> De Amerikanen echter werkten stelselmatig hun plannen van repatriëring uit. En zo werd op 16 mei ook bij ons een lijst voorgelezen van de eerste groep der onzen, die naar het vaderland konden terugkeren, d.w.z. zo er vervoermogelijkheid bestond. En toen begon het conflict. Enkelen onzer hadden niet stilgezeten en zelf een Duitse bus gevonden, waarmee ze naar huis konden gaan. Maar men mocht niet repatriëren tenzij onder geleide van officiële instanties, want op de lange reis moest met de nodige toestemmingen voorzien zijn, wilde men benzine kunnen innemen. In ons geval ontbraken de officiële instanties. Ze wisten toen gedaan te krijgen dat ze op eigen gelegenheid konden vertrekken en zelf maar moesten zien, onderweg aan benzine te komen. Goed. Maar toen kwam de moeilijkheid: wie zouden er vertrekken? Want de bus kon maar een beperkt aantal mensen vervoeren, veel minder dan de eerste groep thuisgangers groot was. Ik had in de afgelopen jaren veel bittere ervaringen opgedaan, maar niets viel mij zo bitter, als op het eind onze kostelijke kameraadschap ineen te zien storten. Mensen, die het in het barre lijden altijd zo prachtig eens waren geweest, werden nu weer egoïsten, nu het leven zijn rechten hernam. De 'prominenten', zij, die na de bevrijding zichzelf als leiders van de Nederlandse groep hadden opgeworpen, staken de hoofden bijeen. En zo gebeurde het, dat zelfs buiten de officiële lijst om, een groep landgenoten, die met ons lief en leed hadden gedeeld, met stille trom vertrokken, zonder nog naar ons om te zien.

Na twee dagen rijden bereikte de groep de Nederlandse grens, maar in Nijmegen wachtte de passagiers een onaangename verrassing. Het hele

De bus uit Dachau.

gezelschap moest in quarantaine omdat een van hen vlektyfus had. Teengs Gerritsen: 'Zoo dicht bij huis en nu 14 dagen in quarantaine.' Ze kwamen in een garage terecht boven de firma Mol. En hoewel ze zich in de woorden van Teengs Gerritsen 'mopperend en erg teleurgesteld' in hun nieuwe verblijf installeerden, hadden ze over aandacht niet te klagen. 'Intusschen was het bekend geworden, dat wij uit Dachau, in quarantaine zaten boven de garage Mol en werd er steeds gebeld om pakjes, etenswaren, sigaretten en zelfs de schaarse jenever te brengen, met vaak ontroerende briefjes. Zelfs een fanfare korps kwam ons een aubade brengen en zittend op het dak van de garage hoorden wij dit aan en nadat iemand uit de menigte ons had toegesproken, moest ik een antwoordspeechje afsteken. De meisjes van de huishoudschool bakten heerlijke taarten voor ons en het padvinderscorps zong ons een werkelijk mooi en treffend vers.'

Alle verwennerij en aandacht ten spijt, iedereen wilde dolgraag naar huis. Op 23 mei 1945 schreef Steensma aan Tienk: 'De man die het tegenhoudt was hier vanmorgen en verzekerde ons alles in 't werk te stellen om ons weg te krijgen. De uiterste termijn is Woensdag a.s. Als ik dan 's avonds niet thuis ben, laat me dan maar door de Amerikanen bevrijden, want dan "zit" ik weer.' Ten slotte zou Steensma worden opgehaald door zijn broer die inmiddels in een Canadees uniform rondliep en was ingedeeld bij een Canadees bataljon als officier bijzondere diensten. Het was eind mei toen hij zijn Tienk weer in zijn armen kon sluiten.

De ongeveer vijfhonderd Nederlanders die met de bevrijding in Dachau zaten – het precieze aantal is niet bekend – zouden in de periode tussen 11 mei en 21 juni huiswaarts keren. Op 25 en 27 mei vertrokken de grootste groepen, van respectievelijk 120 en 116 man. De groep van 27 mei werd nog aangevuld met 200 officieren uit Tittmoning en uit de buitencommando's tot een totaal van 455 man. De colonne van 25 mei was tot stand gekomen op initiatief van het Nijmeegse verzet, de colonne van 27 mei door de inspanningen van Boellaard en Van Lanschot. Zelf waren ze ook terug in Dachau om hun ex-medegevangenen te vertellen dat er een konvooi aankwam en om de noodzakelijke voorbereidingen te treffen. Boellaard en Van Lanschot troffen elkaar overigens niet, want Van Lanschot vertrok zeer snel na aankomst naar Frankrijk – naar de Supreme Headquarters Allied Expeditionary Forces (SHAEF) in Versailles – om enkele administratieve zaken te regelen die nodig waren voor vertrek.

Boellaard reisde de eerste dagen met de groep van 27 mei mee. Hij ging vooruit om de bewoners van een Duits plaatsje vlak voor Mannheim te waarschuwen dat ze zich klaar moesten maken voor inkwartiering. 'Wij zullen het dorp langzaam binnen rijden. De eerste truck wordt links en rechts ingekwartierd, de volgende dito enz. enz. Er zijn veel mensen bij, die in Nederland beroofd zijn door de Duitsers. Ik kan nergens voor instaan. Stuurt u daarom twee veldwachters langs de huizen met de mededeling: "Binnen een half uur is er inkwartiering. Kostbaarheden, klokken e.d. weg-

Pim Boellaard, met schampschot, enkele dagen na de bevrijding van Dachau.

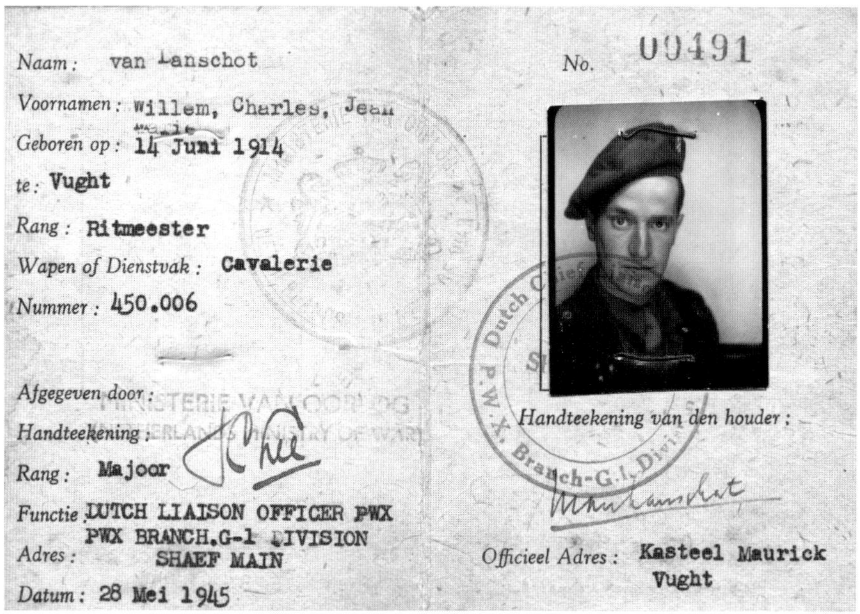

Naam: van Lanschot

No. 09491

Voornamen: Willem, Charles, Jean Marie

Geboren op: 14 Juni 1914

te: Vught

Rang: Ritmeester

Wapen of Dienstvak: Cavalerie

Nummer: 450.006

Afgegeven door: MINISTERIE VAN OORLOG / NEDERLANDS MINISTRY OF WAR

Handteekening:

Rang: Majoor

Functie: DUTCH LIAISON OFFICER PWX

Adres: PWX BRANCH.G-1 DIVISION SHAEF MAIN

Datum: 28 Mei 1945

Handteekening van den houder:

Officieel Adres: Kasteel Maurick Vught

Identiteitsbewijs Bib van Lanschot.

bergen. Wirtstuben sluiten of alleen priklimonade.'" Op 21 juni 1945 waren alle Nederlanders die de oorlog hadden overleefd uit Dachau gerepatrieerd.

Overlevenden en overledenen

Zoals gezegd werden niet alle Nederlandse gevangenen in Dachau bevrijd. Jef Reintjens zat in Ebensee, waar hij op 6 mei 1945 door de Amerikanen werd bevrijd. Via Frankrijk keerde hij terug naar huis en kwam op de avond van de zesentwintigste mei aan. Zijn ouders schrokken van hun zoon. Hij was niet alleen broodmager, maar hij was ook totaal verwilderd. Hij sliep op de grond en 's ochtends was hij voor dag en dauw in de weer om slakken te zoeken. Hij bleef 'organiseren' en voor de openhartige jongen die hij vroeger was geweest, was een gesloten, onverschillige vreemdeling in de plaats gekomen.

Reintjens werd samen met Jef Partouns en Jean Arpots – allen afkomstig uit het Limburgse plaatsje Eijsden – als gevolg van het zogenaamde Hannibalspiel op 5 november 1942. gearresteerd. De drie mannen, die zichzelf het Oranjedriehoekje noemden, waren betrokken bij een Nederlands-Belgisch verzetsnetwerk dat zich bezighield met hulp aan krijgsgevangenen en piloten, spionage en sabotage. In de zomer van 1942 kwam de Duitse contraspionagedienst het netwerk op het spoor en de groep werd onder leiding van *Oberleutnant* Ulrich Schwartz uit Bremen geïnfiltreerd. Schwartz werd door zijn ondergeschikten Hannibal genoemd omdat hij als hij dronken was tot vervelens toe met de Carthaagse veldheer dweepte. Vandaar de naam *Hannibalspiel*.

Tussen 8 juni 1942 en 19 maart 1943 werd het netwerk grotendeels opgerold en meer dan tachtig personen werden gearresteerd. Van hen werden behalve Reintjens, Partouns en Arpots ook Jakob Bakhuizen (Arnhem), Jan Broedelet (Rotterdam), kapelaan Louis van der Dungen (Eijsden), Justines de Josselin de Jong (Arnhem), Joseph Meertens (Luik), Joseph Rocks (Valkenburg), Dirk Sleeuwenhoek (Eijsden), Jan Smeets (Eijsden), Henri Syben (Moelingen), mr. Otto Verdoorn (Rotterdam), Huib van Weel (Rotterdam) en Freddie Zomers (Luik) na een proces in Utrecht naar Natzweiler gestuurd. Van deze vijftien zouden er acht de kampen niet overleven. Zeven van hen stierven in Natzweiler en een in het kamp Vaihingen. Van een aantal is de doodsoorzaak bekend. Zomers kreeg een longontsteking waaraan hij op 31 januari 1944 bezweek, Rocks stierf als gevolg van dysenterie op 3 maart 1944 en De Josselin de Jong werd op 8 maart 1944 doodgeknuppeld tijdens het sneeuwruimen en, net als overigens Meertens, slachtoffer van het sadisme van de kampbewakers. Op de dag dat de geallieerden in Normandië landden, stierf ten slotte ook Verdoorn.

Smeets keerde terug. Nadat Natzweiler in september 1944 was geëvacueerd was hij naar Allach – een buitenkamp van Dachau – gedeporteerd. Van daaruit ging het verder naar Buchenwald en Nordhausen. In dit laatste kamp sloeg een ss'er met een geweer zijn linkerarm uit het lid omdat hij uien had gestolen voor een zieke vriend die niets te eten had. Uiteindelijk zou Smeets na omzwervingen in Bergen-Belsen worden bevrijd. Hij woog toen achtenveertig kilo en had een etterende hoofdwond omdat hij wederom met een geweer was bewerkt. Via Eindhoven keerde Smeets ten slotte terug naar huis. 'Als een oud mannetje, steunend op een stokje,' aldus zijn zusje Annie Smeets, en ze vervolgt: 'Hij had een zwarte doek voor het oog, was bont en blauw geslagen. Hij kon niet meer eten. Ik heb zacht witbrood gebakken, opdat zijn maag weer voedsel zou opnemen.'

Van het Oranjedriehoekje zou Partouns de oorlog niet overleven. Hij bezweek half januari 1945 in Vaihingen aan vlektyfus.

Ook Arpots kwam in Vaihingen terecht. Terugblikkend herinnerde hij zich de nachten in dit kamp die verschrikkelijk waren. 'Mensen ijlden, pisten en poepten in bed of rochelden zich dood onder de paardedekens die vol luizen zaten. Elke morgen werden de lijken als takkenbossen in kuilen gekiept. Ze werden met kalk toegedekt. Vreselijk!'

Op 2 april 1945 werden de gezonde gevangenen van Vaihingen geëvacueerd. De zieken, onder wie Arpots, bleven achter. Op 7 april werden ze door de Fransen onder leiding van Lattre de Tassigny bevrijd. De laatste zou bij aankomst vol overtuiging de opdracht geven de poort te openen, maar dat was, aldus Roessingh, die ook in Vaihingen zat, nu net niet zo'n goed idee. Immers, dan zouden ook de geallieerde legers in het totaal verluisde kamp bloot komen te staan aan besmettingsgevaar. Niettemin konden na de komst van de Fransen de zieken worden verzorgd. Arpots en zijn medegevangenen werden overgebracht naar Speyer en vervolgens naar een Frans militair hospitaal in Karlsruhe. Volgens hem was iedereen binnen de kortste keren aan de diarree omdat ze ineens veel te veel hadden gegeten, wat ze niet konden verdragen.

Arpots zou op eigen gelegenheid vanuit Karlsruhe met een goederentrein verderreizen naar Straatsburg. 'In een repatriëringscentrum werd ik ontluisd en ondervraagd. Dezelfde ouwehoerderij in Nancy. Opnieuw werd ik ontluisd; wederom door de veiligheidspolitie ondervraagd.' In Namen werd Arpots uit de trein gehaald omdat hij veertig graden koorts had vanwege een longontsteking, en in het ziekenhuis opgenomen. Hij vroeg een reisgenoot uit Den Haag zijn ouders in Eijsden te laten weten dat hij in Namen was. Daar kwam zijn zus, die voor het Rode Kruis werkte, hem halen. Het was 13 juni toen Arpots in zijn woonplaats terugkeerde.

Don Bamberg schreef over zijn thuiskomst: 'Eindelijk was daar de grens. Wij zouden via Enschede Holland binnen komen. Het zingen en lachen verstomde. Het werd stil in de wagen. Ieder van ons was nu van eigen gedachten vervuld en velen konden hun ontroering niet de baas. Ik ook niet. Maar ondanks onze met tranen gevulde ogen konden wij toch constateren, dat de bomen en het gras in Nederland groener waren, de straten en lanen breder en schoner, de huizen verzorgder en ruimer en nooit méér dan op dat ogenblik voelden wij ons waanzinnig gelukkig om Nederlander te zijn en om weer in ons kleine, bevrijde landje te mogen terugkeren. Door mijn tranen heen, die nu rijkelijk vloeiden en waarvoor ik mij allerminst schaamde, keek ik naar Herman en Johan. Wij gaven elkaar een hand. Wij hadden het gehaald.'

De straat waar hij woonde, was versierd met vlaggen en er stonden meer dan honderd mensen op Fontijn te wachten toen deze begin juni 1945 in Amsterdam arriveerde. 'Ik trof een prachtig versierde stoel en had zelf sigaren en sigaretten uit Nijmegen meegekregen dus dat verhoogde de feestvreugde. Van mijn vader kreeg ik een gloednieuwe fiets, die hij kort na mijn gevangenneming voor mij had gekocht en al die jaren voor mij in een kast verborgen had gehouden. En van grootvader f 100,-! Je kunt je niet voorstellen wat een geluk die terugkeer bij jezelf, maar niet minder bij je ouders en grootouders, je broers en zusters teweeg bracht.' Ondanks de vreugde besefte Fontijn echter maar al te goed dat er van hun groep van 42, maar zeven waren teruggekeerd.

Ritter was in zijn herinneringen zeer kort over zijn thuiskomst. 'Voor mijn huis stapte ik uit, belde, werd opengedaan, en plofte na de nodige omhelzingen in een stoel neer met het schier onvatbare besef, dat het nu werkelijk voorbij was en als een boze droom tot het verleden behoorde.' Steensma antwoordde op de vraag hoe het was om zijn vrouw weer in zijn armen te sluiten dat daar eenvoudigweg geen woorden voor waren. Hoe hij naar haar verlangde, blijkt uit zijn brieven. Op 30 april 1945, een dag na de bevrijding van Dachau, schreef hij: 'Wij zijn bevrijd – God geve jullie eveneens – en zoo niet – weldra. Wat we beiden hebben doorgemaakt zal lang duren te vergeten – geeft niet – we zijn jong – ik hou meer en inniger van je dan ooit tevoren of ooit van iemand. Ik weet dat we samen dit leed te boven komen – een gelukkige toekomst, lieve engel van mij – met onze jongens. Ik vind het afschuwelijk dat ik m'n been verloren heb, maar liefje, ook dát is te boven te komen, ik kan God zij dank een prothese dragen t.z.t. Liefje, had ik het niet verloren – dan had je mij verloren, voor jóu is 't gebeurd – was ik alleen geweest dan had ik deze dag niet meer meegemaakt. Liefje, liefje, ik verlang waanzinnig naar je. Vergeef me dit haast-briefje, maar het is de eerste kans een direct woordje naar je te sturen.'

Toen Teengs Gerritsen ten slotte thuiskwam, was hij zijn emoties niet meester. 'Ik rende het hek door en keek door het huiskamerraam, waar Moeder juist stond. Tikte en Moeder gaf een gil, holde naar buiten in m'n armen en zonk even levensloos weg, onverstaanbare woorden mompelend. Het was een onvergetelijke ontmoeting tusschen Moeder en zoon, na al deze jaren van onzekerheid. Samen liepen wij naar binnen waar Vader stond, heel bleek en erg stamelend zooals Vader dat kon doen. Met tranen in z'n ogen hield hij m'n hand vast, zeggend, "wat heerlijk voor je moeder", zooals altijd, Vader dacht eerst aan anderen.' De ontmoeting met zijn zoon Victor was eveneens zeer emotioneel. 'Voordat ik kon bellen, deed Victor de deur open en vloog in m'n armen, hij was toevallig thuis en had mij al gezien. Dit weerzien nam even m'n adem want ik had m'n zoon weer gezond terug. Ik kon niet genoeg naar hem kijken, hij was zoo veranderd in al die jaren. "Mammie is niet thuis," zei hij.' Zij werkte bij de Unie van Vrouwelijke Vrijwilligers in Haarlem, maar gelukkig kon Teengs Gerritsen met een paar Canadezen meerijden. Op weg naar huis – hij fietsend en zij achterop – merkten ze dat ze elkaar duizend dingen hadden te vragen en te vertellen. 'Het was een heel gelukkig ogenblik, dat ik nooit zal vergeten.'

De vader van Hartman herkende zijn zoon niet na zijn terugkeer: 'Ik kom de straat in en de wagen stopt voor mijn ouderlijk huis, Mijn vader kijkt naar beneden en ziet een vreemde meneer en vraagt: "Bij wie moet u zijn, meneer?" Bij wie moet u zijn, meneer? Vader, het is wel 4 jaar geleden, maar ik ben nog steeds uw zoon!'

Jaap Knol werd op 18 april 1942 gearresteerd. Hij was van beroep kantoorbediende en verspreidde *Vrij Nederland* in Amsterdam. Hij werd veroordeeld in het tweede OD-proces. Hij was getrouwd en had twee kinderen. Knol stierf twee maanden voor de bevrijding, in maart 1945, in het concentratiekamp bij Gröditz. In Natzweiler schreef hij een tekst vol hoop op een toekomst in vrede, dat de geschiedenis zou ingaan als het Natzweilerlied:

In negentien-vier-vier hoor
Dan breekt de vredeszon door
Dan komt de vrijheid weer in Nederland
Het volk in alle standen, bevrijd van vreemde banden
Zingt dan weer eensgezind hand in hand
En wij KL Na-ers gaan er lekkertjes vandoor
We zingen daarom het refrein van het lied tezaam in koor

KL Na., KL Na
We verlaten je weldra
Ja KL Na, na, na
We verlaten je weldra

't Is haast niet te begrijpen
Maar dansen naar de pijpen
Van vreemden is dan helemaal voorbij
We lopen waar we willen, 't is werkelijk om te rillen
Van vreugd en blijdschap, want we zijn weer vrij
We lopen weer in burgerpak met vrouwlief over straat
We zien nog van 't jaar de andere kant hier van het prikkeldraad

[refrein]

De bel wordt weer een wekker
De pan een bord, wat lekker
De kom wordt weer een kop van porselein
Het appèl is overbodig, het marcheren niet meer nodig

Het 'Mützen auf und ab' zal niet meer zijn
Maar voor we hier vandaan gaan, zeg, het klinkt nu haast te dol
Schept eerst de 'Capo' die zo schreeuwt, 'n flinke lorrie vol

[refrein]

'Los! Los!' is afgelopen,
De voorman afgedropen
De witte muis is heerlijk met pensioen
In plaats van 'auf zu gehen' of 'gerade aus zu sehen'
Geeft je vrouw en kind 'n flinke zoen
Met drukken gaan we echter door, dat is zo'n goede baan
We gaan in plaats van in de hal, thuis bij de kachel staan

[refrein]

En dan niet te vergeten
Je zult weer lekker eten
Je staat daarvoor dan niet meer in de rij
'Stechrüben' eet je niet meer, ook 'pelkartoffeln' niet meer
Je eet je buikje vol met lekkernij
En heb je dan nog honger hier in je menageklep
Dan sla je met je vuist en roept: 'Op met die overschep!'

[refrein]

Frans de Bordes, verloofd met zijn Marie in de zomer van 1945.

We hebben kunnen leren
Eens werkelijk te waarderen
De huiselijke zorg van Moeder thuis
Laat ons dat niet vergeten, wanneer we zijn gezeten
Bij vrouw en kind in het ouderlijk huis
Maar voor het eens zover is, zeg lui, moet eerst bewaarheid zijn
Hetgeen we nog eens zingen in het volgende refrein.

[refrein]

'We waren zo naïef,' zegt Frans de Bordes in een terugblik. Uit het Natzweilerlied spreekt hoop. Na de bevrijding zou er sprake zijn van eensgezindheid, kon het werk weer worden opgepakt en zou men zich kunnen koesteren in hervonden huiselijkheid. De werkelijkheid van de oorlogsjaren en de honger en de vernedering lieten zich echter niet altijd door optimisme en het onverzettelijke geloof in een 'normaal' leven uitbannen, want daarvoor waren de wonden te diep. Natuurlijk zetten ook de ex-Natzweilers er na de oorlog de schouders onder en hervatten ze hun werk, maakten ze in meer of mindere mate carrières, maar de oorlog bleef. 'Daarom,' zo vertelt De Bordes, 'moeten we elkaar ieder jaar bijna dwangmatig opzoeken.'

HOOFDSTUK 4

Na de bevrijding

Terug in de maatschappij

Op de vraag wanneer Roessingh van kampbewoner weer mens werd, antwoordde hij anno 2002 lachend: 'Ik weet niet of ik überhaupt weer mens ben geworden.' En dan: 'Ach nee, ik heb een nacht lang met mijn moeder gepraat en alles verteld. Ik kon mijn verhalen kwijt, dat was een opluchting, en daarna ging het leven weer verder.' Toch voorvoelde Roessingh al in een vroeg stadium dat hij zijn kampervaringen blijvend met zich mee zou dragen, zo blijkt uit zijn eerste brief die hij in vrijheid aan zijn moeder kon sturen. Vanuit Parijs, waar hij een paar maanden werkzaam zou zijn bij een bureau dat onderzoek deed naar politiek verdachte personen, schreef hij dat hij enkele dagen daarvoor, op 7 april, door de Fransen was bevrijd en twee dagen later naar Frankrijk was overgebracht. Hij keek verlangend uit naar zijn moeder en hoopte dat het goed met haar ging. Over zijn kampervaringen zei hij dat deze moeilijk in woorden te vatten waren, maar dat ze in zijn ziel stonden gegrift en niet meer zouden verdwijnen. Op 28 april volgde weer een brief. 'Ik draag ook lang haar, want ik heb vorig jaar Juni in Natzweiler toestemming gekregen. Wimpje is dus vrijwel normaal. Ontbreekt hem slechts nog zijn moeder.' En op 5 mei:

> Nederland is vrij en daarmee is een van de verschrikkelijkste perioden uit onze geschiedenis afgesloten. De tijd die komt zal hard zijn in ieder opzicht. Maar er is een wijde horizont met vele mogelijkheden. Ik feliciteer U dus bij deze, met dit geluk in zoo zware omstandigheden. Wij zullen nog lange tijd taai en energiek moeten zijn. Uw en mijn zenuwen zijn natuurlijk gespannen op het moment dat we weer samen kunnen zijn. Maar we zullen nog wel wat geduld moeten hebben. Het is wat deprimerend na zoo lang, na herkregen vrijheid, toch nog belemmerd te zijn. Maar er zijn zoovelen die in nog grootere droefheid gedompeld zijn en ook zullen blijven, dat we niet klagen. Klagen is in zekeren zin een luxe die we ons in Europa niet meer zullen

kunnen veroorloven. Overigens, Moeder, ik zou dolgraag met U Europa willen verlaten. Ik zie er weinig heil meer in. En ik heb sinds lang al achter het prikkeldraad gedacht over Z. Afrika, Canada, Australië. Misschien bestaat er een kans voor ons daarheen te komen. Lang geleden schreef ik U eens of U bereid zou zijn met mij overal heen te gaan. Uw antwoord maakte mij zeer gelukkig.

Het werd niet Afrika, Canada of Australië, maar Indonesië, waar Roessingh samen met zijn vrouw, maar zonder zijn moeder, in het voorjaar van 1946 naar toe ging. Hij keerde in de zomer van 1949 naar Nederland terug. In de brief van 5 mei schreef Roessingh ook dat er nog veel was om over te praten, maar dat ook veel was wat zwijgend begrepen moest worden.

Hoe moeilijk het was om werkelijk te vertellen wat er allemaal was gebeurd, ervoer ook Ritter. Hij praatte dan ook niet, maar schreef. Als Delftse student was Ritter samen met zijn vrienden Sam Hingst en Frans de Bordes opgepakt. Toen hij uit het kamp kwam, had hij tbc en dát was volgens zijn vrouw zijn redding geweest. In het studentensanatorium te Laren waar hij moest kuren, schreef hij schriften vol. De gedwongen rust bood Ritter de kans om in ieder geval wat te doen met hetgeen hem was overkomen. Tegelijkertijd gaf het zijn vrouw de gelegenheid iets te begrijpen van de veranderingen die haar aanstaande man had ondergaan. Want toen Ritter terugkwam was hij niet alleen broodmager, maar ook pessimistisch, vergeetachtig, wantrouwend en voortdurend op zijn qui-vive.

Toen Piet Bouwense eind 1945 door Middelburg fietste, kwam er een grote herdershond op hem af die naar zijn benen hapte. In een vlaag van blinde woede liet Bouwense zich van zijn fiets boven op de hond vallen en probeerde deze te wurgen. De hond zou de aanval ternauwernood overleven. 'Ik kreeg een visioen van de "hondenführer" Franz Ehrmanntraut uit Natzweiler,' vertelde Bouwense in 2003. 'Hij liep in het kamp met een stel honden en wanneer iemand niet hard genoeg werkte, liet hij de lijn wat vieren en dan beten die honden in je enkels. Zo ben ik ook verschillende keren gebeten.' De machteloosheid die Bouwense destijds had gevoeld, zocht na de oorlog een uitlaatklep. Zelf stelde hij nuchter vast: 'Iedere daad die een mens geschiedt vraagt om een wederdaad: dat is wraak of vergeving. Ik nam wraak op de hond in Middelburg.'

Mulock Houwer schreef op 16 oktober 1945 aan een kampgenoot uit Denemarken: 'So as you, I had after my return from Dachau a strong reaction. I couldn't get a start and liked best to sit in the garden and stare a bit in front of me without thinking. The gates, which had cut us off from society daily life and all persons and things we loved, couldn't come open but slowly. At the outside I seemed to be the same as in former times, but inwardly I had much to work up.' Toch, zo vervolgde Mulock Houwer, ging het hem nu beter, en hij hoopte binnenkort een bezoek te brengen aan Denemarken om samen met de Noren en Zweedse instituten na te denken over onderwijs, want Mulock Houwer had niet stilgezeten en zette na zijn terugkeer zijn werkzaamheden op het gebied van de kinderbescherming voort. In 1946 verscheen de brochure *Vijftigduizend kinderen roepen om hulp*, waarin Mulock Houwer zijn bezorgdheid uitsprak over de grote groep oorlogsslachtoffers onder wie – en hij noemt hen in één adem – de kinderen 'wier ouders of verzorgers voor het vaderland vielen, de Jodenkinderen, wier ouders tijdens deportatie of in concentratiekampen omkwamen en de kinderen van NSB'ers, wier ouders geïnterneerd of veroordeeld werden'. Mulock Houwer vond dat 'de NSB-jeugd [...] zo gauw mogelijk haar oorlogsetiket [moest] kwijtraken. Daarvoor zouden de noodkampen zo snel mogelijk moeten worden opgeheven 'vóór ze tot kinderrampen verworden'. En hij vervolgde: 'Politiek gekleurde isolatie-oorden kunnen alleen maar broeinesten worden voor een verkeerde levenshouding en een kweekplaats voor agressies die zich bij een kind zó verankeren, dat zij in hun verdere leven een bron van conflictsituaties blijven. Niets is zo fataal en in strijd met elk gezond principe van heropvoeding als het gescheiden houden van kinderen van de volksgemeenschap waarin zij thuishoren.' Met deze gedachtegang sloot Mulock Houwer aan bij wat er binnen de na de oorlog opgerichte Stichting Toezicht Politieke Delinquenten leefde en waarin een spoedige reïntegratie van kinderen én overigens hun 'foute' ouders werd bepleit.

Als deskundige op het gebied van de jeugdzorg betreurde Mulock Houwer ook de arrestatie en internering van Arie Hendrikus den Breems. Den Breems had zich bij het uitbreken van de oorlog aangemeld als lid van de Waffen SS en Mulock Houwer stelde in een naoorlogse verklaring dat hij meende dat dit zijn oorzaak vond in een conflictueuze thuissituatie. Dat Mulock Houwer de zaak kende, kwam doordat Den Breems een medegevangene in Natzweiler was geweest. Wat was het geval? Den Breems werkte in de eerste oorlogsjaren bij de afdeling inlichtingen van de Duitse politie in Den Haag, maar was betrapt op diefstal. Als gevolg daarvan werd hij in februari 1944, samen met onder anderen de gebroeders Reijntjes, op transport naar Natzweiler gesteld. Tijdens de reis wekte hij al argwaan omdat hij niet werd geboeid, en de argwaan nam nog toe toen hij in Natzweiler onmiddellijk een goed baantje in de SS-barakken kreeg. De (voormalige) SS'er werd na de bevrijding van Dachau dan ook gearresteerd, opgesloten en onder bewaking naar Nederland teruggebracht, waar hij in een kamp voor politieke delinquenten werd geïnterneerd. Dat gebeurde niet met ieders instemming.

Verschillende ex-Natzweilers legden na de oorlog verklaringen af ten gunste van Den Breems. Hij zou zich in Natzweiler tot een 'goede' Nederlander hebben ontpopt en medegevangenen hebben geholpen. Het was met name Ivo van Voorst van Beest die zich voor hem inzette. Hij onderhield contact met Den Breems en diens familie, en zorgde ervoor dat Den Breems een goede advocaat kreeg; hij probeerde zelfs bij de procureur-fiscaal van het bijzondere gerechtshof van Amsterdam, N.J.G. Sikkel, de zaak te bepleiten. Dit laatste overigens zonder resultaat. Uiteindelijk moest Den Breems op 1 mei 1947 voorkomen – de zaak was inmiddels overgedragen aan het gerechtshof in Utrecht – en daar hoorde Van Voorst van Beest tot zijn ontzetting Den Breems zeggen dat hij uit overtuiging bij de SS was gegaan. Den Breems werd veroordeeld tot zes jaar RWI met aftrek van het voorarrest.

In hoeverre andere ex-Natzweilers de teleurstelling van Van Voorst van Beest over Den Breems uiteindelijk hebben gedeeld, is niet bekend. Feit is dat Den Breems door een aantal van hen werd gesteund. Bauke Planjer, die in Natzweiler en Dachau met hem bevriend was, verklaarde dat verschillende Nederlanders hun leven aan hem te danken hadden onder wie hijzelf. Ate Wieberdink, die vanwege zijn betrokkenheid bij de OD op 29 augustus 1941 was gearresteerd, tekende op dat hij veel steun van Den Breems had ontvangen en hem bovendien zeer erkentelijk was voor de berichtgeving over het verloop van de oorlog – Den Breems had de mogelijkheid naar de Engelse radio te luisteren. En de ouders van de in Dachau overleden Piet Jan Oosthoek namen ondanks hun verdriet de moeite om in een brief aan Van Voorst van Beest te schrijven dat ze via Den Breems op de hoogte waren gebracht van de verblijfplaats van hun zoon.

Het geval van Den Breems was complex. Complex was ook de kwestie rond Albert Talens. De problemen met Talens begonnen na de evacuatie van Natzweiler. Was er tot dan toe weinig op hem aan te merken – Ad de Jonge beschreef hem als 'goed' en als een 'handige en flinke kerel' – in Kaufbergen (een buitenkamp van Dachau) zou hij zich hebben misdragen jegens joodse gevangenen. Omdat de beschuldigingen van dusdanige aard waren, besloten de Nederlandse gevangenen in Dachau hem, net als Den Breems, op te pakken. In hetzelfde transport als den Breems keerde Talens terug naar Nederland en werd geïnterneerd. Hij slaagde er echter in om in de nacht van 7 op 8 juni 1945 samen met iemand van de Kriegsmarine het interneringskamp te ontvluchten. Op een vlot van benzineblikken stak het tweetal de Rijn over.

De zaak tegen Talens werd geseponeerd wegens gebrek aan bewijs. De kwestie kwam opnieuw aan het rollen toen men er lucht van kreeg – hoe dat precies is gegaan is onduidelijk – dat Talens in 1975 een buitengewoon pensioen had gekregen. Toen hij begin jaren tachtig – hij woonde de jaren daarvoor in Oostenrijk en runde een pension in het dorpje Westendorf – voet op Nederlandse bodem zette, werd hij gearresteerd. Het gerechtshof in Maastricht zou hem op 23 mei 1983 uiteindelijk vrijspreken. De afgelegde getuigenissen waren te tegenstrijdig om tot een veroordeling te komen. Talens kon gaan, maar zijn buitengewoon pensioen werd hem afgenomen.

Zoals we hebben gezien trok Mulock Houwer zich het lot van speciaal jeugdige politieke delinquenten aan, en hij was niet de enige ex-Natzweiler die zich bekommerde om de nasleep van de oorlog in het algemeen en de berechting van landverraders in het bijzonder. Ook Paul Hijmans van Anrooij, die op 3 mei 1941 was gearresteerd als lid van de Ordedienst en achtereenvolgens in Scheveningen, Amersfoort, Neuengamme, Sachsenhausen, Natzweiler en Dachau had gezeten, trok zich het lot van politieke delinquenten aan. In een enquête die na de oorlog door ex-Natzweilers onder medegevangenen werd verspreid, schreef hij onder de vraag 'Welke ervaringen kunt ge nog als belangrijk vermelden' dat hij had gehoord 'dat ook in Nederlandsche concentratiekampen goed school gemaakt wordt. Dat onze ondergane onmenschwaardige behandeling door de Nazi's ons nog niet het recht geeft een stel politiek misleiden gevangen te houden en voor de toekomst onbruikbaar te maken. Vergeet niet dat wij een geloof en een vertrouwen hadden dat ons uit de hel leidde. Voor de thans zittende gevangenen is eenig vertrouwen op de toekomst onbestaanbaar. Kunnen wij hier niet tegen ageeren? Houdt me ten goede dat ik op deze hiertoe niet bedoelde plaats dit even zeg, daar het nu en de toekomst voor mij meer spreken.'

Mulock Houwer en Hijmans van Anrooij richtten zich op de toekomst, en met name op al degenen die in hun ogen als gevolg van wraakgevoelens buiten de samenleving dreigden te worden gesloten. Maar behalve de toekomst was er was natuurlijk ook het verleden.

Toen Pim Boellaard en Oscar Mohr in 1946 naar Natzweiler afreisden, stuurden zij het militaire tribunaal in Straatsburg een rapport. Hierin ston-

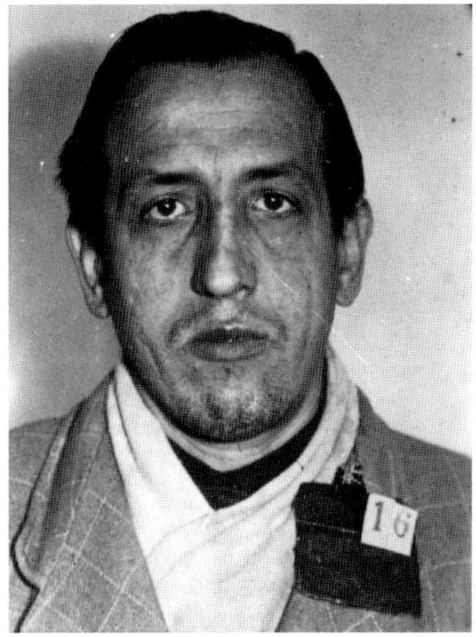

Frans Ehrmanntraut.

Wolfgang Zeuss.

Josef Kramer.

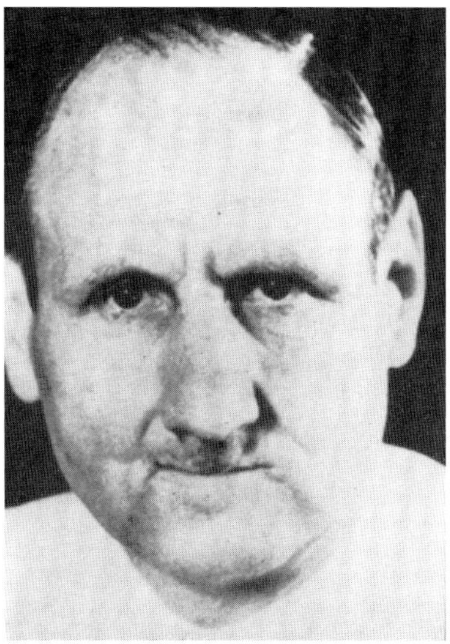

August Hirt.

den de belangrijkste misdadigers van Natzweiler vermeld, die nog niet waren opgepakt. Een van was de beruchte Franz Ehrmanntraut, die na de evacuatie van Natzweiler kampleider in het buitenkamp Bissingen werd. Volgens een Luxemburgse getuigenis zou hij in München op straat zijn doodgeschoten; het was, aldus Boellaard en Mohr, zaak om dit na te trekken. Ehrmanntraut was echter niet doodgeschoten. Waarschijnlijk was hij al gearresteerd, want hij werd op 29 mei 1947 door het Franse militaire gerechtshof in Rastatt ter dood veroordeeld. In 1954 werd dit vonnis voor het militaire gerechtshof in Metz bevestigd, maar niet voltrokken. Eind 1962 verliet Ehrmanntraut de gevangenis. Hij stierf in 1973.

Wolfgang Zeuss kwam ook in het rapport voor. Hij was in Natzweiler een tijdlang *Schutzhaftlagerführer* geweest en zou volgens de geruchtenstroom zelfmoord hebben gepleegd. Ook dat was niet waar. Zeuss kwam op vrije voeten nadat hij eerst in Metz (1954) en daarna in Parijs (1955) de doodstraf tegen zich had horen uitspreken.

Van de verschillende kampcommandanten die Natzweiler heeft gekend, was Josef Kramer de bekendste, eenvoudigweg omdat hij het langst was gebleven. Kramer kwam in april 1941 naar Natzweiler als *Schutzhaftlagerführer*. Van 1942 tot mei 1944 was hij commandant. Hij was berucht om zijn nietsontziende optreden. Op 17 november 1945 werd hij ter dood veroordeeld en een kleine maand later werd hij in Hameln geëxecuteerd. Mulock Houwer schreef op 1 december 1945 aan een kampvriend: ‘But now the time is coming that Kramer will be hanged, and it is to be regretted that the dead cannot see this. Once he said, it was at Christmas 1943, when a Pole was hanged and we all had to look at it, that the greatest and finest moment of his life would be that we all were hanging. Now his time is there. When Christmas 1945 is coming perhaps he will think back at his words of 1943.'

Kramers opvolger, Fritz Hartjenstein, verantwoordelijk voor onder meer de executie van de vier verzetsvrouwen, de executie van de 107 leden van de Franse maquis en de 33 Elzassers, werd op 8 mei 1945 door de Amerikanen gevangen genomen. Hij werd ter dood veroordeeld in Wuppertal (1946), Rastatt (1947) en Metz (1954), en stierf in 1955 in de gevangenis.

August Hirt, een van de moordenaars van de 87 joden uit Auschwitz, vluchtte na de bevrijding naar Tübingen. In juni 1945 pleegde hij in Schwarzwald zelfmoord. Het is overigens de vraag of dit uit wroeging was. Het is eveneens mogelijk dat de dood van zijn vrouw en zoon bij een bombardement op Straatsburg op 25 september 1944 een rol heeft gespeeld.

Eugen Haagen en Otto Bickenbach werden in Metz tot levenslang veroordeeld. Hoe lang ze uiteindelijk gezeten hebben, heb ik niet kunnen achterhalen. Dat geldt ook voor het lot van de beul van de steengroeve, Ernst Jager, en vele andere medeplichtigen.

Behalve de berechting van oorlogsmisdadigers was er de zorg om vermisten. A.H.M. van Banning trad na zijn bevrijding als *liaison officer* (verbindingsofficier) in dienst bij de International Trading Service. Banning was in oktober 1943 naar Natzweiler gedeporteerd en werd in Dachau bevrijd. Als *liaison officer* was hij verantwoordelijk voor al die zaken die te maken hadden met gevangenen die waren vermist of in het kamp overleden. Daarbij ging hij zeer zorgvuldig tewerk, zo blijkt onder andere uit een rapport van een dienstreis in april 1948. Niet alleen deed hij onderzoek naar de overlijdensakten van Nederlanders, hij zorgde ook voor de bezittingen van overleden gevangenen. De accordeon van de in Natzweiler overleden Leo Bruls bijvoorbeeld werd met medewerking van de Nederlandse consul in Straatsburg, A.J. Binnendijk, per rijnschip naar Nederland vervoerd, om vervolgens bij de familie van Bruls in Sittard te worden afgeleverd.

Van Lanschot werd hoofd Missie tot Opsporing Vermiste Personen nadat hij zich in opdracht van Prins Bernhard eerst had ingezet voor de opsporing van militairen en geheim agenten. Tevens zou zijn naam voor altijd verbonden blijven aan de op 25 augustus 1945 opgerichte Vereniging Bond van Nederlandse Militaire Oorlogsslachtoffers, een vereniging met als doel om structurele hulp te verlenen aan oud-militairen of hun nabestaanden. Als president van de in 1950 opgerichte World Veterans Federation deed hij dat ook in internationaal verband.

De zorg om de overledenen en hun familie was groot en er waren veel teruggekeerden die zich van de taak kweten om de achterblijvers op de hoogte te stellen van het lot van vader, broer of zoon. Zo ook Sam Hingst, die in een brief van 13 juli 1945 de heer en mevrouw Molenvliet op de hoogte bracht van het overlijden van hun zoon. 'Langen tijd zult U in spanning verkeerd hebben over het lot van Uw zoon Jan. En nu krijgt U van een wildvreemden een bericht over hem. Ik kom U namelijk het sombere bericht brengen, dat Jan is overleden, den 16en April, met de vrijheid in het gezicht... Met veel Hollanders waren wij in Natzweiler Lager in de Elzas en ziet in Juli kwam ook Jan vanuit Neuengamme bij Hamburg daar.'

Hingst werd samen met Jan Molenvliet na september 1944 van Dachau naar Mauthausen en Gusen II gedeporteerd. Daar werd Molenvliet ziek. Hij bleek open tbc te hebben, een ziekte waarvan Hingst in Davos aan het herstellen was toen hij de brief schreef. Een aanval van diarree bleek ten slotte funest. Hingst eindigde zijn brief met de volgende woorden: 'Het was een prima kameraad, ook veel Russen waren op hem gesteld. Hij zelf vertelde graag van huis, veel hebben wij op den rand van het bed geboomd. En dan kon hij soms mijmeren over het gezegde, wat een waarzegster hem voorspeld had: "Een zware tijd en dan als de sneeuw gesmolten is, dan komt de bevrijding!" En die is gekomen – de Groote Bevrijding – maar hoe gaarne hadden wij hem nog behouden tot de aardsche bevrijding daar was en langer. Mijnheer en Mevrouw Molenvliet, ik wensch U sterkte in dit harde lot.'

De achterblijvers

De achterblijvers verkeerden vaak jarenlang in spanning over het lot van gevangengenomen familieleden. Wijnand Peeters maakte samen met Fontijn deel uit van het NOL en werd tegelijk met hem gearresteerd. Toen hij vijf maanden gevangenzat, kreeg hij de volgende brief van zijn moeder: 'Wij zouden gaarne iets van je vernemen, misschien word je dit wel eens vergund een lettertje aan ons te schrijven of misschien verras je ons met je thuiskomst. We verlangen er erg naar en jij even zo hè! Maar men is niet voor zijn plezier op de wereld en men moet alles maar gelaten dragen, maar blijf optimistisch hoor! Ik van mijn kant houd mij zoo goed mogelijk want het zou mij spijten als je terugkwam en ik er zoo ontdaan uitzag.' De brief eindigde met een 'hartelijke handdruk en een zoen van je moeder'. De brief van zijn moeder zou Peeters veel troost bieden, want naast haar zorgen sprak ze ook haar vertrouwen uit in een goede afloop. Peeters slaagde erin de brief gedurende zijn hele gevangenschap bij zich te houden.

Ook de ouders van Fontijn waren angstig over het lot van hun zoon, en het was in dit geval de zoon die de ouders een hart onder de riem stak. Fontijn kwam uit een beroemde Amsterdamse slagersfamilie en het was vanzelfsprekend dat hij als oudste zoon, zijn vader zou opvolgen in de slagerij. Fontijn had echter andere plannen. Hij wilde bij de marechaussee. Zijn vader was teleurgesteld, maar legde zich bij het besluit neer. Aan een opleiding zou Fontijn nooit beginnen, want nog geen jaar na het uitbreken van de oorlog werd hij gearresteerd. Vanuit de gevangenis schreef hij zijn ouders over de spullen die hij nodig had, en in de kantlijn: 'ik word slager pa'. Loze woorden waren het niet, want na vier jaar gevangenschap keerde Fontijn terug naar huis en volgde zijn vader op in de slagerij. Van deze beslissing heeft hij nooit spijt gehad.

Toen Van Lanschot in afwachting van zijn veroordeling in de gevangenis van Utrecht zat, ontving hij verschillende brieven van familie en kennissen. Zijn zus schreef op 5 juli 1943: 'Liefste Bib, Wij hadden zo ontzettend verlangd je te mogen zien, helaas hebben wij nog steeds geen antwoord op onze diverse aanvragen. [...] Ik kan me zoo verheugen je weer eens te zullen zien. Je verjaardag hebben wij niet vergeten. Ik heb speciaal voor je gebeden en veel aan je gedacht. Heb je het telegram van de kinderen ook gekregen. Hier alles nog hetzelfde.' Inmiddels was Van Lanschots zus bevallen van een zoon die zij naar haar broer vernoemde. Foto's van hem had ze naar de gevangenis gestuurd en graag had ze haar kind aan zijn oom laten zien, zo blijkt uit een brief van 8 september 1943, waarin ze opnieuw foto's stuurde en hoopte dat een bezoek aan de gevangenis tot de mogelijkheden behoort.

Was er in Nederland nog enig contact mogelijk, met de deportatie naar Natzweiler was dat – enkele uitzonderingen zoals Roessingh daargelaten – onmogelijk. De verloofde van Bouwense bleef twee jaar in het ongewisse over zijn lot. In

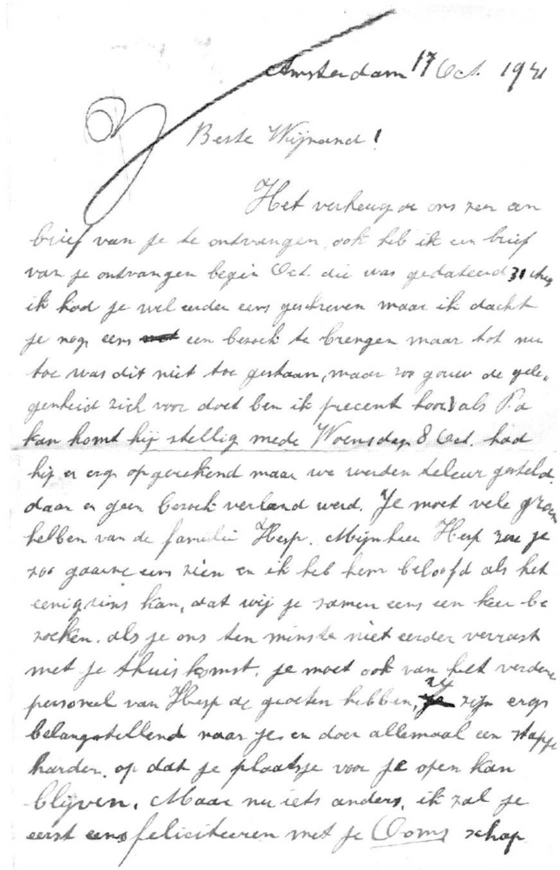
Amsterdam 17 Oct. 1941

Beste Wijnand!

Het verheugde ons zeer een brief van je te ontvangen, ook heb ik een brief van je ontvangen begin Oct. die was gedateerd 31 Aug ik had je wel eerder eens geschreven maar ik dacht je nog eens een bezoek te brengen maar tot nu toe was dit niet toegestaan, maar zoo gauw de gelegenheid zich voordoet ben ik present. Zoodra als Pa kan komt hij stellig mede. Woensdag 8 Oct. had hij er erg op gerekend maar we werden teleurgesteld daar er geen bezoek verleend werd. Je moet vele groeten hebben van de familie Hesp. Mijnheer Hesp zou je zoo graag eens zien en ik heb hem beloofd als het eenigszins kan, dat wij je samen eens een keer bezoeken, als je ons ten minste niet eerder verrast met je thuiskomst. je moet ook van het verdere personeel van Hesp de groeten hebben, zij zijn erg belangstellend naar je en doen allemaal een stapje harder, opdat je plaatsje voor je open kan blijven. Maar nu iets anders, ik zal je eerst eens feliciteeren met je Oomschap

De brief van zijn moeder die Wijnand Peeters gedurende zijn hele kamptijd bij zich heeft gedragen.

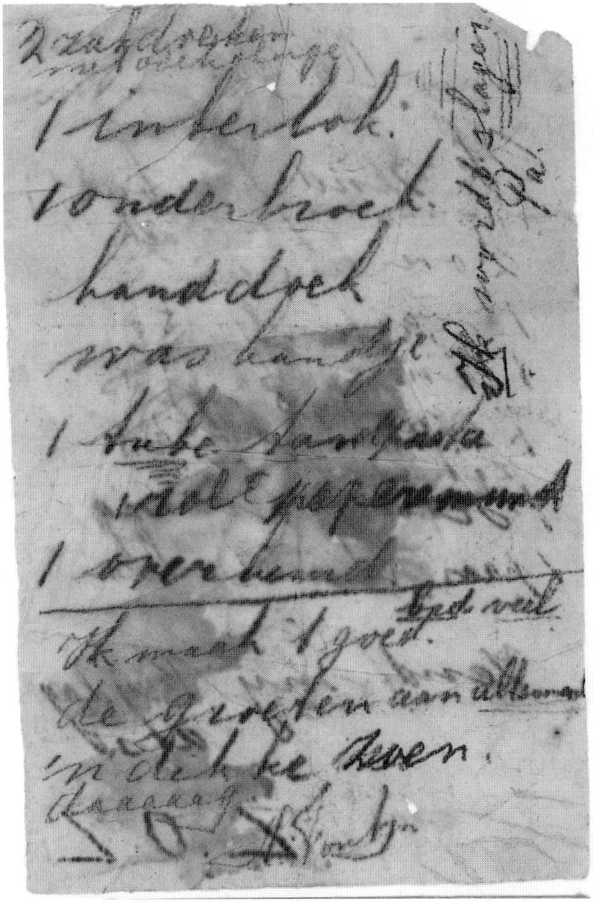

2 zakdoeken
1 interlok.
1 onderbroek
handdoek
waschhandje
1 tube tandpasta
rolle pepermunt
1 overhemd
Ik maak 't goed.
de Groeten aan allemaal
'n dikke zoen.
Ik word slager Pa.

Briefje van Herman Fontijn aan zijn ouders met de mededeling: 'Ik word slager pa'.

mei 1945 kreeg ze – ze zat inmiddels bij de vrouwelijke marineafdeling (MARVA) in Engeland – tot haar grote vreugde het volgende telegram: 'ik leef en ben veilig Piet'.

'Mijn lieve Marie heeft heel wat spanning om mijn terugkeer gehad,' schreef De Bordes in een terugblik. 'Ze had anderhalf jaar niets van me gehoord en dacht dat ik in Buchenwald zat. Totdat op een goede dag een kapelaan aanbelde met een Rode Kruisbriefje van mij uit Dachau. Ze vloog hem tot zijn schrik spontaan om de hals en zoende hem op beide wangen!'

Voor Loute Hingst duurde het lang voor ze wat van haar man vernam. In haar dagboek constateerde ze op 19 mei 1945 dat Sam Hingst niet op een lijst van gevangenen in Dachau voorkwam. Een dag later sprak ze iemand die net uit dit kamp was gerepatrieerd, maar helaas geen antwoord wist op de vraag of Hingst nog leefde. Pas op 3 juli kreeg Loute meer zekerheid via een brief van een medegevangene die schreef dat Hingst herstellende was in Davos. Dit bericht bleek te kloppen en de beide echtelieden konden elkaar in het Zwitserse kuuroord weer in de armen sluiten.

De echtgenote van Cornelis Marinus besloot een oproep te doen voor Radio Herrijzend Nederland toen ze maar niets van haar man hoorde. Ze kreeg verschillende reacties. Een medegevangene schreef dat Marinus lijdende was 'aan dysenterie doch verder lichamelijk zoowel geestelijk gezond'. Hij vervolgde zijn brief met zijn vermoeden dat Marinus het toch niet had gehaald omdat 'wij allen wederom practisch thuisgekomen [zijn] en ik

Piet Bouwense in 1945.

acht het welhaast uitgesloten dat hij nog komen kan'. Een andere medegevangene schreef dat Marinus vlektyfus had opgelopen en daaraan was overleden. Hij had hem tijdens zijn ziekte zo nu en dan 'toegedekt' en geprobeerd hem iets te laten eten. Behalve deze brieven kreeg de familie ook mondelinge mededelingen, die soms aanleiding gaven tot optimisme. Een en ander zou er uiteindelijk toe leidden dat mevrouw Marinus – tegen beter weten in – tot aan haar dood in 1965 is blijven hopen op de terugkeer van haar man. Pas in 1997 werd met zekerheid vastgesteld dat Marinus op 2 september 1944 in Natzweiler was overleden. Aan de pijnlijke zoektocht was ten slotte dan een einde gekomen.

Ook de familie van Jan de Pagter verkeerde in onzekerheid. Daar kwam een einde aan toen een van de dochters op 3 augustus 1945 een brief ontving van W. Pieters:

> In antwoord op Uw schrijven van 24/7 j.l. deel ik U mede, dat ik inderdaad Uw vader zeer goed heb gekend, en veel met hem omgegaan ben in het concentratiekamp Natzweiler (Elzas). Hij is daar in Januari 1944 [moet februari zijn] met anderen uit Vught aangekomen. Zijn verrader is eene Joppe uit Amsterdam, welke destijds te IJmuiden in dienst van de moffen stond. Uw vader is jammer genoeg inderdaad in het voorjaar 1944 te Natzweiler gestorven. Hij was ten volle bereid en eenswillend met zijn Meester. Vaak sprak ik zeer intiem met hem, ook al omdat ik zelf door Gods genade ook Christen tracht te zijn. Hij was aangesloten bij de

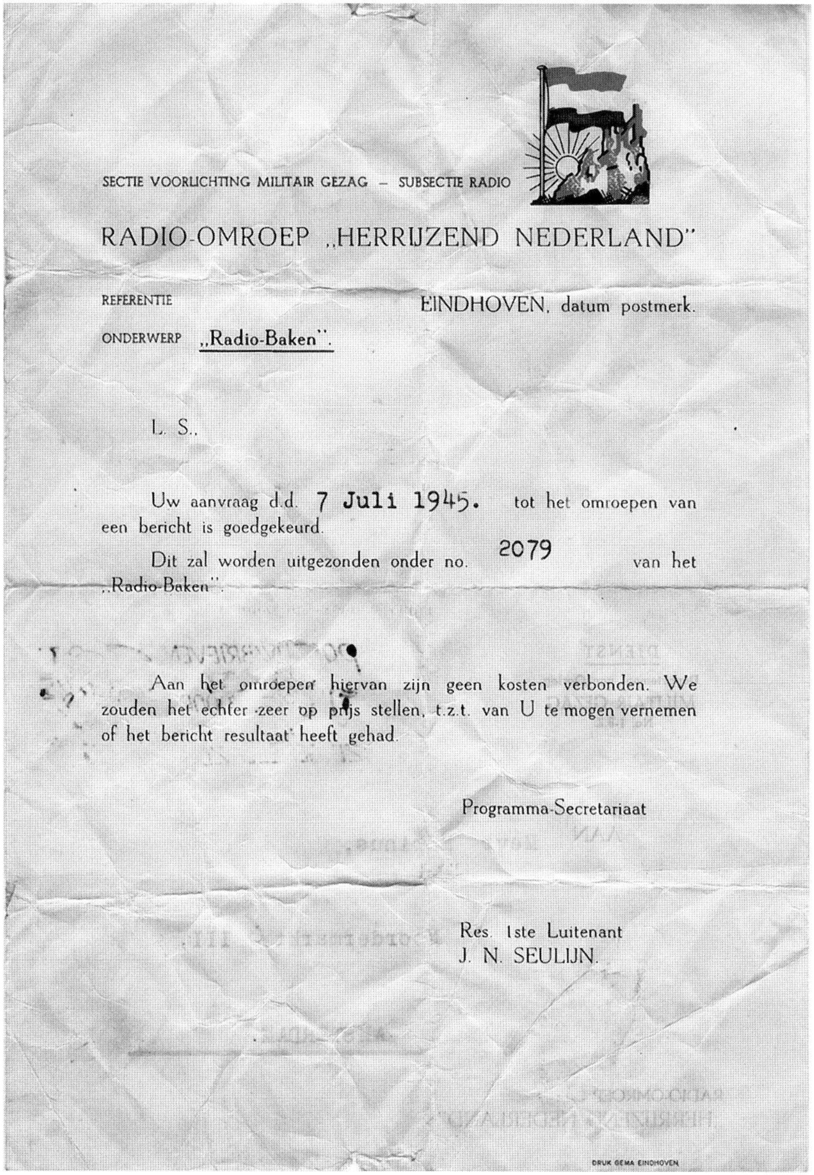

SECTIE VOORLICHTING MILITAIR GEZAG – SUBSECTIE RADIO

RADIO-OMROEP „HERRIJZEND NEDERLAND"

REFERENTIE EINDHOVEN, datum postmerk.

ONDERWERP „Radio-Baken".

L. S.,

Uw aanvraag d.d. 7 Juli 1945. tot het omroepen van een bericht is goedgekeurd.

Dit zal worden uitgezonden onder no. 2079 van het „Radio-Baken".

Aan het omroepen hiervan zijn geen kosten verbonden. We zouden het echter zeer op prijs stellen, t.z.t. van U te mogen vernemen of het bericht resultaat heeft gehad.

Programma-Secretariaat

Res. 1ste Luitenant
J. N. SEULIJN.

DRUK GEMA EINDHOVEN

Oproep van de echtgenote van Cornelis Marinus voor Radio Herrijzend Nederland om inlichtingen over haar man.

> Vergadering van Geloovigen, en wij hadden veel geestelijk contact. Ik heb hem het weven geleerd, en kon toen zorgen, dat hij rustig zittend werk kreeg, niet in de openlucht, maar in een barak. Zoo was hij mij zeer dankbaar, en naast mij zittend, konden wij ons den ganschen dag met elkander onderhouden, meestal over elkanders gezinnen, of het geloof. Hij had veel last van dikke beenen, z.g. oedeem, en flegmonen (wonden in beenen). Ook had hij veel last van verkoudheden, maar steeds was hij goedmoeds, kracht puttend uit zijn onwankelbaar geloof en godsvertrouwen. Indien U eens langs komt, dan kan ik U wel meer vertellen. Gaarne betuig ik U en de Uwen mijn innige deelneming met dit zoo smartelijk verlies.

Het verdriet van de achterblijvers werd gedeeld met degenen die terugkwamen. Zij toonden zich verantwoordelijk voor hun lot. Voor Van Lanschot betekende dit dat hij een functie als hoofd van de Missie tot Opsporing van Vermiste Personen uit de bezettingstijd graag aanvaardde. Steensma stelde de nalatigheid van de Nederlandse regering ten behoeve van de gevangenen in concentratiekampen ter discussie. Zij had, in samenwerking met de daartoe geëigende organisatie, het Rode Kruis, veel meer kunnen doen om de situatie in de kampen te verbeteren. In een brief van 25 juni 1945 aan het Rode Kruis sprak Steensma van een 'beleid' dat tot onnodige slachtoffers had geleid:

> Nu elke dag de lijst van de in de concentratiekampen omgekomen Nederlanders langer en langer wordt, nu ook in wijdere kring de verschrikkingen dezer kampen bekend worden, zullen velen zich afvragen wat er door onze regering gedaan werd deze mensen, voorzover de omstandigheden dit veroorloofden, te steunen. [...] Het is algemeen bekend wat er in de concentratiekampen ontbrak – in 't bijzonder voedsel. Honderdduizenden stierven van uitputting – stierven aan honger. Wat deed onze regering voor deze verhongerde Nederlanders die dag na dag zwakker werden, die wekenlang, maandenlang vochten tegen de langzaam voortwoekerende uitputting – die 't absolute einde onontkoombaar zagen naderen, die door enkele bescheiden pakketjes voedsel gered hadden kunnen worden? Waarom kwam dit pakket niet? Ik weet 't niet en ik begrijp het ook niet. [...] In 't laatste halve jaar vóór de bevrijding door de Amerikanen op 29 april werden in Dachau regelmatig pakketten verdeeld onder de Fransen, Belgen en Noren, soms drie tot vijf tegelijk aan Polen, Joegoslaven e.a. regelmatig één, soms twee. De Hollanders kregen in die tijd twee pakketjes, waarvan een met ondergoed. Dit laatste was zeer goed bedoeld, maar had weinig zin omdat 't na de eerste week in de grote was verdween. De mensen hebben 't dan ook gauw aan z.g. 'prominenten' verkocht voor wat brood. Verder ontvingen we een enkele maal een restje van wat er van de Noorse pakketten over was en éénmaal stelden de Belgen ons allemaal een pakket ter beschikking. (Hun voorraad was toen ongeveer 10.000 stuks voor plusminus 800 Belgische gevangenen. [...]

Hoewel het hem bekend was dat vanuit Nederland pogingen waren gedaan om pakketten te versturen en dat er ook contact was gezocht met het Zweedse en het Internationale Rode Kruis, was 'het resultaat van de Nederlandse bemoeiingen', aldus Steensma, 'op zeer pijnlijke wijze – duidelijk geworden'.

De verontwaardiging van Steensma werd breed gedeeld door ex-medegevangenen. Freek Niemeijer, die zijn broer had verloren in Sachsenhausen en daarna was doorgestuurd naar Natzweiler, heeft na de oorlog nooit een cent aan het Rode Kruis willen geven. De woede over deze organisatie uitte zich al meteen na de oorlog. Hij had bij terugkomst uit Dachau bezittingen meegenomen van omgekomen kampgenoten die hij terug wilde brengen naar de familie. Toen het Rode Kruis Niemeijer aanbood de spullen terug te brengen, zou hij hebben gezegd: 'Eruit. Nooit hebben jullie wat gedaan toen wij in de kampen zaten. Weg. Ik breng de familie van mijn kameraden hun spullen zelf wel.'

Als gevolg van alle kritiek, die uiteraard niet alleen werd geuit door ex-Natzweilers, besloot het Rode Kruis een commissie in het leven te roepen om uit te zoeken in hoeverre de beschuldigingen terecht waren. Deze commissie, die de geschiedenis in zou gaan als de pakkettencommissie en voorgezeten werd door de socialistische voorman Koos Vorrink, bestond in meerderheid uit mensen die de kampen aan den lijve hadden ondervonden. Een van hen was Boellaard.

Na twee jaar onderzoek kwam de pakkettencommissie in 1947 met haar eindrapport en de conclusies waren vernietigend. De commissie sprak van 'grove nalatigheid' over de hele linie van de officiële instanties zoals het bestuur van het Rode Kruis in Nederland, de regering, het London Committee van het Rode Kruis in de Engelse hoofdstad, en de officiële Nederlandse vertegenwoordigers in neutrale Europese landen. Vanwege dit laatste verwijt stelde het ministerie van Buitenlandse Zaken onmiddellijk een eigen commissie in onder voorzitterschap van de vooraanstaande jurist Cleveringa. Zij waren uiterst kritisch over het rapport van de pakkettencommissie. Ook de parlementaire enquêtecommissie voor het regeringsbeleid toog aan het werk om uit te zoeken in hoeverre de beschuldigingen van Vorrink en de zijnen gegrond waren. In twee dikke delen werden de bevindingen opgetekend en de conclusie luidde dat de enquêtecommissie zich 'niet [kan] plaatsen achter de verwijten van de Pakkettencommissie, die zich daarbij te zeer heeft laten leiden door hetgeen haar leden tijdens hun verblijf in concentratiekampen en gevangenissen hebben geconstateerd of hebben gemeend te constateren en daaruit te eenzijdig heeft geconcludeerd, dat de oorzaken daarvan gelegen hebben in tekortkomingen van in het bijzonder Regering en het London Committee.' Hoewel de enquêtecommissie vond dat er wel degelijk bezwaren waren in te brengen tegen deze officiële instanties – men was onvoldoende doordrongen geweest van de nameloze ellende waarin zoveel Nederlanders verkeerden, en had niet altijd genoeg initiatief en vasthoudendheid betoond – werd de relatie tussen nalatigheid en het aantal Nederlandse doden in de kampen, die voor de pakkettencommissie essentieel was, niet gelegd. Sterker nog, de vraag werd niet eens gesteld.

Martin Bossenbroek, die een boek schreef over de opvang van oorlogsslachtoffers na de Tweede Wereldoorlog, merkt op dat de pakkettencommissie achteraf tot mislukken gedoemd was omdat het een eerste 'frontale aanval [was] op de strikt juridische omgang met het verleden, even onverVaard als onbezonnen uitgevoerd'. In de pakkettencommissie zaten 'ervaringsdeskundigen' die recht wilden doen aan hun versie van de historische werkelijkheid en daar was de tijd vlak na de oorlog kennelijk nog niet rijp voor. Dat was ze wel in 1978, toen L. de Jong de conclusies van de pakkettencommissie onderschreef 'met dien verstande dat wij het woord "duizenden" [de pakkettencommissie sprak van duizenden doden als gevolg van nalatigheid] onjuist achten'. De Jong zou eerder spreken van 'vele honderden', wat overigens al erg genoeg was. Op zijn beurt maakte De Jong de enquêtecommissie een verwijt omdat zij 'met een wijde boog' om deze kwestie heen was gelopen.

Gevolgen

In de roman *De nacht gaat aan de dag vooraf* uit 1959 schrijft Nico Wijnen:

> Hoe kan je mens blijven als iedere dag, iedere nacht weer opnieuw de mens in je kapot wordt gemaakt. O, ze hebben gelijk die oude gevangenen. Ze hebben zo bitter gelijk: 'Er komt er geen uit, zoals hij erin is gegaan'. Als ze niet naar het lichaam verpest zijn voor de rest van hun leven, dan toch in ieder geval naar de geest. [...] Hoe kunnen wij later – als wij hier ooit uitkomen – nog verkeren onder gewone, normaal denkende, mensen. Wij zullen als doden, mensen die hun ziel al verloren hebben, onder hen rond gaan en hen gadeslaan, nauwlettend gadeslaan. Wij kennen het roofdier dat onder hun huid schuilgaat; wij laten ons niet bedriegen door hun fraaie omgangsvormen; wij weten dat hun normale denken een fictie is. Wij weten dat ons eigen bestaan ons nader is dan al hun levens en wij zijn bij voorbaat al bereid ieder van hen voor ons te laten sterven. Dat hebben wij vóór op hen. Voordat zij het roofdier bij zichzelf hebben ontdekt, hebben wij al toegeslagen. Wij zullen met onze dode lichamen onder hen rondwandelen, met ze omgaan, praten, lachen; en zij zullen met ons omgaan alsof wij nog leefden, terugpraatten en lachen, en zij zullen de zoete weeë geur van onze ontbinding niet eens merken.

Volgens de schoonzus van Oscar Mohr paste haar zwager na zijn terugkeer uit de kampen niet meer

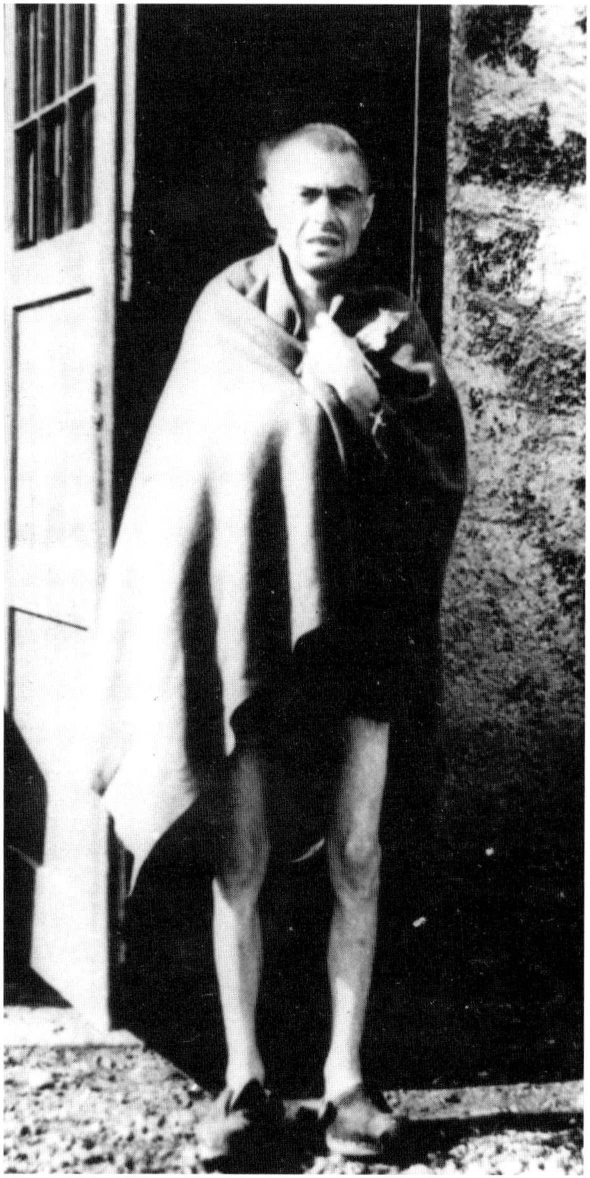

Oscar Mohr na de bevrijding.

in de burgermaatschappij. En dat gold niet alleen voor Mohr. Brugsma verklaarde in een interview met *De Tijd* uit 1974: 'Een KZ-syndroom heeft iedereen die in het kamp heeft gezeten, en die het heeft overleefd. Ik ken niemand die er in heeft gezeten en die het niet heeft.'

Zagen echtgenotes en hun kinderen dat hun man en hun vader was veranderd, bij veel ex-concentratiekampgevangenen manifesteerden zich de problemen pas in de loop der tijd. Bamberg schreef in het begin van de jaren tachtig zijn herinneringen. Hij was in eerste instantie niet uit op een publicatie, maar hij hoopte dat hij het vastleggen van zijn oorlogservaringen therapeutisch zou werken en de spanningen zou beteugelen die hij in toenemende mate voelde. Een deel van die spanning, zo schrijft Bamberg in zijn epiloog, kwam voort uit het schuldgevoel dat hij de kampen had overleefd en zoveel anderen niet. Onder hen veel 'gewone jongens' aan wie de overlevenden zoveel te danken hebben, 'omdat zij onder de ruige omstandigheden van het concentratiekampen veel en veel beter dan alle anderen opgewassen waren tegen de hardheid in de werkcommando's en mede daardoor met hun sterkere schouders en knuisten tallozen het leven hebben kunnen redden'.

De Bordes, die naar eigen zeggen een prima baan had bij de Rijksgebouwendienst in Den Haag, kreeg halverwege de jaren zeventig last van een kampsyndroom. 'Dat ging met heftige emotionele uitvallen gepaard. Ik viel zomaar uit, vloekte, en de collega's waren verbaasd dat die altijd vriendelijke De Bordes ineens zo over de schreef ging.' In 1978, vlak voordat hij vijfentwintig jaar bij de dienst had gewerkt, moest hij stoppen met werken omdat het eenvoudigweg niet langer ging.

Bakels schrijft over de gevolgen van het kamp:

> Ik lijd onder een 'catastrofaal denken'. Daaronder versta ik de onheilsverwachting die zich bij onaangename voorvallen onbedwingbaar voordoet. Paniek ontstaat bij mij direct, als een vlam omhoogschietend. Onmiddellijke zelfbeheersing drukt de paniek ook weer direct de kop in. Dit procédé is slopend voor het zenuwstelsel. Ik heb het uit de kampen overgehouden. Een kind komt schreeuwend het tuinhek binnenstrompelen, zijn gezicht vol bloed. Ernstig hersenletsel, dokters, politie, ambulance, ziekenhuis, operaties, zwaar lijden, dood. In werkelijkheid: een klap, per ongeluk, met een hockeystick; vlug naar een dokter, schoonmaken, hechting, verband, na een week een klein litteken. Je denkt bij alles meteen het ergste. Je kwelt jezelf met gruwelijke fantasieën, wat er niet allemaal kan gebeuren. Dat komt doordat je eraan gewend bent geraakt dat alles veel erger is dan je je ooit hebt kunnen voorstellen, en ook verschrikkelijk afloopt. Aan de andere kant is er, direct hiermee in strijd, een soort afstomping voor situaties die anderen verschrikkelijk vinden. Het kleine slagveld direct na een zware aanrijding, bijvoorbeeld, maakt op mij niet zo'n indruk. Mensen, maak je niet zo druk. Is dat nu alles? Wij zijn wel wat anders gewend, enzovoort.

En Bakels gaat nog even door met zijn zelfanalyse. 'Ik ben vies van veel. Boter, teruggesmeerd in de boterpot. Hagelslagkorrels en andere ongerechtigheden in de boter (of margarine). Belegde broodjes klaargemaakt door vieze juffrouwen in winkels. Kroketten! Gevlekte jassen en broeken van morsige obers. Verder: vuile ramen, vlekken op kleren en kleden, gore boorden en manchetten, resten in mondhoeken, vuiltjes in ogen, glanzende substantie in oren, slordig afgesneden kaas, manden met vuil goed, een bad met een vuile streep, vliegen op tafel aan maaltijden. Vies ben ik ervan, vies van alles.' Bakels vond dat hij genoeg vuiligheid had gezien en daarom moesten de zaken smetteloos zijn. Het gold voor alles. Van koper en zilver tot oksels, pakken, gulpen en schoenen.

Viezigheid was één ding, teleurstelling een ander. Van Witmond maakte zich in de loop der jaren een diepe teleurstelling meester. Hij schreef in 1996: 'In het kamp hebben we vele denkbeelden gehad over hoe ons land en de wereld er uit zou moeten zien. We zijn wel bedrogen uitgekomen. Zie de wereld, volkeren die elkaar klakkeloos vermoorden [...] Straks is het weer 4 mei en zullen we onze doden uit de tweede wereldoorlog herdenken. Zij zijn gestorven, met het idee hun leven te hebben gegeven voor een betere wereld. Aan hen heeft het niet gelegen dat het met deze wereld zo droevig is gesteld.'

Velo Bierman probeert tot vandaag de dag de herinneringen aan de verschrikkingen levend te houden door zijn verhalen door te vertellen aan middelbare scholieren. Gekleed in zwarte jas en zwarte baret wil hij spreken namens de 52 miljoen mensen die gevallen zijn in hun strijd voor vrijheid. Harry van der Ploeg, een verslaggever van *De Gelderlander*, woonde op 18 oktober 2004 een les van Bierman bij op het Rhedens College in Rozendaal. Hij schreef daarover: 'De strijd om het naakte lijfsbehoud, schetst hij in een zwarte litanie van anderhalf uur. Een proces-verbaal tegen de onmenselijkheid.' Bierman werd in oktober 1943 naar Natzweiler gedeporteerd en is nooit hersteld van de ontberingen en de mishandelingen die hij onderging. Aan de scholieren van het Rhedens College zei hij aan het eind van zijn verhaal: 'Schrijf me, want jullie zijn mijn medicijn.'

Bijna zonder uitzondering worden de ex-gevangenen gekweld door nachtmerries. Roessingh schreef in november 1970 dat hij met grote regelmaat last van angstdromen over terreur en bezetting had. En volgens Gonne de Jonge-Janssen werd haar man met enige regelmaat schreeuwend wakker en riep dan: 'Alles staat in brand'. Deze nachtmerrie stond rechtstreeks in relatie met De Jonges laatste weken in gevangenschap toen hij doodziek in de Bulkakazerne bij Nordhausen lag. Op een gegeven moment was Nordhausen en omgeving het doelwit van een geallieerd bombardement en de zieken die nog konden lopen moesten vluchten. Achter hen zagen De Jonge en de andere vluchtelingen de brandende resten van de stad en de kazerne.

Roessingh zal zich altijd de scheldwoorden herinneren, die de Duitse kampbewakers gebruikten om de gevangenen te vernederen. In een commentaar op het boek van Bakels somde hij ze 'ten behoeve van de woordenlijst' nog eens op: 'Trottel, Hässlicher Gnome, Rotznase, Mistbiene, du Heini, du Müder Krieger, du Langer Laster, du Elendes Gesocks, du Elendes Gestalt, ich werde dich ein Nasenbeinzertrümmerung besorgen, du Arschloch, du Arschficker, du Alter Wickser, du Komischer Vogel, du Speckjäger, Stundenlang werde ich dich in die Fresse hauen, du bist wohl beklopft.'

Ritter leed na zijn terugkeer dan ook aan een minderwaardigheidscomplex. Hij schreef: 'Toen ik eenmaal zover was gerestaureerd dat ik er weer op uit kon, had ik er herhaaldelijk grote moeite mee mijn beschroomdheid te overwinnen om bijvoorbeeld een winkel binnen te gaan en iets te kopen. Klaarblijkelijk was het innerlijke verzet tegen jarenlange behandeling als beest, de voortdurende inspanning mijzelf in stilte voor te houden dat niet ik, maar die anderen de beesten waren, nu uit reactie omgeslagen in het tegendeel.' Na de bevrijding moest Ritter naar eigen zeggen opnieuw ter wereld komen en voegde daaraan toe dat 'de Heer van leven en dood mij nog eens een extra keer het leven geschonken had. Waarom?'

Over de vraag waarom de een het wel had overleefd en de ander niet, is door voormalig concentratiekampgevangenen veel nagedacht. Soms werden ze er zelfs door nabestaanden mee geconfronteerd. Toen Hartman de ouders van een vriend op de hoogte bracht van de dood van hun zoon, kreeg hij vreselijk op zijn duvel. 'Wat had ik gedaan om het wel te overleven en haar zoon niet,' vroeg de moeder zich af. Hartman kon het niet uitleggen. Pijnlijk was het wel en het raakt aan hetgeen Anton Verberne vertelde in 1984 in de documentaire *De Poort*. Verberne schaamde zich dat hij het had overleefd, wat zovelen niet gegeven was. Dat je mensen had gezien van wie je wist dat ze niet terugkwamen en dat je dat had kunnen verdragen. 'Daarom,' aldus Verberne, 'konden we na de oorlog ook niet praten'.

Sommige ex-gevangenen vonden een antwoord op de vraag waarom ze de kampen hadden overleefd in hun geloof in God. Dat gold bijvoorbeeld voor Bakels. Hij schreef: 'Ik had veel tegen. Ik was wel geen jood, en ook geen Rus of Pool, maar een Rechtsanwalt, een intellectueel en aartsvijand van alle geboefte binnen en buiten het prikkeldraad. Ik was "christelijk" en dus uiterst verdacht bij al wat communist of nazi was. Ik had mijn uiterlijk niet mee: een goor skelet van 187 cm lengte, met flaporen en een eeuwige druipneus. Ik was een halfzachte, een dromer, onhandig met gereedschap. Ik was langzaam, altijd wel ergens gewond. Ik viel overal op. Ik had werkelijk bijna alle eigenschappen om snel aan mijn einde te worden geholpen. Veel lotgenoten hebben voortdurend hun hart voor mij vastgehouden, verbaasd als ze mij telkens weer ergens levend zagen opduiken: uit een moorddadig commando, uit een *Revier*, uit een ander kamp. Hoe kwam dit? Er is één juist antwoord: doordat het God behaagde mij te sparen.'

Ook voor De Bordes was het zijn geloof dat

Anton Verberne 44 jaar na de bevrijding, 29 april 1989.

hem erdoorheen had gesleept. In Buchenwald kreeg hij een diepe religieuze ervaring nadat hij had gehoord dat hij naar Natzweiler zou worden gedeporteerd. 'Terug van mijn werk kwam ik een vriend tegen van wie ik wist dat hij ook geloofde en zei: "Pam, ik heb toch zoiets heerlijks beleefd" waarop deze onmiddellijk dacht dat het niet doorging naar Natzweiler. Maar dat was het niet. Ik zei: "Nee, het gaat wel door, maar Christus heeft gezegd, ik ben de weg en het leven en hét ís zó!" Het was een zegen. Vanaf toen kon ik me helemaal overgeven aan dat wat komen ging.'

Pim Reijntjes zei anno 2002 dat hij het zonder geloof had gered. Hij was opgevoed met zijn moeders motto 'slaolie en vroeg naar bed', en met dit in zijn achterhoofd sloeg hij zich door de ontberingen heen; je mocht eenvoudigweg niet toegeven. Dat gold ook voor het zelfrespect. Reijntjes: 'Mijn broer at op een gegeven moment de koolstronken die bij het afval lagen. Mensen als Boellaard en Mohr hebben hem toen ter verantwoording geroepen en gezegd: "Dat moet je niet doen, want in de eerste plaats stilt het je honger niet, in de tweede plaats word je er waarschijnlijk doodziek van maar vooral in de derde plaats, tast het je eergevoel als mens aan."' Bouwense behield zijn eergevoel door niet voor medegevangenen te 'klussen' in ruil voor voedsel. Liever dan dat redde hij zichzelf. In zijn 'strategie' paste ook dat hij geen seconde meer aan huis dacht, want als je dat deed viel je volgens Bouwense ten prooi aan weekheid en verlangen. Dat was het ergste, zo zegt ook Hartman na de oorlog: 'Het ergste was

Pim en Loek Reijntjes na de bevrijding.

heimwee. Mensen met heimwee overleefden de kampen niet.' En Bakels schreef: 'Heimwee is een levensgevaarlijke zaak, het lijkt op een gewoon verlangen doch is iets zeer speciaals: het vernietigt. Er is geen verheuging in maar een opgeven: afscheid, dood.'

Eind 1982 liet Roessingh Bakels weten dat een aantal factoren hem overeind had gehouden. 'Een kille verbetenheid om de vijand te zien verliezen, de onbaatzuchtige vriendschap van eenvoudige doch grote mensen die hem in het kamp hielpen (de Geuzen), een beetje geluk en het besef dat je als mens in vele opzichten inwisselbaar was.'

Hingst schreef in zijn herinnering van 1946:

> Het is een somber verhaal. Een verhaal van uitputting van de één na de andere mens. Er was niet de minste heroïek bij. Noch voor hen die de leiding hadden, noch voor hen die dit leven ondergingen. Integendeel. Meer dan iets anders was het een 'sleur' bestaan, waarvan de sleur werd bepaald door de verschrikking. Mocht soms de [onleesbaar] iets anders zijn, altijd en overal was het leven één zelfde foltering. Werd die niet door slaan alleen bereikt, de eeuwige verstoring der rust werkt feilloos. Zelfs de sterksten, die onverstoorbaar waren in den beginne. Allen... allen werden tenslotte opgejaagde beesten. Schichtig en schuw, als de ondervoeding de beheersing der hersenen verzwakte. En dan ging de mens in een dubbel tempo ten gronde. [...] Het is het verhaal van het lot, zoals duizenden dat ondergingen. Door ongelofelijk geluk kwam ik in betere omstandigheden dan de anderen, waardoor ik het bestaan iets langer kon trotseren en daardoor gedoemd was later te sterven dan mijn vrienden, ware de sleur van dit leven niet afgebroken, door een onwaarschijnlijk, als het ware onlogisch wonder Gods dat men Vrede noemde.

Volgens Hingst had hij het geluk gehad om in iets betere omstandigheden dan anderen te verkeren. Voor Teengs Gerritsen was het de geest die, wanneer hij sterk genoeg was, mensen erdoorheen sleepte. Als voorbeeld noemt hij Louis van der Dungen, die tenger was en fysiek niet opgewassen tegen het zware werk, maar niettemin met zijn opgewekte humeur en zijn geloof de moeilijkheden overwon. 'Veelvuldig heb ik gezien, dat physiek sterke menschen, die de moed lieten zakken in weinig weken stierven, aan, laten wij zeggen, verval. Het lichaam en weerstand reageert enorm sterk op de geest en blijken zonnige en of krachtige naturen veel meer te kunnen verdragen en verzetten dan zij die alleen physiek sterk zijn.' Ook Teengs Gerritsen was volgens zijn kampvrienden zo'n zonnige natuur. Zo vertelde Van Mesdag dat hij altijd optimistische verhalen over een spoedige bevrijding, zodat iedereen weer even geloof in een goede afloop had. En Roessingh: 'Hans Teengs Gerritsen wiens geest in de zwartste tijden en bijkans volkomen hopeloze periodes ongebroken bleef en steeds volhield, dat het hem uitmuntend ging, daarbij kampgenoten opbeurend met een onvoorstelbare dosis humor en fantasie, waardoor hij de twijfelmoedigen weer hoop gaf.'

Toen Ritter in het najaar van 1959 samen met zijn vrouw voor de eerste maal terugging naar Natzweiler, ontlokte hem dat de volgende overpeinzing:

> Behalve dat de te bouwvallig geworden barakken waren afgebroken, had men het kamp in zijn oude staat bewaard. De prikkeldraad-omheining was er, de wachttorens stonden er nog, ook het crematorium. Op de helling boven het kamp stonden nu honderden witte kruisen, een prachtig blank gedenkteken wees daarboven ten hemel en rondom ontrolde zich het wondermooie panorama van de Vogezen in hun schoonste herfsttooi. In de diepte van het dal waren de klokken van Natzweiler te horen... net als toen. In de Steinbruch leek het wel, of niemand daar in die vijftien jaar ooit meer een voet gezet had. Alles was overgroeid met de hele bonte flora die de Vogezen bieden kunnen. Het was of de natuur haar best had gedaan alles met de mooiste mantel der liefde te bedekken die zij vermocht voort te brengen. Alles ademde vrede. Het was een ontroerende ervaring hier te staan en te weten, dat dit alles nu tot het verleden behoort, dat aan de verschrikkingen een einde is gekomen. En opnieuw vroeg ik mij af, waarom het juist mij gegeven werd te aanschouwen, terwijl zovelen heengegaan zijn met alleen het visioen voor ogen, dat het eens weer werkelijk vrede zou zijn.

De Vriendenkring

Behalve in verband met de berechting gingen Mohr en Boellaard in 1946 namens de Natzweilers ook enige burgerarbeiders bedanken voor hun onbaatzuchtuige hulp. Van de reis werd een verslag gemaakt, dat aan alle oud-gevangenen werd rondgestuurd. Omdat het met de processen tegen de kampbewakers nogal tegenviel, kreeg men ook een vragenformulier toegestuurd met het verzoek dit zo nauwkeurig mogelijk in te vullen. In het privéarchief van Bekkie de Loos zijn er een groot aantal te vinden, maar niet iedere ex-Natzweiler was even enthousiast. Alex Putto schreef op 13 september 1946 in een brief aan De Loos dat hij geen enkele behoefte voelde het documentatieformulier in te vullen. 'Ik voor mij geloof niet dat we op die manier opbouwend werken, maar veel eerder héél erg afbrekend. Het geleden leed kunnen we er toch niet mee vereffenen en al zou dat zoo zijn, dan ben ik er nog van overtuigd dat we er verkeerd aan doen.' De reisbeschrijving van Mohr en Boellaard had hem, zo schreef Putto 'eenerzijds pleizier gedaan, maar aan de andere kant vond ik het toch ook weer zoo jammer, die haat die er nog zoo erg inzit. We kunnen alleen de wereld verbeteren door bij ons zelf te beginnen.'

Maar was de reisbeschrijving zo vol van haat? Doelde Putto op passages zoals: 'Wij zien weer Bouwe en Jan, de Overste en Boudewijn, hoe zij met verwonde handen hun werk doen, geslagen door Capo Schäfer (afgemaakt in Buchenwald)', of die over de gaskamer, waar velen 'onder het spie-

Pim Boellaard (rechts) met zijn helper Robert Sommer voor een barak, Natzweiler 1946.

dend oog van Prof. Hirt een doodstrijd leden'? De misdaden werden in het reisverslag inderdaad in herinneringen geroepen, maar niet zonder reden; ze getuigden van het grote verdriet over al degenen die als gevolg van bruut geweld om het leven waren gekomen. Putto, zo blijkt uit de brief aan De Loos, wilde het verleden liever laten rusten en dat gold volgens de zoon van Mulock Houwer, zo vertelde deze in 2006, ook voor zijn vader. Anderen hadden echter baat bij een geregeld contact en een gezamenlijk herdenken van hun gestorven vrienden.

Ten overstaan van mr. W.C. Treurniet, notaris te Rotterdam, werd in 1965 de akte opgemaakt van de oprichting van de Stichting Vriendenkring van Oud-Natzweilers. De stichters waren Rein Boverhuis, Jan Broedelet, Sam Hingst, Bekkie de Loos en Jan Schutrup. Van hen is inmiddels niemand meer in leven, maar de Vriendenkring, wel behoorlijk uitgedund en aangevuld met mensen van de tweede generatie, bestaat nog steeds.

Al ver voor de oprichting van de Stichting onderhielden oud-Natzweilers contacten met elkaar. De eerste Natzweilerreünie vond plaats in december 1950 en zou vanaf dan ieder jaar worden gehouden. Vanaf het begin van de jaren vijftig werden er ook tochten naar het voormalige kamp gemaakt. Ze hadden in de begintijd nog niet het georganiseerde karakter van later, maar men improviseerde met de mogelijkheden die er waren. Zo stelde de ex-Natzweiler en autohandelaar Broedelet in 1954 wagens ter beschikking om de tocht te ondernemen, en jarenlang was Van Soest de vaste bestuurder van een volkswagenbusje. Ook De Loos, die in Luxemburg woonde, droeg zijn steentje bij om, gecombineerd met een ontmoeting met de Luxemburgse vrienden, gezamenlijke bezoeken aan het kamp mogelijk te maken.

In 1955 zetten de Natweilers een Spaarfonds op om zo veel mogelijk ex-gevangenen – ook degenen die wat minder kapitaalkrachtig waren – in de gelegenheid te stellen de reis te ondernemen. In 1960, het jaar dat president De Gaulle het *Mémorial de la Déportation* onthulde, gingen zo'n zestig oud-Natzweilers mee. Daarna lijkt het aantal weer te zijn teruggelopen, gezien een oproep uit april 1965 waarin werd beklemtoond dat men van een dergelijke reis geen spijt zou krijgen. In 1966 meldden 33 oud-gevangenen en nabestaanden zich aan. Ook de dochter van Cornelis Marinus ging mee. Haar vader was niet teruggekomen, maar bij de kranslegging kreeg ze een 'gevoel van dankbaarheid' en 'berusting over dit verleden'.

De ware hausse van groepsreizen naar een concentratiekamp brak in de jaren tachtig en negentig aan. Om zo'n reis te ondernemen moest soms veel worden overwonnen. Steensma zag het voormalige kamp Natzweiler pas in de jaren negentig terug, op aandrang van zijn zonen. Het bleek een 'bevrijdende ervaring'. Skippie de Vaal en Wim Hartman gingen vanaf eind jaren zestig omdat ze het eerder te druk hadden.

Talloos waren de ex-gevangenen die op eigen gelegenheid gingen, zoals de gebroeders Reijntjes, die de reis met moeder en verloofde onderna-

Jaap van Mesdag (links) met de vlag van de Nederlandse Natzweilers gedragen door Godert van Dedem.

men, en het gezin De Loos, dat voor z'n vakantie altijd 'nog even naar boven' moest. De bezoeken aan Natzweiler waren er vooraleerst ter nagedachtenis aan de doden, maar de deelnemers aan de reis vonden ook troost in elkaars gezelschap. 'Ook al heb je elkaar niets meer te vertellen,' zegt De Bordes in 2004, 'het is gewoon dat gevoel dat je samen in de ellende hebt gezeten. Je ontmoet elkaar en ook al zeg je niets, je valt elkaar in de armen en je bent ontzettend blij om elkaar te zien. Je was er om te proberen er met elkaar door te komen.' En hij voegt eraan toe: 'Alleen lukte dat te weinig. Er zijn er te veel gebleven. En dáárom moet ik ieder jaar bijna dwangneurotisch naar de herdenking toe.'

Veertig jaar na dato keerde Roessingh naar Natzweiler terug na 'eindeloos gedram van Ries Ville, Johnny Snijders, Jaap van Mesdag en Dickie Moerland'. In een verslag over zijn ervaringen van dit groepsbezoek schreef hij:

> Daar sta je dan; wie was ik, wie ben ik, wie zal ik zijn? Ik was jij, jij was ik. Zó heb ik het beleefd, van begin tot eind. Op ieder van de drie vragen past een ander – grotendeel niet in woorden te vangen – antwoord. Van alle emoties is niets meer in het kamp. Het monument is mooi, de poort heeft nog iets van huiver, de fataliteit die er van uitging. Maar het kamp is een museum. Leeg van ego's en alters. De herinnering van het bizarre, vaak groteske leven dat we er hebben geleden, aan het proces van sterven, aan de weerstand, aan de offervaardige wil om te overleven, aan de kameraadschap, aan de vijandschap, de smerigheid, de schoonheid van leven, kwam bij mij niet op bij het zien van dit stille, steriele, ordelijk daar liggend hoopje barakken en lege plekken, omringd door passief aandoend prikkeldraad. Niets van geluiden der vernietiging, der uitroeiing; geen geschreeuw, nacht en dag, om pijn, om leven, om liefde, om protest, om doodskramp. Deze dingen kwamen eerder op tijdens het samenzijn, toen we elkaar weer spraken, in de ogen keken.

Natzweiler hoefde Roessingh dan ook niet weer te zien, want de plek zei hem weinig. Dat gold niet voor zijn medegevangenen; met hen voelde hij een diepe verbondenheid. Voor zover enigszins mogelijk wilde Roessingh de jaarlijkse reizen meemaken, zonder bezoek aan het kamp, alleen met de trein heen en met de trein terug.

Uit het onderzoek van Withuis blijkt dat de ex-Natzweilers er als enige vereniging van kampoverlevenden in slaagde om tijdens de Koude Oorlog niet verdeeld te raken. Volgens haar vereiste dat een bewuste strategie. Boellaard, die als vertrouwensman ín de oorlog ook na de oorlog zeer betrokken bleef, was een van degenen die zich inzette voor gezamenlijkheid. Al in het kamp probeerde hij om verschillen in sociale of politiek aard te slechten, en daar bleef hij na de oorlog mee doorgaan. In zijn streven naar eenheid werd Boellaard breed gesteund. In het tweede nummer van de *Natzweiler Berichten* werd beklemtoond dat er in ieder geval één ding vaststond: in 'de Be-

Van links naar rechts: Pim Reijntjes, Pim Boellaard, prins Bernhard, Godert van Dedem en Carel Steensma.

richten' was geen plaats voor 'artikelen van politieke strekking van welke aard dan ook', want dat de Natzweilerfamilie floreerde, kwam doordat elke drijverij van politieke aard was uitgesloten.

Toch waren er, hoe kan het ook anders, soms wrijvingen, zo blijkt uit de volgende briefwisseling tussen Nico Wijnen en Joop van Vonderen. De aanleiding was een passage in de uitnodiging van de jaarlijkse Natzweilerreünie in 1974, die dat jaar in Apeldoorn plaats zou vinden. 'Wij kozen Apeldoorn, aangezien het ons als een goede gedachte voorkwam om, nu "Het Loo" is gerestaureerd, "deze keer" op de dag van onze reünie een bezoek te brengen aan "Het Loo", zoveel jaren de geliefde verblijfplaats van onze "Moeder der Vaderlands", onze onvergetelijke Koningin Wilhelmina, de "Hoedster van Het Verzet".' Van Vonderen vond het stichtingsbestuur met dit eerbetoon 'enigszins op hol geslagen'. Temeer omdat 'een aantal om welke redenen dan ook over "onze Hoedsters van het Verzet" minder hoogdravende opvattingen huldigen'. Van Vonderen bepleitte een neutrale houding, die over het algemeen zo zorgvuldig in acht werd genomen. De brief van Van Vonderen van 28 augustus 1974 werd op 17 oktober van hetzelfde jaar door Wijnen beantwoord. Wijnen schreef daarin dat hij de verantwoordelijkheid voor de inhoud van de uitnodiging op zich nam, daarbij aantekenend dat hij, zoals bekend, een overtuigd republikein en een links socialist was. Dat nam, aldus Wijnen, niet weg dat hij volkomen achter de gewraakte passage stond vanwege Wilhelmina's betoonde respect voor de Februaristaking, Hannie Schaft en de oud-Natzweilers. Van Vonderen maakte echter opnieuw bezwaar enerzijds omdat hij niet akkoord ging met een persoonlijke afhandeling en een reactie van het stichtingsbestuur verlangde, anderzijds omdat hij bij zijn standpunt bleef dat een heterogeen gezelschap zoals de Vriendenkring dat was, ermee gediend was dat bewondering voor 'links dan wel rechts inwendig [zou] moeten [worden] verwerkt'. Tot een breuk kwam het niet, want zo belangrijk, aldus Van Vonderen, was het nu ook weer niet. Het maakt wel duidelijk hoe principieel er binnen de Vriendenkring werd geprobeerd vast te houden aan de politieke neutraliteit.

Vijftien jaar later, in 1989, werd de neutraliteit op een geheel andere wijze getest, toen de discussie over de laatste twee Duitse oorlogsmisdadigers in Nederlandse gevangenen na een lange stilte wederom losbarstte. Een aantal ex-Natzweilers, onder wie Van Lanschot, Teengs Gerritsen en Brugsma, had zich voor vrijlating verklaard. Brugsma – en overigens ook Van Lanschot – was al lange tijd van mening geweest dat het niet aan de slachtoffers was om over vrijlating te beslissen, en vond dan ook niet dat de Duitsers gevangen moesten blijven ter bescherming van de gevoelens van diezelfde slachtoffers.

In de documentaire uit 1988 getiteld *NN: Naamloos in 'Nacht und Nebel'* van Philip Engelen, waarin Brugsma samen met de oud-kampgenoten Piet Bouwense, Herman Fontijn, Wim Roessingh en Arie van Soest naar Natzweiler terug-

Terug in Natzweiler in 1988 naar aanleiding van de film NN: Naamloos in 'Nacht en Nebel'.
Van links naar rechts Arie van Soest, Herman Fontijn, Wim Roessingh, Piet Bouwense en W.L. Brugsma.

keerde, stelde hij de kwestie expliciet aan de orde. De meningen waren verdeeld. Van Soest was er kort over en vond dat 'de twee' moesten blijven zitten. Hij was van mening dat ze überhaupt nooit gratie van de doodstraf hadden mogen krijgen. Bouwense was tegen vrijlating zolang er ook maar één oud-kampgenoot of oorlogsslachtoffer last zou hebben van de vrijlating. Dat gold ook voor Roessingh. Ook hij vond dat het verdriet van de slachtoffers van het naziregime zwaarder moest wegen dan de Nederlandse rechtsstaat, waarin levenslang destijds twintig jaar betekende ('de twee' zaten inmiddels 43 jaar).

Fontijn was net als Brugsma, die zijn standpunt in de documentaire overigens niet toelichtte, voor vrijlating omdat hij meende dat 'we de moed moeten opbrengen om ze te laten gaan'. De opmerking van Roessingh dat 'de twee' hem eigenlijk volstrekt onverschillig lieten, vond Fontijn onverdraaglijk omdat hij nu juist vergeving bepleitte, iets wat bij uitstek niets met onverschilligheid te maken had. Voor Fontijn ging het om zijn geloofsovertuiging die hem er ook in de kampen had doorgesleept.

In de discussie over 'de twee van Breda', die in de documentaire van Engelen zo indringend wordt verbeeld, wordt duidelijk hoe iedere oudgevangene op eigen wijze met het kampverleden omging, en in het verlengde hiervan, nadacht over de toekomst. Voor Fontijn was er geen toekomst zonder vergeving, terwijl er voor Roessingh geen toekomst was zolang monsters als 'de twee' in de samenleving werden getolereerd. Dan, zo zei Roessingh, is er geen licht meer achter de horizon. Daarnaast vond Roessingh, net als Bouwense, dat lotgenoten koste wat kost in hun gevoelens dienden te worden beschermd, en ook al was een beslissing over vrijlating uiteindelijk aan de regering, hij koesterde de hoop dat hij en de zijnen werden gehoord. Voor Van Soest ten slotte, ging er van de voortdurende detentie van 'de twee' ook nog eens een waarschuwing uit, namelijk 'dit nooit meer'.

De 'twee' zouden uiteindelijk op 27 januari 1988 de gevangenis van Breda verlaten. Tot die tijd waren ook binnen de Vriendenkring de meningen verdeeld. Tot een splitsing kwam het niet, al liepen de gemoederen hoog op. Hans Hers, erelid van de Vriendenkring en tevens de behandelend specialist van veel ex-Natzweilers, zag zich genoodzaakt alle banden met de ex-Natzweilers – en niet alleen met hen – te verbreken. Hij had dat gedaan toen bleek dat zijn standpunt voor vrijlating leidde tot vele bedreigingen met als 'hoogtepunt' de dag dat er een zware steen door zijn raam werd gegooid. Aan het bestuur van de Vriendenkring schreef Hers: 'Hieronder heb ik de eer U te berichten dat ik mijn erelidmaatschap van Uw Stichting opzeg. U dient mijn naam, adres, etc. uit Uw adresbestand te verwijderen. U dient tevens mijn naam als ere-lid in de *Natzweiler Berichten* weg te laten. U dient uw leden hiervan in kennis te stellen. Ik wens uw *Natzweiler Berichten* niet meer te ontvangen. Elke correspondentie van Uw Bestuur of individueel van U of van Uw leden zal ongeopend door mij worden geretourneerd. Telefonisch contact zal onherroepelijk worden verbroken. De documenten behorende bij dit lidmaatschap worden U aangetekend geretourneerd in de loop van de komende 2 weken.'

Een lijmpoging van de toenmalige voorzitter Wijnen liep op niets uit en hem restte dan ook niets anders de schade zo veel mogelijk te beperken en de geruchten over een eventuele splitsing de kop in te drukken. Hij schreef in de *Natzweiler Berichten* dat de gelederen werden gesloten, want 'éénheid van het verzet is nu, wellicht meer dan ooit nodig. Bitter nodig.' De leuze van de oud-Natzweilers moest koste wat kost overeind blijven. 'Dwang bracht ons samen, vrij tezaam gebleven.'

Vrouwen en kinderen

Toen de oorlog voorbij was en de mannen terugkwamen, dachten veel echtgenotes aan een nieuw begin; een gezin en een lang en gelukkig leven. Het bleek vaak anders te lopen. Een van de vrouwen verklaarde in een artikel van Hanny S. Meyler in *Vrij Nederland* van 27 april 1985: 'Elfduizend-driehonderdvijftien dagen en nachten heb ik bij elke hap die ik in mijn mond stak geweten hoe bevoorrecht we zijn. Het eerste jaar van ons huwelijk moest ik elke dag ons bed verschonen: hij kon niet slapen onder lakens die naar onze lichamen geurden, hij kon zich niet afdrogen met handdoeken die eerder waren gebruikt.' Niettemin was het huwelijk goed en de liefde voor elkaar groot. Na een conflict op kantoor, een jaar of twaalf na de oorlog, ging het mis. 'Hij kreeg woedeaanvallen die steeds erger werden, zijn spijt daarover trouwens ook. Als hij gekalmeerd was, luisterde ik uren en uren naar hem, intriest. De huisdokter en zijn vader kregen hem zo ver dat hij naar een psychiater ging.' Daarmee werd er onbedoeld een wig geslagen in de relatie van het echtpaar, want vanaf dat moment ging het alleen nog om de patiënt. De echtgenote werd in de behandeling buitenspel gezet. Na dertig jaar huwelijk werd besloten gescheiden verder te leven.

De huwelijken van ex-concentratiekampgevangenen waren zwaarbelast. Veel mannen hadden lichamelijke klachten en problemen als slapeloosheid, nachtmerries, driftbuien en woedeaanvallen. Lange tijd bleven de moeilijkheden binnenskamers, maar sinds een paar decennia is de beslotenheid van het gezin enigszins opengebroken. Omdat de mannen zelf ook wel beseffen dat zij 'moeilijk' waren – Fontijn schreef dat hij de vrijheid die hij zoveel jaren moest ontberen in zijn latere leven niet meer gemakkelijk kon afstaan, iets wat voor zijn vrouw en kind niet altijd even gemakkelijk is geweest – komen op de jaarlijkse 'Natzweilerpraatdag' niet alleen de mannen, maar vanaf 1984 ook de vrouwen bij elkaar om hun ervaringen uit te wisselen.

Dat daar behoefte aan was blijkt ook uit de documentaire *De Poort. Een familiegeschiedenis*, gemaakt door de eerdergenoemde Meyler en Wim van Neerven. In dit intieme portret van het gezin van de ex-Natzweiler Anton Verberne, vertelt de echtgenote dat ze graag eerder dan pas na veertig jaar contact had gehad met de ex-gevangenen en hun vrouwen omdat dát contact haar duidelijk maakte dat zij en haar gezin niet de enigen waren die met moeilijkheden kampten. Verberne had zijn kampverleden lange tijd weggestopt in de veronderstelling dat hij op die manier kon vergeten. Het bleek een misvatting te zijn en in 1984 ging hij samen met zijn vrouw mee met de Natzweilerreis. Mevrouw Verberne vertelde hoe ze door de poort gingen en hoe haar man werd omringd door een aantal kampgenoten. 'Ik vond dat ik naast hem moest lopen en drong me tussen hen in. Bij het crematorium aangekomen stortte Anton in. Het was toen dat ik zag dat ik hem niet kon geven wat zijn makkers hem konden geven. Zij vingen hem op en troostten hem en het was goed.'

Niet alleen de echtgenotes hadden te maken met de gevolgen van het kamp, ook de kinderen. Toen Simon Wolff uit de kampen terugkeerde, was zijn zoon Ruud vier jaar oud. 'Het was op een zaterdagavond en ik sliep al,' vertelde deze in 2006. 'Mijn moeder heeft me nog wakker gemaakt en gezegd: "Pappa is terug." De volgende ochtend zat daar ineens een voor mij vreemde man. Het was erg verwarrend allemaal. Ik wist niet goed wat ik ermee aan moest.' Wolff senior was zwijgzaam over zijn ervaringen. Dat nam niet weg dat zijn zoon besefte dat hij heel erge dingen had meegemaakt. Dat gold ook voor de kinderen uit het gezin Verberne.

Simon Wolff met zijn zoon Ruud en zijn dochter Hellen tijdens een bezoek aan de bollenvelden in 1947.

De dochter van Floris Bakels, Mia Roessingh-Bakels, beklemtoont dat het in de eerste plaats om de vaders gaat; zij wil zich hún verdriet absoluut niet toe-eigenen. Niettemin had haar vader een fikse gebruiksaanwijzing. Viezigheid – Bakels schreef er zelf over – daar was hij wars van, vertelde ze. 'Zo mochten mijn moeder en ik liever geen truien met knoopjes aan, want daarachter kon zich vuil ophopen. En elke week werden de schoenen van het hele gezin – ik heb vier broers – door mijn vader gepoetst zodat je je erin kon spiegelen. We vroegen hem wel eens of hij nu toch ook niet het grind moest stofzuigen, een opmerking waar hij gelukkig wel om kon lachen.' Viezigheid was een van de dingen die Bakels herinnerde aan de kampen, een lopend buffet een ander. 'Mijn vader heeft nooit meer in de rij voor eten willen staan,' aldus Mia Roessingh-Bakels. 'Dat deed hem denken aan de eindeloze rij gevangenen onder wie hijzelf, die met hun gamellen hun beurt moesten afwachten voor het schamele kampvoedsel.'

Het gezin De Loos, vertelt dochter Marjolijn Vogelzang-de Loos, kon nooit kamperen omdat haar vader dat al genoeg had gedaan, en niet op wintersport omdat hij al veel te veel dennenbomen met sneeuw had gezien.

Aversie van alles wat met Duitsland te maken had, kennen veel kinderen van ex-Natzweilers. Marjolijn Vogelzang-de Loos herinnert zich het verbod op alle apparaten van Duitse makelij, van auto's tot huishoudelijke apparatuur. Als het gezin Roessingh, vertelt zoon Ernst, in de vakantie naar de Zweedse grootouders ging, moesten ze wel door Duitsland. De benzinetank werd dan in Oldenzaal volgegooid, er werd 's nachts gereden en de opluchting was groot als Duitsland achter hen lag. Zelf – Ernst Roessing woont dicht bij de Duitse grens – heeft hij er nog heel lang moeite mee gehad de grens te passeren, want Duitsland, zo leerde hij van jongs af 'was eng'.

Niet zelden hebben Natzweilers, gemotiveerd door hun oorlogservaringen, hun kinderen onderworpen aan een Spartaanse opvoeding. Wim Roessingh wilde dat zijn kinderen niet overkwam wat hem was overkomen. Toen hij het concentratiekamp in moest, was hij niet gewend aan zware lichamelijke arbeid zoals het werken met pikhouweel en schop. 'Ik heb dat wellicht onhandig gedaan', zegt hij als hem de tekst van zijn zoon Ernst wordt voorgelegd, maar ik wilde mijn kinderen voorbereiden op de hardheid van het concentratiekamp'. Zijn zoon Ernst: 'We gingen onder de koude douche, deden gymnastiekoefeningen om in goede lichamelijke conditie te zijn en kregen een uitgekiend ontbijt dat bestond uit pap met Marmite en honing en een druppel levertraan.' Daar bleef het niet bij. Ernst Roessingh vertelt dat zijn vader altijd graag dokter had willen worden, een keuze waar zijn vader niet achter stond. Toch bleven medicijnen hem interesseren en in Natzweiler was hij, zoals hierboven beschreven, laborant in het *Revier*. Na de oorlog had hij via een van zijn netwerken contact met een arts die een medicijn had uitgevonden dat zeer goed voor de gezondheid zou zijn. Het kwam nooit op de markt, maar het hele gezin Roessingh werd er wel iedere week mee geïnjecteerd.

Ook in het gezin De Loos golden strenge regels en was de angst voor een nieuwe oorlog altijd voelbaar. De kinderen kregen straffen als in de hoek staan, staan aan tafel en de koude douche.

Nicole, de dochter van Bauke Planjer, herkent de hardheid. 'Je moest niet bij de pakken neerzitten want je was toch een Planjer, en niet huilen om geschaafde knietjes.' Zij heeft het niet als negatief ervaren, maar is er juist heel strijdbaar van geworden.

Rob Mulock Houwer leerde van zijn vader vooral relativeren. 'Er waren, zo vond mijn vader na alles wat hij had meegemaakt, nog maar een paar dingen echt belangrijk. Ja, daar hoorden zijn kinderen zeker bij.'

Ben Ligteringen was nog een baby toen zijn vader begin 1941 in hun huis aan de Legmeerstraat werd gearresteerd. Johan Hendricus Ligteringen was leraar aan de ambachtsschool in Amsterdam, en na de demobilisatie van de Nederlandse troepen in 1940 had hij zich in de zomer van datzelfde jaar aangesloten bij een OD-groep. De arrestatie, zo vernam zoon Ben van zijn moeder, vond plaats tijdens de middagmaaltijd. Er werd aangebeld en nadat de deur was opengedaan stormden drie mannen de trap op. Na een korte schermutseling werd Ligteringen ingerekend. Terwijl hij werd weggebracht naar de overvalwagen, die om de hoek in de Weissenbruchstraat stond geparkeerd, probeerde Ligterings echtgenote het belastende materiaal – een grote rol tekeningen van waarschijnlijk Duitse militaire objecten – te verstoppen. Vernietigen lukte niet

Bauke Planjer kort na de bevrijding.

zo snel, maar een grote rieten tas met groente die midden op de keukentafel stond, bood uitkomst. De tekeningen verdwenen onder in de tas met de groente erboven op. Toen het arrestatieteam, bestaande uit twee Nederlandse politieagenten en een Duitse SD'er, terugkwam en het hele huis overhoophaalde, vond het niets. Hun enige buit was een pistool in het nachtkastje, maar dat viel uit te leggen, aangezien Ligteringen voorafgaand aan de capitulatie in het Nederlandse leger had gediend.

Ligteringen stond in oktober 1941 terecht, samen met nog 27 andere verzetstrijders. Hoewel hij in eerste instantie 'slechts' tweeënhalf jaar tuchthuis kreeg, zou hij uiteindelijk – Christiansen eiste de doodstraf – naar Natzweiler worden *abgetrennt*. 'Mijn moeder was er van overtuigd dat ze haar man nooit meer terug zou zien,' aldus Ben Ligteringen in 2006. Ligteringen overleefde de kampen echter wel. Hij kwam op de avond voor zijn zoons verjaardag op 1 juni 1945 thuis. Voor Ben Ligteringen, zo vertelt hij, begon de oorlog met de terugkomst van zijn vader. 'Ik was vijf jaar. Hij sloeg me of zette me in een bad met ijskoud water, want ik moest gehard worden voor de concentratiekampen van de derde wereldoorlog.' In de loop der tijd kregen de mishandelingen een vast patroon. 'Er was sprake van een ritueel bestaande uit drie elementen. Het eerste was een klimaat van permanente onzekerheid. Je wist nooit wat de aanleiding was en ook de frequentie was willekeurig; soms gebeurde het dagen achter elkaar en dan weer een paar weken niet. De mishandeling zelf bestond uit twee fasen. De eerste was die van het ranselen, wat meestal niet langer dan een kwartier duurde. Hij sloeg me met de hand over mijn gehele lichaam. Als dit was afgelopen, ging ik naar mijn kamer. Na een halfuur begon de tweede fase, ik noemde dat "de preek". Mijn vader begon me dan geestelijk af te breken. Niets was goed aan me en de conclusie was altijd dat ik mijn vader zoveel verdriet deed door te zijn wie ik was.'

Willekeur, fysiek geweld, en ten slotte het afbreken van de geest – dat waren de drie elementen van het wrede regime waaraan de voormalig verzetsstrijder Ligteringen zijn zoon onderwierp toen de oorlog voorbij was. Ben Ligteringen heeft in de loop der tijd naar een verklaring gezocht voor zijn vaders gedrag. Hij vond het in de psychologie, waarin wordt gesproken van een herhaling van het trauma oftewel een herhaling van datgene wat jezelf is overkomen. Hij vond het ook in de roman *1984* van George Orwell, waarin de hoofdpersoon na een jarenlang verzet van de dictator is gaan houden. Zijn vader gaf hem voor deze laatste verklaring zelf de aanwijzing. Hij was de gehaatste leraar op school, maar zei daarover: 'Ze moeten me eerst haten voor ze me liefhebben.' De brainwash die Orwells personage onderging had zijn vader ook niet onberoerd gelaten, aldus Ben Ligteringen.

Ben Ligteringen heeft zijn vader nooit kunnen vergeven eenvoudigweg omdat zijn vader nooit schuld heeft bekend. Op de vraag hoe hij de mishandelingen doorstond, antwoordt hij: 'Mijn vader had een instrument toen hij bang was dat hij zou doorslaan tijdens de verhoren en dat was "het luik". Daardoor kieperde hij alle informatie die de Duitsers niet mochten weten. In de psychologie heet dat autohypnose. Ik had ook een instrument en dat was "de knop". Hiermee schakelde ik al mijn gevoelens uit en kon als het ware buiten mezelf treden waardoor zijn geweld me niet werkelijk raakte; ik zag het als iets wat mij niet aanging.'

Uiteindelijk hielden de mishandelingen op doordat Ben Ligteringen toen hij inmiddels achttien jaar was, terugsloeg. Zijn vader was verbijsterd en zei: 'Ik had me moeten realiseren dat ik een jongen van jouw leeftijd niet had moeten slaan.'

Ernst Roessingh had naar eigen zeggen twee vaders, een goede en een slechte. De slechte kwam tevoorschijn onder invloed van drank. Als gevolg hiervan werd zijn vader volstrekt onberekenbaar, wat zowel fysiek als psychisch geweld tot gevolg kon hebben. De laatste klap kreeg Ernst Roessingh – net als Ben Ligteringen – op zijn achttiende. 'Ik kreeg een ferme tik tegen mijn rechterwang en draaide hem mijn linker toe. Toen was het over.' Ook in het afbreken van de wil herkent Ernst Roessingh zich in het verhaal van Ben Ligteringen, met dit verschil dat Ernst Roessingh het gedrag van zijn vader nooit als mishandeling heeft beschouwd. Over het psychische vertelt hij: 'Dan was je naar bed gegaan nadat je had laten merken dat je niet van zijn gedrag was gediend, en dan kwam hij naar boven en ging op je bed zitten. Dan mocht je niet slapen, maar moest je luisteren naar hetgeen er allemaal niet goed aan je was tot er niets meer van je over was. Het kon tot zes uur in de ochtend doorgaan.' Het heeft een liefdevolle relatie met zijn vader niet in de weg gestaan. Tot op de dag van vandaag is er tussen vader en zoon sprake van een hechte band. 'Dat is niet vreemd, want door de "truc" hem op te delen in een goede en een slechte vader is het voor mezelf gemakkelijk geweest van de goede te houden,' aldus Ernst Roessingh. 'De goede was ook de man van wie mijn moeder hield en met wie ze getrouwd is en met wie ze veel mooie dingen heeft gedaan. Liefde voor en trouw aan mijn moeder zijn voor mij van existentieel belang om van hem te blijven houden. Daar komt nog bij dat mijn vader voor de mensen buiten ons gezin, in het bijzonder voor zijn kampvrienden, veel genegenheid toont. De goede vader is dan ook een zeer bijzonder mens.' Op de vraag of er een relatie bestaat tussen het kamp en de slechte vader, antwoordt Ernst Roessingh: 'Ik weet het niet, maar zonder die kampervaring was het slechte misschien wat minder in hem aanwezig geweest.'

Er waren vaders die praatten, en er waren vaders die zwegen. Vader De Loos praatte. 'Je zat op een boot, op een berg, in de mooiste natuur, en altijd kwam het gesprek weer uit op het kamp, op de oorlog. Dat ging bij ons dubbelop, want mijn moeder had ook zwaar in het verzet gezeten', zegt Marjolijn. 'Iedere dag sprak hij over mensen die opgehangen werden, over mensen die voor zijn ogen werden vermoord. En vooral over de angst. Het was een constant ooggetuigenverslag. Dat raakte me, daar droomde ik over en daar voelde ik me terneergeslagen over in een tijd dat je eigenlijk onbezorgd hoort te spelen. Het zijn indrukken die ik nooit meer kwijtraak' , vertelt Pieter Dietz de Loos. Voor iedere vakantie ging het gezin De Loos 'even naar boven', zoals ze dat noemden, om een bezoek te brengen aan Natzweiler.

Na een periode waarin ze zich ertegen afzette, is het voor Marjolijn Vogelzang-de Loos nu belangrijk om de geschiedenis van haar ouders aan haar kind door te geven. Ook haar broer vindt dat. Hij is zijn vader dankbaar; zijn verhalen hebben zijn leven verruimd en verdiept. Behalve dat hij zich op nationaal en internationaal niveau inzet voor organisaties van oud-gevangenen, houdt Dietz de Loos zich bezig met de oorlogen van nu. Met zijn stichting Wings of Hope hoopt hij het geestelijk leed van kinderen in ex-Joegoslavië – en inmiddels ook in andere oorlogsgebieden – te verzachten door het bieden van praktische en psychische hulp.

In het gezin Witmond werd gezwegen. De drie dochters Marjan, Carla en Renée waren er zelfs niet van op de hoogte dat hun vader begin jaren negentig was begonnen om zijn herinneringen op te schrijven. Ook na verschijning van dit boek is er niet gepraat. Als kind had Renée Witmond het een keer gewaagd om iets over de oorlog te vragen. 'Ik kon niet vatten wat er met mijn vader aan de hand was. Hij heeft me stilzwijgend het boek van Harthoorn *Verboden te sterven* gegeven

Bekkie de Loos kort na de bevrijding.

en dat was dat. Ik heb er behoorlijk nachtmerries van gekregen.' Carla Witmond heeft pas veel later met haar vader over de oorlog gesproken. 'We hielden beiden van whisky en als we dan samen zaten te borrelen dan kwamen er verhalen. Het was altijd heel emotioneel.' De oudste dochter Marjan was al het huis uit toen haar vader in behandeling ging bij Centrum '45. Daardoor was er toch iets veranderd, maar, zo vertelt ze, 'die verandering heb ik niet meegemaakt omdat ik niet meer thuis woonde. Toen ik eens wat aan mijn moeder vroeg over mijn vader, zei ze: "Oh, maar dat kun je hem ook wel zelf vragen, hoor", ik schrok me dood.'

Alle drie de dochters herinneren zich de beschermende houding van hun moeder tegenover hun vader. Het was altijd van 'laat vader maar met rust' of 'daar moet je niet met hem over praten', en ruziemaken was, aldus Renee Witmond, al helemaal streng verboden omdat hij daar niet tegen kon. De beschermende houding kon ook uitgaan van de kinderen. Als ze zagen dat hun moeder het niet meer trok, namen volgens Dietz de Loos de kinderen de verantwoordelijkheid op zich. Zelf heeft hij toen hij achttien jaar was ervoor gezorgd dat zijn vader in een behandelcentrum werd opgenomen, omdat de situatie thuis onhoudbaar was.

Alle hierboven genoemde 'kinderen' zijn naar het voormalige kamp in Natzweiler geweest, ofwel met hun ouders, ofwel met hun eigen gezin. Na de dood van zijn vader bezocht Ben Ligteringen samen met zijn moeder en zijn vrouw het kamp tijdens een van de Natzweilerreizen. Voor hem was het een ramp. 'Het was de tweede dag en ik sta midden in die eetzaal. Opeens word ik niet goed en zeg: "Jullie moeten me helpen, want ik val in een zwart gat."' De resterende tijd in Natzweiler zou Ben Ligteringen naar eigen zeggen doorbrengen in 'een soort mist' die pas optrok toen op het Centraal Station in Amsterdam de laatste ex-Natzweiler uit zijn blikveld was verdwenen. Over de reden van deze onverwachte inzinking concludeert hij achteraf dat hij tot in het diepst van zijn wezen werd geraakt door de ervaringen – 'als nieuweling werd je overvoerd met verhalen' – van de ex-gevangenen over de continue dreiging in het kamp destijds. Hoewel hij nooit in een concentratiekamp had gezeten, herkende hij iets van het gevoel. Het was het gebrek aan respect wat hijzelf in zijn jeugd had ervaren, en het volstrekt ontbreken van enige invloed op het eigen lot.

Voor het gezin Roessingh-Bakels was het een bijzondere ervaring toen ze met hun kinderen Natzweiler bezochten. Ernst Roessingh: 'We liepen dat kamp af en je bent dan toch onder de indruk en stil. Maar op een gegeven moment zagen we ons zoontje van vijf huppelen en eerst dachten we dat kan niet, en toen, dat is toch eigenlijk heel mooi, een jongetje die zich van niets bewust was, onschuldig en huppelend.' Een overwinning op de verschrikkingen van het kamp? Dat was zeker de ervaring van de vaders toen zij jaren eerder op kraambezoek kwamen toen het eerste kind van Ernst en Mia was geboren. Mia Roessingh-Ba-

Floris Bakels (links) en Wim Roessingh met hun kleinzoon Samuel Willem Floris (Sam) Roessingh in 1992.

kels zal nooit de betraande gezichten vergeten die boven de wieg stonden, twee vaders die in *Nacht und Nebel* hadden moeten verdwijnen en nu stonden te kijken naar hun nageslacht. Hun blik was er een van deemoed.

Vijftig jaar na hun eerste poging, waagden Jaap van Mesdag en Ernst Sillem, oude mannen inmiddels, zich wederom in een vouwkano aan de oversteek naar Engeland. Dit keer met succes. Na twintig uur varen bereikten ze op 28 juli 1992 de haven van het Engelse Harwich. Daarmee losten deze twee Engelandvaarders een belofte in die ze elkaar hadden gedaan in het kamp. Anders dan in 1942 hadden ze zich een jaar lang kunnen voorbereiden, werden ze begeleid door een heel team van deskundigen, en kwam de onderneming hun niet op een jarenlange opsluiting in de concentratiekampen te staan.

Van Mesdag en Sillem hadden destijds iets willen doen tegen de Duitse bezetter, maar voordat zij daaraan toe kwamen, werden ze door de Duitsers gearresteerd. Dat gold niet alleen voor hen. Roessingh werd gearresteerd toen hij nog maar nauwelijks was begonnen de Geuzenbeweging onder de studenten van Den Haag te verspreiden – hij spreekt van padvindersromantiek – en Fontijn schrijft in zijn herinneringen dat zijn deelname aan verzetsactiviteiten in de kiem werd gesmoord. De rij is lang als het gaat om verzetstrijders die in de beginfase van hun werk werden opgepakt. Hun intentie om zich niet neer te leggen bij de Duitse bezetting werd zwaar betaald. Als ze al niet onmiddellijk werden doodgeschoten, wachtte hun de hel van gevangenissen en concentratiekampen.

Het zijn dan ook niet alleen de daden van de verzetsstrijders die tot vandaag de dag bewondering oogsten, maar vooral hun bereidheid om, in tegenstelling tot zoveel andere Nederlanders in de oorlogsjaren, hun leven in de waagschaal te stellen. Hun kampnummers zijn ze nooit vergeten, eenvoudigweg omdat ze nooit zullen vergeten hoe de nazi's hebben geprobeerd hen van hun persoonlijkheid te beroven.

Dankwoord

Een boek schrijf je nooit alleen, en zeker niet een boek waarin de ervaringen van ex-gevangenen van kamp Natzweiler een centrale plaats innemen. Mijn dank gaat dan ook in de eerste plaats naar hen uit. Zij waren bereid mij hun vertrouwen te schenken en hun pijnlijke verleden opnieuw op te rakelen. Dat heb ik als bijzonder ervaren.

Dank past ook hun kinderen. Het was de vraag of deze verhalen in het onderhavige boek thuishoorden. Ik meende van wel. Zij laten namelijk zien dat ook zij een prijs moesten betalen voor het feit dat hun vaders zich destijds verzetten tegen de Duitse bezettingsmacht.

En dan was er een hele reeks mensen die het boek in wording becommentarieerden. Daar was vooraleerst de begeleidingscommissie, bestaande uit Hans Blom, Piet Bouwense, Pieter Dietz de Loos, Conny Kristel, Jaap van Mesdag, Hans de Vries en Jolande Withuis. Ik wil hier graag Kristel en Withuis extra bedanken. Zij ontvingen in de eindfase een stroom mailtjes met verzoeken om passages nog eens te lezen en van kritische kanttekeningen te voorzien. Dietz de Loos maakte het nog bijzonder spannend door op het laatst met allerlei nieuw archiefmateriaal aan te komen. Naast de begeleidingscommissie voorzag ook Pim Reijntjes het manuscript van commentaar, waarvoor dank.

Cora Rijks was een niet-aflatende steun. Ze verzamelde foto's, stuurde brieven, maakte het register, kortom, ze deed alles wat nodig was zodat het boek op tijd bij de uitgever was. René Kok slaagde erin om in beangstigend korte tijd alle foto's op de juiste plaats in het boek te krijgen, en Peter van der Maas zorgde ervoor dat de foto's werden gescand. Jan de Wijer, die ik zo langzamerhand kan beschouwen als mijn vaste redacteur, was wederom degene die zich consciëntieus als een monnik over mijn werk wilde buigen. Allen ben ik zeer erkentelijk.

En natuurlijk dank ik ook de mensen die hun medewerking hebben verleend door me te woord te staan of door archiefmateriaal in bruikleen te geven. Zonder hen was dit boek niet geworden wat het nu is. Hun namen zijn terug te vinden in de lijst van geraadpleegde personen.

Nog eenmaal terug naar de oud-gevangenen. Hún verhalen staan centraal. Uiteraard heb ik een selectie moeten maken uit het vele materiaal. Al lijken sommige ervaringen niet of slechts gedeeltelijk benut, ik weet dat alle informatie wezenlijk heeft bijgedragen. Ik zei het al: een boek schrijf je niet alleen. En zeker niet dit boek.

Hinke Piersma (2006)

Nawoord

De aanleiding tot het verzoek door de Stichting Vriendenkring van Oud-Natzweilers aan het Nederlands Instituut voor Oorlogsdocumentatie (NIOD) in het voorjaar van 2002 tot het schrijven van het boek dat voor u ligt, was het besluit van het ministerie van Defensie van de Republiek Frankrijk om naast het voormalige concentratiekamp Natzweiler-Struthof (gelegen vlakbij Straatsburg) een Europees Centrum op te richten, het 'Centre Européen du résistant déporté dans le système concentrationnaire nazi'.

Tot dat moment was er zeker in Nederland feitelijk niets bekend over dit concentratiekamp, zodat het onderzoek naar de lotgevallen van de Nederlandse gevangenen van Natzweiler in een lacune zou voorzien.

Het project bestond uit twee delen. Het eerste deel behelsde het verzamelen van gegevens en objecten van oud-gevangenen ten behoeve van het nieuw in te richten museum in het voormalige concentratiekamp. Het tweede deel van het project bestond uit het schrijven en samenstellen van het boek.

Omdat het project extern gefinancierd diende te worden, is de Vriendenkring van Oud-Natzweilers een fondsenwervingsactie begonnen.

Zijne Koninklijke Hoogheid Prins Bernhard der Nederlanden heeft daarbij als eerste de aanzet gegeven tot ondersteuning van beide projecten, welke ondersteuning van beslissende betekenis was.

De Vriendenkring van Oud-Natzweilers hecht er dan ook aan haar grote erkentelijkheid uit te spreken voor de niet aflatende ondersteuning welke de Oud-Natzweilers en hun nagelaten betrekkingen steeds door de jaren heen, en in het bijzonder voor dit project van Zijne Koninklijke Hoogheid Prins Bernhard der Nederlanden mochten ontvangen.

De Vriendenkring van Oud-Natzweilers spreekt voorts haar dank uit aan de vele medewerkers van het NIOD die met grote overgave gewerkt hebben aan de totstandkoming van beide genoemde projecten, alsmede aan de auteur, mevrouw dr. H. Piersma die op voortreffelijke wijze, met grote ingetogenheid en waardigheid dit boek heeft geschreven.

Door hun inzet en nauwgezette werkzaamheden is een begin gemaakt met het historisch onderzoek naar de Nederlanders die, veelal als 'Nacht-und Nebel'-gevangenen, NN'ers, naar het concentratiekamp Natzweiler-Struthof werden gezonden, hun leven na de bevrijding, en als laatste tevens het leven van hun echtgenotes, partners en kinderen, de zogeheten Tweede Generatie, die zich allen geplaatst zagen voor een moeilijke taak van begrip en opvang van de oud-gevangenen en daar heden nog de sporen van dragen.

De Vriendenkring van Oud-Natzweilers dankt tevens allen die bijgedragen hebben tot het succes van beide projecten, zij die, hoe node ook, afscheid namen van stoffelijke zaken om te laten exposeren in het nieuw ingerichte museum, zij die bijdroegen op financieel gebied, zij die bijdroegen met raad en daad, zij die interviews gaven en daarbij weer geconfronteerd werden met het verleden.

De Vriendenkring van Oud-Natzweilers draagt dit boek op aan alle Nederlanders die naar het concentratiekamp Natzweiler-Struthof werden gestuurd, veelal als 'Nacht und Nebel'-gevangenen, om aldaar in de Nacht en de Nevel te verdwijnen, zij die inderdaad verdwenen zijn, zij die teruggekeerd zijn en in eenheid de draad van hun leven weer opgepakt hebben, hun echtgenotes, partners en hun kinderen die eveneens de last van dit verleden dragen.

Het bestuur van de Vriendenkring
van Oud-Natzweilers

P.A. Bouwense, *voorzitter*
W.H. Hartman, *penningmeester*
Mr. P.J.Ph. Dietz de Loos, *adjunct-secretaris, Algemeen secretaris van het Internationale Natzweiler Comité*
N. Planjer, *bestuurslid*

Beide projecten kwamen tot stand door steun van:

- Zijne Koninklijke Hoogheid Prins Bernhard, Prins der Nederlanden
- Ministerie van Defensie van de Republiek Frankrijk
- Stichting Vriendenkring van Oud-Natzweilers
- Oud-Natzweilers en hun nagelaten betrekkingen
- Ministerie van Volksgezondheid, Welzijn en Sport
- Stichting van den Bergh van Heemstede
- Stichting Mr. P. de Gruyter
- K.F. Hein Fonds
- Stichting Democratie en Media
- Stichting Fondsenwerving Militaire Oorlogs- en Dienstslachtoffers en Aanverwante doeleinden (SFMO)
- N.V. Nederlandse Spoorwegen
- H.P. Teengs Gerritsen-Traas
- Gemeente Purmerend
- Gemeente Ubbergen
- Anonieme bijdrage (naam bekend bij Bestuur)
- Wetenschappelijk Onderzoek- en Documentatiecentrum, Ministerie van Justitie

Verantwoording

Verwijzingen naar interviews zijn in deze verantwoording niet opgenomen. Een lijst met geraadpleegde personen vindt de lezer achterin het boek.

Hoofdstuk 1: Verzet

Engelandvaarders

Geraadpleegde literatuur:
Jan Bruin en Jan van der Werff, *Vrijheid achter de horizon. Engelandvaart over de Noordzee 1940-1945* (Houten 1998); Agnes Dessing, *Tulpen voor Wilhelmina: de geschiedenis van Engelandvaarders* (Amsterdam 2004); Th. J. de Jongh, *Voetsporen. Een geautoriseerde biografie van Carel C. Steensma* (2005); Madelon de Keizer, *Het Parool 1940-1945. Verzetsblad in oorlogstijd* (Amsterdam 1991).

Archieven :
Centraal Archief Bijzondere Rechtpleging (CABR), inv. nrs. 266 en 62.742, dossier B. Joppe, Nationaal Archief (NA); CABR, inv. nrs. 650-I en 650 II, dossier C.J.A.M. Vermeeren, NA; Afwikkelingsbureau Concentratiekampen (ABC), collectie 250 m, Nederlands Instituut voor Oorlogsdocumentatie, (NIOD); KB I 8367 W.L. Brugsma (NIOD); KB I 7409 H.B. (Stuuf) Wiardi Beckman (NIOD).

Natzweiler collectie (*nog niet geïnventariseerd*), *NIOD:*
Sierk Plantinga, 'De arrestatie van Engelandvaarders op 20 mei 1943 te IJmuiden'; Jeroen Planting, 'Concept voor een speelfilm naar een waar gebeurd verhaal' (september 2005). Anno 2006 wordt aan de speelfilm gewerkt.

Arrestatie en verhoor

Geraadpleegde literatuur:
L. de Jong, *Het Koninkrijk der Nederlanden in de Tweede Wereldoorlog*, deel 8 (Den Haag 1978); L. de Jong, *De Bezetting,* deel 4 (Amsterdam 1964); J.W.M. Schulten, *De geschiedenis van de*

Ordedienst. Mythe en werkelijkheid van een verzetsorganisatie (Den Haag 1998); *Enquêtecommissie regeringsbeleid*, IVc.

Archieven:
archiefnummer 806, W. Ch. J. M. van Lanschot, NIOD; herinneringen van H.L. Bastiaans, inv.nr. 1539, NIOD; informatie over Roessingh zie: Gevangenissen en Concentratiekampen – Verslagen Algemeen, collectie 250 d (doos 39), NIOD; over Yme Feitsma, idem (doos 3).

Natzweiler collectie (*nog niet geïnventariseerd*), *NIOD:*
Collecties Wim Hartman, Sam Hingst en Wim Roessingh.

Andere bronnen:
Herinneringen Bekkie de Loos (privéarchief Pieter Dietz de Loos); collectie Henjo Borgman.

Processen

Geraadpleegde literatuur:
Pim Boellaard, *De angst voor lafheid. Dagboek over oorlog en verzet* (Kampen 1997); Geraldien von Frijtag Drabbe Künzel, *Kamp Amersfoort* (Amsterdam 2003) ; De Jongh, *Voetsporen*; De Keizer, *Het Parool 1940-1945;* Schulten, *De geschiedenis van de Ordedienst*; Jolande Withuis, *Na het kamp. Vriendschap en politieke strijd* (Amsterdam 2005).

Archieven:
Voor de verklaring van J. Docters van Leeuwen zie: Documentatie I, Talens, A. NIOD; Gevangenissen en Concentratiekampen – Verslagen Algemeen, collectie 250 d, NIOD.

Natzweiler collectie (*nog niet geïnventariseerd*), *NIOD:*
Persoonsdossier inv.nr. I-III, 5504-5537, Museum Stutthof; collectie Piet Bouwense.

Andere bronnen:
Herinneringen Bekkie de Loos (privéarchief Pieter Dietz de Loos); collectie Joop van Vonderen.

Hoofdstuk 2: Nacht und Nebel

Aankomst in Natzweiler

Geraadpleegde literatuur:
Floris Bakels, *Nacht und Nebel. Mijn verhaal uit Duitse gevangenissen en concentratiekampen* (Amsterdam 1978); Don Bamberg, *Dossier NN. Nacht und Nebel* (Weesp 1985); Hans van der Pauw, *Guerilla in Rotterdam: de paramilitaire verzetsgroepen 1940-1945* (Den Haag 1995); Hans de Vries, 'Holländische Staatsbürger im KL Gross-Rosen, in: Alfred Knieczny (red.), *Die Völker Europas im KL Gross-Rosen* (Walbrzych 1995) 85-89; Withuis, *Na het kamp*; Carolus J. Witmond, *Prijsgegeven geheimen. Het levensverhaal van een Amsterdamse verzetsman* (1999); over Luttikhuizen: *Natzweiler Berichten* (november 1970).

Archieven:
ABC, collectie 250 m, NIOD.

Herinneringen uitgegeven in eigen beheer:
Janus Ritter, *Ervaringen in gevangenissen en Duitse concentratiekampen in de Tweede Wereldoorlog* (1960); Herman Fontijn, *Driemaal aan de rand* (1995).

Andere bronnen:
website Oorlogsgravenstichting.

Leven in Natzweiler

Geraadpleegde literatuur:
Bamberg, *Dossier NN*; Abel J. Herzberg, *Amor Fati. Zeven opstellen over Bergen-Belsen* (Amsterdam 1949); Jan van Lieshout, *Het Hannibalspiel: het sinistere spel tijdens de Tweede Wereldoorlog van de contraspionagedienst der Kriegsmarine, dat leidde tot de ondergang van een Nederlands-Belgische verzetsdrieëenheid* (Bussum 1980); L. de Jong, *Het Koninkrijk*, deel 9 (Den Haag 1979); De Jongh, *Voetsporen*; Nico Wijnen, *De nacht gaat de dag vooraf* (Den Haag 1959); Withuis, *Na het kamp*; Over Luttikhuizen: *Natzweiler Berichten* (november 1970).

Archieven:
Directoraat-Generaal voor de Bijzondere Rechtspleging (DGBR), toegangsnr. 2.09.08, kamp Natzweiler-Struthof, inv.nr. 889, NA; herinneringen Bastiaans, inv.nr. 1539, NIOD.

Herinneringen uitgegeven in eigen beheer:
Fontijn, *Driemaal aan de rand*; Jan Veenendaal, *Een marine man in het verzet.*

Natzweiler collectie (nog niet geïnventariseerd), NIOD:
Collectie Jo Merk en Wim Roessingh.

Andere bronnen:
Herinneringen H.J. Teengs Gerritsen (privéarchief Hans Teengs Gerritsen).

Verzet en sabotage

Geraadpleegde literatuur:
Sytze van der Zee, *De gouden hoek van Buchenwald: gesprekken met oud-gevangenen* (Alphen aan den Rijn 1982)

Onderlinge verhoudingen

Geraadpleegde literatuur:
Bakels, *Nacht und Nebel*; Jelte Rep, *Englandspiel: spionagetragedie in bezet Nederland 1942-1944* (Bussum 1977); Withuis, *Na het kamp*; Witmond, *Prijsgegeven geheimen*; zie voor Roessingh over het Geuzenblok in Buchenwald *Aantreden* (juni 1949); Sillem over Van de Kasteele, *Natzweiler Berichten* (augustus 1981); Over Mulock Houwer, *Familie-en Jeugdrecht* (1979), jrg. nr. 1 en jrg. nr. 2.

Archieven:
Bauke Planjer over Talens zie: Documentatie I, Talens, A., map G.

Natzweiler collectie (nog niet geïnventariseerd), NIOD:
Herinneringen Sam Hingst; collectie Wim Roessingh.

Andere bronnen:
Collectie Mulock Houwer (privéarchief Rob Mulock Houwer); Herinneringen H.J. Teengs Gerritsen (privéarchief Hans Teengs Gerritsen).

Kampgemeenschap

Geraadpleegde literatuur:
Bakels, *Nacht und Nebel*; Boellaard, *De angst voor lafheid*; W.L. Harthoorn, *Verboden te sterven* (Amsterdam 1963); Henri Knol, 'De triomf van het geloof. Jehova's getuigen en de verwerking van de Tweede Wereldoorlog' in: Hinke Piersma, *Mensenheugenis. Terugkeer en opvang na de Tweede Wereldoorlog. Getuigenissen* (Amsterdam 2001) 101-123; Tineke Piersma, *Getrouw aan hun geloof. De vervolging van de Nederlandse Jehovah's Getuigen in de Tweede Wereldoorlog* (Westervoort 2005); Robert Steegmann, *Struthof. Le KL-Natzweiler et ses kommandos: une nébuleuse concentrationnaire des deux cotés du Rhin 1941-1945* (Straatsburg 2005); Withuis, *Na het kamp*; over Haagsma en Buurke zie A. van Luttikhuizen (samensteller), *Enkelen van de 55 miljoen* (1985); over Reijntjes en de executie van de Franse Maquis, en de vier geëxecuteerde vrouwen zie: Jolande Withuis 'Het paleis van de dood. Mee met de Natzweiler-herdenkingsreis 2001' in: *Icodo-info* (juni 2002).

Archieven:
ABC, collectie 250 m, NIOD; Gevangenissen en concentratiekampen – Verslagen Algemeen, collectie 250 d, NIOD; voor de getuigenis van Con Broers zie: Documentatie II, Natzweiler, NIOD; over Nico Wijnen zie: Gevangenissen en concentratiekampen – Verslagen Algemeen, collectie 250 d (doos 46), NIOD; collectie kampverslagen (nog niet geïnventariseerd), NIOD.

Natzweiler collectie (nog niet geïnventariseerd), NIOD:
Collectie Cornelis Marinus en Wim Roessingh.

Andere bronnen:
Herinneringen H. J.Teengs Gerritsen (privécollectie Hans Teengs Gerritsen).

Medische experimenten

Geraadpleegde literatuur:
Hans-Joachim Lang, *Die Namen der Nummern. Wie es gelang, die 86 Opfer eines NS-verbrechens zu identifizieren* (Hamburg 2004); Steegmann, *Struthof.*

Archieven:
Voor de getuigenis van Con Broers zie: Documentatie II, Natzweiler, NIOD; stukken A.M. baron van Tuyll van Serooskerken, toegangsnummer 2.09.10, rapport Bureau Opsporing Oorlogsmisdadigers (BOOM), inv. nr. 18, NA.

Overlevingskansen

Geraadpleegde literatuur:
Bakels, *Nacht und Nebel*; Eugen Kogon, *De ss-Staat. Het systeem der Duitse concentratiekampen* (Amsterdam 1976); Luttikhuizen, *Enkelen van de 55 miljoen*; M. Peel, Hunger strikers, BMJ (1997); Steegmann, *Struthof*; Withuis, *Na het kamp*.

Archieven:
Voor de getuigenis van Con Broers zie: Documentatie II, Natzweiler, NIOD; zie voor Docters van Leeuwen, Documentatie I, Talens, A., NIOD; archiefnummer 806, W. Ch. J. M. van Lanschot, NIOD.

Herinneringen uitgegeven in eigen beheer:
Veenendaal, *Een marine man in het verzet*.

Natzweiler collectie (*nog niet geïnventariseerd*), *NIOD:*
Herinneringen Sam Hingst; collectie Wim Roessingh.

Hoofdstuk 3: Evacuatie en terugkeer

Na Natzweiler

Geraadpleegde literatuur:
Bakels, *Nacht und Nebel*; Frans Govers, *Stemmen uit Dachau. 'Ter ere van de doden en ter waarschuwing van de levenden'* (1990); De Jongh, *Voetsporen*; Kogon, *De SS-Staat*; Witmond, *Prijsgegeven geheimen.*

Archieven:
Zie voor het originele dagboek van Floris Bakels, Gevangenissen en concentratiekampen – Verslagen Algemeen, collectie 250 d, NIOD; archiefnummer 806, W. Ch. J. M. van Lanschot, NIOD; collectie kampverslagen (nog niet geïnventariseerd), NIOD.

Herinneringen uitgegeven in eigen beheer:
Ritter, *Ervaringen*.

Natzweiler collectie (*nog niet geïnventariseerd*), *NIOD:*
Herinneringen Sam Hingst

Andere bronnen:
Herinneringen Bekkie de Loos (privéarchief Pieter Dietz de Loos).

Bevrijding

Geraadpleegde literatuur:
De Jongh, *Voetsporen*; Govers, *Stemmen uit Dachau*; Withuis, *Na het kamp*; voor het citaat van Ed Hoornik zie: Pim Reijntjes, *Dachau. Verhalen uit een concentratiekamp* (Hollandsche Rading 2005); Jos Schneider en Gijs van de Westelaken, *De bus uit Dachau* (Den Haag 1987).

Archieven:
Zie voor de 'Stem der lage landen', 4 mei 1945, archiefnummer 806, W. Ch. J. M. van Lanschot, NIOD.

Andere bronnen:
Herinneringen H.J. Teengs Gerritsen (privé-archief Hans Teengs Gerritsen); Over Mulock Houwer (privéarchief Rob Mulock Houwer).

Overlevenden en overledenen

Geraadpleegde literatuur:
Bamberg, *Dossier NN*; A.P.M. Cammaert, *Het verborgen front: geschiedenis van de georganiseerde illegaliteit in de provincie Limburg tijdens de Tweede Wereldoorlog* (Leeuwarden 1994); De Jongh, *Voetsporen*; Van Lieshout, *Het Hannibalspiel.*

Herinneringen uitgegeven in eigen beheer:
Fontijn, *Driemaal aan de rand*; Ritter, *Ervaringen.*

Natzweiler collectie (*nog niet geïnventariseerd*), *NIOD:*
Collectie Wim Hartman.

Andere bronnen:
Herinneringen H.J. Teengs Gerritsen (privé-archief Hans Teengs Gerritsen).

Hoofdstuk 4: Na de bevrijding

Terug in de maatschappij

Geraadpleegde literatuur:
De Jongh, *Voetsporen*; over Hartman zie: Karen Polak en Judith Schuyf, *Een stilte die spreekt: herdenken in diversiteit* (Amsterdam 2000); D.Q.R. Mulock Houwer, F. Grewel en Reine Friedmann-van der Heide, *Vijftigduizend kinderen roepen om hulp* (Amsterdam 1946); Steegmann, *Struthof*; Withuis, *Na het kamp.*

Archieven:
Over Bannings activiteiten zie: Gevangenissen en concentratiekampen – Verslagen algemeen, collectie 250 d (doos 4), NIOD; over Roessingh, idem 250 d; archiefnummer 806, W. Ch. J. M. van Lanschot, NIOD; over Hendrikus den Breems, zie CABR, NA; zie ook Documentatie I, Breems, H. den en KB I 1049, NIOD ; over Albert Talens zie CABR, NA; zie ook Documentatie I, Talens Albert en KB I 11501, NIOD.

Herinneringen uitgegeven in eigen beheer:
Ritter, *Ervaringen.*

Natzweiler collectie (*nog niet geïnventariseerd*), *NIOD*:
Collecties van Frans de Bordes, Piet Bouwense, Herman Fontijn, Sam Hingst, Cornelis Marinus, Wijnand Peeters, Wim Roessingh. Enquêteformulieren afkomstig uit het privéarchief van Pieter Dietz de Loos.

De achterblijvers

Geraadpleegde literatuur:
Martin Bossenbroek, *De Meelstreep. Terugkeer en opvang na de Tweede Wereldoorlog* (Amsterdam 2001); De Jongh, *Voetsporen*; Schneider en Van de Westelaken, *De bus uit Dachau.*

Natzweiler collectie (*nog niet geïnventariseerd*), *NIOD:*
Collecties van Frans de Bordes, Sam Hingst, Cornelis Marinus.

Gevolgen

Geraadpleegde literatuur:
Bakels, *Nacht und Nebel*; Bamberg, *Dossier NN*; Polak en Schuyf, *Een stilte die spreekt:* Wijnen, *De nacht gaat aan de dag vooraf.*

Herinneringen uitgegeven in eigen beheer:
Ritter, *Ervaringen.*

Natzweiler collectie (*nog niet geïnventariseerd*), *NIOD:*
Collecties van Frans de Bordes, Godert van Dedem en Wim Roessingh; herinneringen Sam Hingst.

Andere bronnen:
Herinneringen H.J. Teengs Gerritsen (privéarchief Hans Teengs Gerritsen)
Documentaire van Hannie Meijler en Wil van Neerven, *De poort. Een familiegeschiedenis.* (1984); *De Gelderlander*, 18 oktober 2004.

De Vriendenkring

Geraadpleegde literatuur:
Hinke Piersma, *De drie van Breda. Duitse oorlogsmisdadigers in Nederlandse gevangenschap 1945-1989* (Amsterdam 2005); Withuis, *Na het kamp*; *Natzweiler Berichten*, 1964 en 1965.

Natzweiler collectie (*nog niet geïnventariseerd*), *NIOD:*
Collectie Wim Roessingh; enquêteformulieren afkomstig uit het privéarchief van Pieter Dietz de Loos; zie voor briefwisseling tussen Wijnen en Van Vonderen, idem.

Andere bronnen:
Documentaire van Philip Engelen, NN: *Naamloos in 'Nacht und Nebel'* (1988).

Vrouwen en kinderen

Geraadpleegde literatuur:
Withuis, *Na het kamp*; *Virtus* (1970); *Vrij Nederland.*

Andere bronnen:
Documentaire Hannie Meijler en Van Neerven, *De poort*; *Plus*, 9 september 1996.

Bronnenlijst

Literatuur

- Bakels, Floris, *Nacht und Nebel. Mijn verhaal uit Duitse gevangenissen en concentratiekampen* (Amsterdam/Brussel 1978).
- Bamberg, Don, *Dossier NN. Nacht und Nebel* (Weesp 1985).
- Berge Dieudonnée, *Bib van Lanschot.'Je bent pas verslagen als je het zelf opgeeft'* (Den Haag 1994).
- Boellaard, Pim, *De angst voor lafheid. Dagboek over oorlog en verzet* (Kampen 1997).
- Bossenbroek, Martin, *De Meelstreep. Terugkeer en opvang na de Tweede Wereldoorlog* (Amsterdam 2001).
- Bruin, Jan en Jan van der Werff, *Vrijheid achter de horizon. Engelandvaart over de Noordzee 1940-1945* (Houten 1998).
- Cammaert, A.P.M., *Het verborgen front: geschiedenis van de georganiseerde illegaliteit in de provincie Limburg tijdens de Tweede Wereldoorlog* (Leeuwarden 1994).
- Dessing, Agnes, *Tulpen voor Wilhelmina: de geschiedenis van Engelandvaarders* (Amsterdam 2004).
- *Enquêtecommissie Regeringsbeleid 1940-1945: verslag houdende de uitkomsten van het onderzoek*, 20 dln. (Den Haag 1949-1956).
- Frijtag Drabbe Künzel, Geraldien von, *Kamp Amersfoort* (Amsterdam 2003).
- Govers, Frank, *Stemmen uit Dachau. 'Ter ere van de doden en ter waarschuwing van de levenden'* (1990).
- Harthoorn, W.L., *Verboden te sterven* (Amsterdam 1963).
- Herzberg, Abel J., *Amor Fati. Zeven opstellen over Bergen-Belsen* (Amsterdam 1949).
- Houwer, Mulock, D.Q.R., F. Grewel en Reine Friedmann-van der Heide, *Vijftigduizend kinderen roepen om hulp* (Amsterdam 1946).
- Jong, L. de, *Het Koninkrijk der Nederlanden in de Tweede Wereldoorlog*, deel 8 (Den Haag 1978).
- Jong, L. de, *Het Koninkrijk*, deel 9 (Den Haag 1979).

- Jong, L. de, *De Bezetting*, deel 4 (Amsterdam 1964).
- Jongh, Th. J. de, *Voetsporen. Een geautoriseerde biografie van Carel C. Steensma* (2005).
- Keizer, Madelon de, *Het Parool 1940-1945. Verzetsblad in oorlogstijd* (Amsterdam 1991).
- Knol, Henri, 'De triomf van het geloof. Jehova's getuigen en de verwerking van de Tweede Wereldoorlog' in: Hinke Piersma, *Mensenheugenis. Terugkeer en opvang na de Tweede Wereldoorlog. Getuigenissen* (Amsterdam 2001).
- Kogon, Eugen, *De ss-Staat. Het systeem der Duitse concentratiekampen* (Amsterdam 1976).
- Lang, Hans-Joachim, *Die Namen der Nummern. Wie es gelang, die 86 Opfer eines NS-verbrechens zu identifizieren* (Hamburg 2004).
- Lieshout, Jan van, *Het Hannibalspiel: het sinistere spel tijdens de Tweede Wereldoorlog van de contraspionagedienst der Kriegsmarine, dat leidde tot de ondergang van een Nederlands-Belgische verzetsdrieëenheid* (Bussum 1980).
- Luttikhuizen, A. van (samensteller) *Enkelen van de 55 miljoen* (1985).
- Ottosen, Kristian, *Nuit et brouillard. Histoire des prisonniers du camp de Natzweiler-Struthof* (Oslo 1989).
- Pauw, Hans van der, *Guerrilla in Rotterdam: paramilitaire verzetsgroepen 1940-1945* (Den Haag 1995).
- Pendaries, Yveline, *Les procès de Rastatt (1946-1954). Le jugement des crimes de guerre en zone française d'occupation en Allemagne* (Bern e.a. 1995).
- Piersma, Hinke, *De drie van Breda. Duitse oorlogsmisdadigers in Nederlandse gevangenschap 1945-1989* (Amsterdam 2005).
- Piersma, Tineke, *Getrouw aan hun geloof. De vervolging van de Nederlandse Jehovah's Getuigen in de Tweede Wereldoorlog* (Westervoort 2005).
- Polak, Karen en Judith Schuyf, *Een stilte die spreekt: herdenken in diversiteit* (Amsterdam 2000).
- Rep, Jelte, *Englandspiel: spionagetragedie in bezet Nederland 1942-1944* (Bussum 1977).
- Reijntjes, Pim, *Dachau. Verhalen uit het concentratiekamp* (Hollandsche Rading 2005).
- Schneider, Jos en Gijs van de Westelaken, *De bus uit Dachau* (Den Haag 1987).
- Schulten, J.W., *De geschiedenis van de Ordedienst: mythe en werkelijkheid van een verzetsorganisatie* (Den Haag 1998).
- Steegmann, Robert, *Struthof. Le KL-Natzweiler et ses kommandos: une nébuleuse concentrationnaire des deux cotés du Rhin 1941-1945* (Straatsburg 2005).
- Vries, Hans de, 'Holländische Staatsbürger im KL Gross-Rosen, in: Alfred Konieczny (red.), *Die Völker Europas im KL Gross-Rosen* (Walbrzych 1995) 85-89.
- Withuis, Jolande, *Na het kamp. Vriendschap en politieke strijd* (Amsterdam 2005).
- Withuis, Jolande, 'Het paleis van de dood. Mee met de Natzweiler-herdenkingsreis 2001' in: *Icodo-info*, juni 2002.

- Witmond, Carolus J., *Prijsgegeven geheimen. Het levensverhaal van een Amsterdamse verzetsman* ((1999).
- Wijnen, Nico, *De nacht gaat de dag vooraf* (Den Haag 1959).
- Zee, Sytze van der, *De gouden hoek van Buchenwald: gesprekken met oud-gevangenen* (Alphen aan den Rijn 1982)

Archieven

Nationaal Archief (NA), Den Haag
- Centraal Archief Bijzondere Rechtspleging (CABR)
- Directoraat-Generaal voor de Bijzondere Rechtspleging (DGBR), toegangsnr. 2.09.08, kamp Natzweiler-Struthof, inv.nr. 889
- stukken A.M. baron van Tuyll van Serooskerken, toegangsnummer 2.09.10, inv. nr. 18

Nederlands Instituut voor Oorlogsdocumentatie (NIOD), Amsterdam
- Afwikkelingsbureau Concentratiekampen (ABC), collectie 250 m
- Archief W.Ch.J.M. van Lanschot, toegangsnummer 806
- Bastiaans, H.L., inv. nr.1539
- Collectie W.A.H.C. Boellaard
- Collectie kampverslagen Natzweiler (nog niet geïnventariseerd)
- Collectie Natzweiler verzameld tussen 2003 en 2006 (nog niet geïnventariseerd)
- Documentatie I, Breems, Hendrikus, den
- Documentatie I, Talens, Albert
- Documentatie II, Natzweiler
- Gevangenissen en concentratiekampen – Verslagen Algemeen, collectie 250 d.
- Knipselarchieven diverse personen

Periodieken

- *Aantreden*
- *De Gelderlander*
- *Natzweiler Berichten*
- *Virtus*
- *Vrij Nederland*

Herinneringen uitgegeven in eigen beheer

- H.J. Bastiaans, Herinneringen van H.L. Bastiaans, OD, arrestatie, Amersfoort, Vught, Natzweiler, Dachau, Mauthausen, Melk en bevrijding 1942-1945.
- Herman Fontijn, Driemaal aan de rand (Abcoude 1995).
- Janus Ritter, Ervaringen in gevangenissen en Duitse concentratiekampen in de Tweede Wereldoorlog (1960).
- Gert Nales, Zebra aan de kapstok (Rotterdam 1997).
- Ph. A. Oprel, Relaas van 'Phil Oprel', in 3 afleveringen, van wat hem in de mobilisatie, en

in de oorlogsjaren van 1 mei 1939 t/m 3 april 1946 is overkomen.
- W.F.T. Peeters, Alles ist scheiss egal.
- Jan Veenendaal, Een marineman in het verzet.
- Anton Verberne, Herinneringen.

Documentaires

- Philip Engelen, 'NN: Naamloos in 'Nacht und Nebel' (1988).
- Hanny Meijler en Wil van Neerven, 'De poort. Een familiegeschiedenis' (1984).

Privécollecties

- Godert van Dedem
- Pieter Dietz de Loos
- Wim Hartman
- D.Q.R. Mulock Houwer
- Wim Roessingh
- Hans Teengs Gerritsen
- Joop van Vonderen

Geraadpleegde personen

In onderstaande lijst zijn de namen van ex-Natzweilers en hun verwanten opgenomen, die zijn geïnterviewd of op een andere wijze hebben bijgedragen aan de totstandkoming van dit boek.

- Rutger Bakels
- Don Bamberg
- Velo Bierman
- Pim Boellaard (1903-2001)
- Willem Boellaard
- Frans de Bordes (1917-2004)
- Tobie de Bordes
- Henjo Borgman
- Karel Hugo van Bourbon-Parma
- Jaime van Bourbon-Parma
- Piet Bouwense
- Pieter Dietz de Loos
- P.M. Docters van Leeuwen
- M.W. Docters van Leeuwen-Haagsman
- Berthi Dohmen-Verberne
- H.A.T. Drenth-de Vet
- Herman Fontijn
- Wim Hartman (1923-2006)
- Elisabeth Hingst
- Sam Hingst
- Monique Houben-Van Lanschot
- Aaltje Jansz-Buurke
- Ad de Jonge (1919-2002)
- J.A. de Jonge
- Gonne de Jonge-Janssen
- Daisy de Keizer-van Dedem
- Ineke Kooten-Van Duuren
- R. Korpershoek
- Jan van Kuik
- Ben Ligteringen
- C.P.A. Merk-Daane
- Jaap van Mesdag
- Danielle Mouthaan-van Dedem
- D.Q.R. Mulock Houwer
- Ph. A. Oprel
- Wijnand Peeters (1920-2006)
- Nicole Planjer
- Pim Reijntjes
- Hennie Ritter-Reilingh

- Christine Ritter
- Ernst Roessingh
- Wim Roessingh
- Mia Roessingh-Bakels
- Arie van Soest
- Carel Steensma (1912-2006)
- Hans Teengs Gerritsen (jr.)
- Skippie de Vaal
- Jan Veenendaal (1920-2006)
- Jeanine Veenendaal
- F.M. Verberne-van de Wouw
- E.J. Verkaik-Marinus
- Marjolijn Vogelzang-De Loos
- Joop van Vonderen (1921-2005)
- Carel Witmond (1923-2003)
- Carla Witmond
- Marjan Witmond
- Renée Witmond
- Ruud Wolff

Fotoverantwoording

De foto's en overige illustraties zijn afkomstig uit de NIOD-collectie Pim Boellaard, de nog niet geïnventariseerde NIOD-collectie Natzweiler, de fotocollectie van het NIOD, de collectie Nathalie Rolling (pagina 183), collectie WFA/Marco Okhuizen (pagina 48). Veel foto's zijn ter beschikking gesteld door oud-gevangenen of hun nabestaanden. Alle inspanningen ten spijt was het niet mogelijk om van iedere oud-Natzweiler die in dit boek wordt genoemd een foto te bemachtigen.

Personenregister